J'INTÈGRE
LA FONCTION PUBLIQUE

TOUT-EN-UN
2020-2021

CONCOURS

AUXILIAIRE DE PUÉRICULTURE TERRITORIAL

Nathalie Assouly-Brun
Marie-Hélène Hurtig
Odile Meyer
Frédéric Perrier
An Platteeuw

DUNOD

Note des auteurs

La profession d'auxiliaire de puériculture reste largement féminisée. De ce fait, nous avons fait le choix de parler de « elle » pour auxiliaire de puériculture comme une personne professionnelle de l'enfance, de l'accueil de l'enfant et de sa famille, une personne formée pour assumer une responsabilité caractérisée par un haut niveau d'attention à l'enfant et à ses besoins.

Couverture : Dominik Raboin

Maquette intérieure : Caroline Joubert

Mise en page : Belle Page

11 rue Paul Bert, 92240 Malakoff

www.dunod.com

ISBN : 978-2-10-079414-0

Avant-propos : intentions pédagogiques

Ce livre est pensé comme un appui méthodologique à la construction d'une réflexion et de l'argumentation professionnelle en vue de se présenter devant un jury de concours dans les meilleures dispositions compte tenu du déroulement et des attendus de l'épreuve.

Nous nous sommes appuyés sur un référentiel petite enfance actualisé avec notamment :

- Cadre national pour l'accueil du jeune enfant ;
- Démarche de consensus sur les besoins fondamentaux de l'enfant en protection de l'enfance ;
- Rapport Giampino mai 2016 « Développement du jeune enfant : modes d'accueil et formation des professionnels » ;
- Rapport HCFEA juillet 2018 « Inclusion-Handicap-Petite Enfance » ;
- Référentiel d'activités/Référentiel de compétences du Diplôme d'État d'Auxiliaire de puériculture ;
- Ainsi que le site : [lesprosdelapetiteenfance.fr/].

La rédaction de l'article premier de la loi du 14 mars 2016 relative à la protection de l'enfant donne un repère significatif, en ayant introduit les « besoins fondamentaux », immédiatement avant le « développement » de l'enfant, terme apparu dans la loi du 5 mars 2007, comme pour mieux préciser que la satisfaction des premiers a vocation à rendre possible le second.

Le rapport Giampino fait du développement entre zéro et trois ans le fil conducteur déroulant « cinq dimensions primordiales : se sécuriser, prendre soin de soi, se repérer dans ses relations, se déployer et apprendre, se socialiser » que les professionnels accueillant les jeunes enfants au quotidien ont pour compétence de cultiver.

Dans le domaine de l'accueil des jeunes enfants, le développement est dimensionné plus précisément, car il s'agit de définir les compétences professionnelles les plus adéquates à l'accueil de tout-petits. Il s'agit en effet que des bébés profitent au mieux d'une socialisation précoce marquée par des contraintes fortes (liées à des collectifs importants d'enfants, une séparation précoce de bébés âgés de 10 semaines du milieu familial pendant une longue durée journalière), associées à des opportunités spécifiques (richesse de contacts, de stimulations, de compétences, d'espace, de matériels).

L'appui sur la classification des besoins et les niveaux de développement de l'enfant sont de nature à servir de support de dialogue avec les parents, et à recentrer le travail d'équipe.

Nous avons mobilisé une culture de la fonction publique territoriale issue des sites suivants :

- [viepublique.fr] ;
- [fonction-publique.gouv.fr] ;
- [emploipublic.fr] ;

- [emploi-territorial.fr] ;
- [drees.solidarites-sante.gouv.fr].

Chaque chapitre est source de réflexion sur le positionnement individuel du lecteur-candidat au concours en clarifiant son regard porté sur…

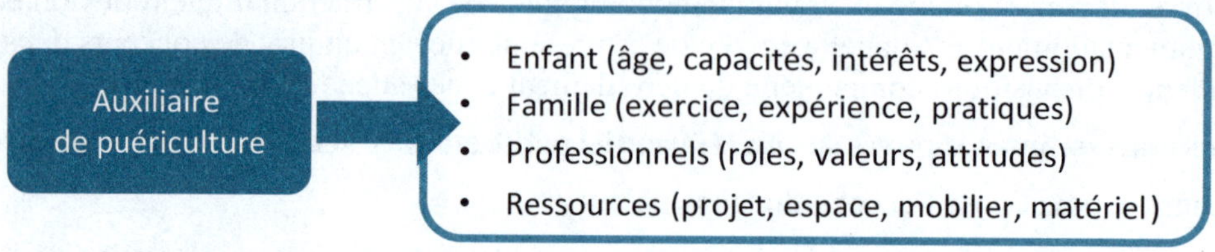

… dans un contexte spécifique (service, territoire) de la fonction publique territoriale.

Ce travail de réflexion et d'autoévaluation trouve son origine dans une pédagogie de l'observation, un développement de « l'observation projet », démarche issue de la recherche et adaptée aux professionnels de la petite enfance, initiée par les travaux d'Anne-Marie Fontaine.

Nous avons privilégié une approche de compréhension systémique en utilisant le modèle écologique de Bronfenbrenner (2000) adapté à l'auxiliaire de puériculture territoriale.

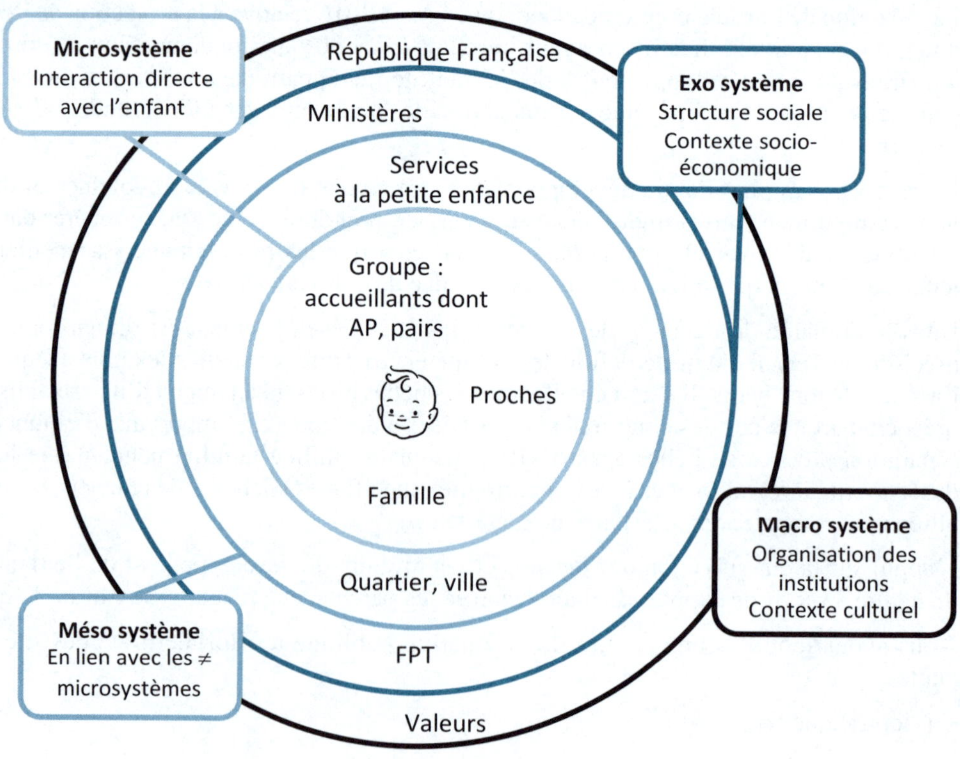

Sommaire

2. Culture sanitaire et sociale

Épreuve d'admission

Entretien avec le jury

Devenir auxiliaire de puériculture territorial

1 Être auxiliaire de puériculture aujourd'hui

Éveil, hygiène, soins, prise en charge des mineurs bien portants, malades, en situation de handicap, etc. : l'auxiliaire de puériculture est une professionnelle de la santé et du social qui fait partie du personnel paramédical. Ce métier, riche et passionnant, exerce un fort attrait, du fait de sa dimension relationnelle. La France compte aujourd'hui 60 000 auxiliaires de puériculture dont 99 % de femmes.

a. Qui recrute ?

- Les établissements et services d'accueil des enfants de moins de 6 ans : qu'ils soient gérés par des opérateurs publics ou privés, les règles d'encadrement et de qualification sont identiques. Ces établissements sont soumis à l'autorisation et au contrôle de la Protection maternelle et infantile (PMI). La majorité est gérée par une collectivité locale et leurs agents relèvent de la fonction publique territoriale (FPT).
- Les services de la PMI pour la prévention médicale, psychologique, sociale, pour l'éducation à la santé des femmes enceintes, des mères et des enfants de moins de 6 ans.
- Les structures hospitalières dont les services de maternité, de néonatologie et de pédiatrie.
- Les structures médico-sociales (aide sociale à l'enfance, handicap).

13% CDD	87 % CDI
30 % CONTRACTUELS	70 % TITULAIRES
Opérateurs privés : • Association • Entreprise • Clinique privée	Opérateurs publics : • Communes, départements, régions : 64 % • Structures hospitalières : 36 %

La moyenne du salaire mensuel brut est comprise entre 1 500 € (moins de 3 ans d'expérience) à 2 000 € en fin de carrière. Le salaire de l'auxiliaire de puériculture est donc peu impacté par le nombre d'années d'expérience. Le public reste le secteur qui rémunère le mieux avec notamment un système d'avancement d'échelon et de grade, des indemnités et des primes.

b. Dans quels lieux d'exercice ?

En établissement d'accueil du jeune enfant (EAJE)

Ces établissements sont gérés par une collectivité territoriale (commune, département, région) ou un opérateur privé (association, entreprise). Il en existe plusieurs types :

- **multi-accueil :** établissement accueillant les enfants de moins de 4 ans à temps complet ou à temps partiel, pour une fréquentation régulière ou occasionnelle selon les besoins de la famille, quelle que soit la situation familiale et professionnelle des parents ;
- **crèche collective :** établissement accueillant les enfants de moins de 4 ans, dont les parents travaillent ou sont en recherche d'emploi ;
- **crèche parentale :** fonction identique gérée par un collectif de parents qui travaillent en collaboration avec les professionnels ;
- **jardin d'enfants :** établissement accueillant des enfants entre 2 et 6 ans avec une orientation préscolaire.

Autres lieux de la petite enfance

- **Relais assistant·e·s maternel·le·s (RAM) :** lieu d'accueil et de rencontre pour les assistant·e·s maternel·le·s et les enfants accueillis à leur domicile. L'auxiliaire de puériculture a un rôle d'accueil, d'animation, d'information.
- **Lieu d'accueil enfants-parents (LAEP) :** lieu d'accueil, d'écoute et de rencontre pour les enfants de moins de 6 ans et leurs parents, respectant l'anonymat administratif et la gratuité. L'auxiliaire de puériculture a un rôle d'accueillant pour des missions de soutien à la parentalité.
- **PMI :** l'auxiliaire de puériculture accueille les familles au sein d'un lieu d'accueil gratuit pour soutenir les parents et mettre en place une prévention médicale, psychologique et sociale pour le jeune enfant et ses parents. Lors des consultations du nourrisson, l'auxiliaire de puériculture travaille en étroite collaboration avec l'infirmier puériculteur, et gère les dossiers administratifs de suivi des enfants.

En milieu hospitalier

- **Dans un service de pédiatrie ou de pédopsychiatrie**, l'auxiliaire de puériculture participe à la prise en charge des enfants de moins de 18 ans malades. Elle veille à leur état de santé, contrôle les paramètres vitaux, les aide dans les actes de la vie quotidienne, répond à leurs besoins fondamentaux. L'auxiliaire de puériculture contribue à l'hygiène et la désinfection de leur environnement (matériel, lits). Elle transmet toutes les informations nécessaires à la continuité des soins au personnel soignant et favorise un climat apaisant autour des parents et de l'enfant, en apportant une approche ludique dans la relation pour adoucir le séjour.
- **Dans un service de maternité**, l'auxiliaire de puériculture assure la surveillance de l'état de santé du nouveau-né (mesures, pesées, alimentation…) et transmet les observations à l'équipe soignante. L'auxiliaire de puériculture accompagne les parents dans les premiers moments de vie et soins du nouveau-né, guide et soutient la mère lors de l'allaitement, l'alimentation, le portage et le retour à la maison.
- **Dans un service de néonatologie**, l'auxiliaire prend en charge les bébés nés prématurément, surveille leur santé et leur bien-être, contrôle les paramètres vitaux, transmet toutes les informations nécessaires à la continuité des soins au personnel soignant, soutient et se rend disponible pour les parents.

En établissements du secteur social et médico-social

- **Dans une maison d'enfants à caractère social (MECS)**, l'auxiliaire de puériculture a un rôle d'accompagnement éducatif et de prévention au service de la protection de l'enfance, afin de répondre à tous les besoins fondamentaux des enfants confiés et d'accueillir les familles dans un souci de maintenir le lien enfant-parent.

- **Dans un centre maternel,** lieu d'hébergement pour des mères et des futures mères en situation difficile, majeures ou mineures, géré par l'aide sociale à l'enfance (ASE), l'auxiliaire de puériculture travaille en étroite collaboration avec d'autres professionnels (éducateurs de jeunes enfants, éducateurs spécialisés, psychologues, infirmiers puériculteurs, assistants sociaux) dans une démarche de prévention, de protection et d'insertion.
- **Dans un institut médico-éducatif (IME)**, l'auxiliaire de puériculture prend en charge et apporte les soins nécessaires aux enfants atteints de déficiences et en situation de handicap.
- **Dans une pouponnière à caractère social**, l'auxiliaire prend en charge des enfants de moins de 3 ans ne pouvant rester au sein de leur foyer à la demande de la famille ou sur décision de justice. L'auxiliaire a un rôle majeur pour assurer la sécurité affective et les soins quotidiens.

Je fais le point

À partir de quels secteurs s'est constituée mon expérience professionnelle ?

Quel que soit le contexte, le rôle de l'auxiliaire de puériculture s'inscrit dans une approche globale de l'enfant et prend en compte la dimension relationnelle des soins ainsi que la communication avec la famille dans l'accompagnement à la parentalité. L'auxiliaire de puériculture participe à l'accueil et à l'intégration sociale d'enfants en situation de handicap, atteints de maladies chroniques, ou en situation de risque d'exclusion. Son activité s'exerce sous la responsabilité et en collaboration avec l'infirmier puériculteur (et/ou l'éducateur de jeunes enfants dans les EAJE de moins de 20 enfants).

c. Prise en charge des mineurs par l'auxiliaire de puériculture

On peut constater qu'en France, la prise en charge du jeune enfant de moins de 6 ans est dispersée entre secteur de la petite enfance, secteur médical et médico-social, accueil individuel à domicile, mais aussi école maternelle, accueil de loisirs, rattachés à différents ministères : ministère des Solidarités et de la Santé, ministère de l'Éducation nationale et de la Jeunesse, ministère de la Justice, ministre de la Cohésion des territoires. Bien que la transversalité et la mobilité professionnelle soient au cœur des prescriptions publiques, les passerelles d'un secteur à l'autre sont encore peu nombreuses.

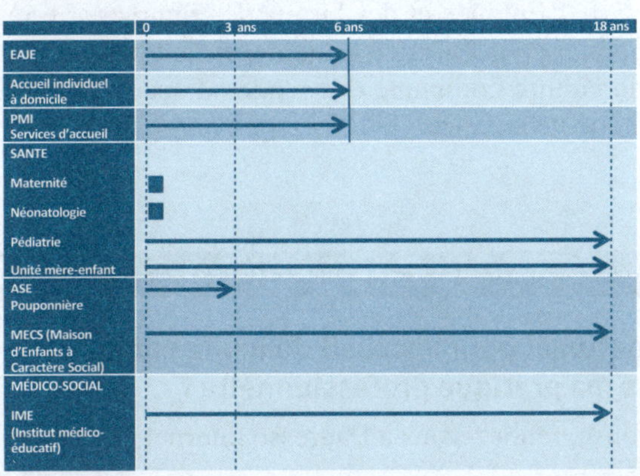

L'histoire du métier d'auxiliaire de puériculture éclaire ce découpage institutionnel.

2 Aux origines du métier

a. Repères historiques

Émergence

L'émergence de la puériculture est issue de la volonté de lutter contre la mortalité infantile fin du XIXe-début du XXe siècle. Un suivi sanitaire de la petite enfance se met en place avec la création de consultations pour nourrissons. Le nom « puériculture » apparaît en 1865, formé à partir du nom latin *puer* (enfant) et du suffixe *-culture* (agriculture, apiculture…). La puériculture devient une nouvelle discipline dans le champ de l'éducation à la santé des mères et se définit comme l'art d'élever les enfants du point de vue physique et moral.

1945

Après la Seconde Guerre mondiale, le contrôle de la santé et de la survie des jeunes enfants est une volonté affirmée de l'État. Le rattachement des crèches à la protection maternelle et infantile (PMI) en 1945 en fait des lieux médicalisés de prévention sanitaire et sociale ainsi que d'éducation des mères aux normes de puériculture.

Fin du XXe siècle

À la fin des années 1960, l'état de santé des enfants n'est plus problématique et les crèches accueillent de nouveaux publics, plus favorisés. La priorité de l'État est alors d'offrir des places aux parents actifs pour leurs enfants dans des structures d'accueil modernisées. Les connaissances des besoins et du développement du jeune enfant ont évolué. Progressivement, la prédominance médicale laisse la place à une approche psychologique et sociale avec des préoccupations centrées sur l'éveil et la socialisation.

Aujourd'hui

La formation d'auxiliaire de puériculture relève de la filière paramédicale et, sur le terrain, ce métier se situe à l'articulation de la santé, de l'éducation, du social, de l'accueil de l'enfant et de sa famille.

À retenir

En mai 2016, Sylviane Giampino, psychologue de l'enfance, a remis un rapport sur le développement du jeune enfant, les modes d'accueil, la formation des professionnels au ministre des Familles, de l'Enfance et des Droits des femmes. Ce rapport a permis l'élaboration du Cadre national pour l'accueil du jeune enfant paru en mars 2017 qui pose les bases pour fonder une culture commune des modes d'accueil et une identité professionnelle de l'accueil de la petite enfance.

Je fais le point

En quoi le Cadre national pour l'accueil du jeune enfant peut être une source d'inspiration dans ma pratique professionnelle ?

Pour trouver la réponse, rendez-vous à l'adresse internet suivante :

[hcfea.fr/IMG/pdf/Cadre_national_pour_l_accueil_du_jeune_enfant.pdf].

b. Le parcours de formation aujourd'hui

Formation initiale

Depuis 2007, le diplôme d'État d'auxiliaire de puériculture (DEAP) est obtenu après 10 mois de formation (1 575 heures dont 945 heures de stages) et 6 modules communs à la formation d'aide-soignant, dans des écoles agréées par le préfet de région. Cette formation peut aussi s'effectuer par cursus partiel ou en alternance. Les stages se font en maternité, en établissement accueillant des enfants malades, en structure d'accueil d'enfants de moins de 6 ans, en structure accueillant les enfants en situation de handicap, en structure d'aide sociale à l'enfance (ASE).

Le diplôme peut également être obtenu par validation des acquis de l'expérience (VAE) depuis la loi de modernisation sociale de 2002.

L'entrée en institut de formation d'auxiliaire de puériculture (IFAP) se fait sur concours ouvert à toute personne ayant plus de 17 ans, sans condition de diplôme.

Les épreuves se déroulent en deux temps :

- une épreuve d'admissibilité écrite portant sur l'étude d'un texte d'ordre sanitaire et social, des questions de biologie humaine et de mathématiques de base, des tests psychotechniques ;
- une épreuve orale d'admission comportant un exposé sur un thème sanitaire et social, un entretien portant sur les motivations du candidat.

Formation continue

Aujourd'hui, l'accent est mis sur le renforcement de la dimension éducative du métier, ainsi que l'actualisation de la formation. La formation continue, outil de professionnalisation incontournable, suppose une organisation collective du travail afin de respecter les normes d'encadrement et de planifier les départs en formation.

L'auxiliaire de puériculture territoriale accède à l'ensemble des formations de sa filière organisée par le Centre national de la fonction publique territoriale (CNFPT), en accord avec son responsable hiérarchique et au regard des besoins du service.

Exemples

Parmi les formations possibles : « L'accueil de l'enfant en situation de handicap », « Le développement du langage », « Les ressources du tout-petit », « De la connaissance à l'accompagnement de l'enfant 0-3 ans », « Choix des jeux et activités manuelles pour les enfants de 0-3 ans », « Travailler auprès de jeunes enfants en milieu pluriculturel ».

Je fais le point

Quelles thématiques de formation continue me semblent particulièrement pertinentes dans mon quotidien professionnel ? Pourquoi ?

c. Chronologie : métier-juridique-santé-société

Voir schémas aux deux pages suivantes.

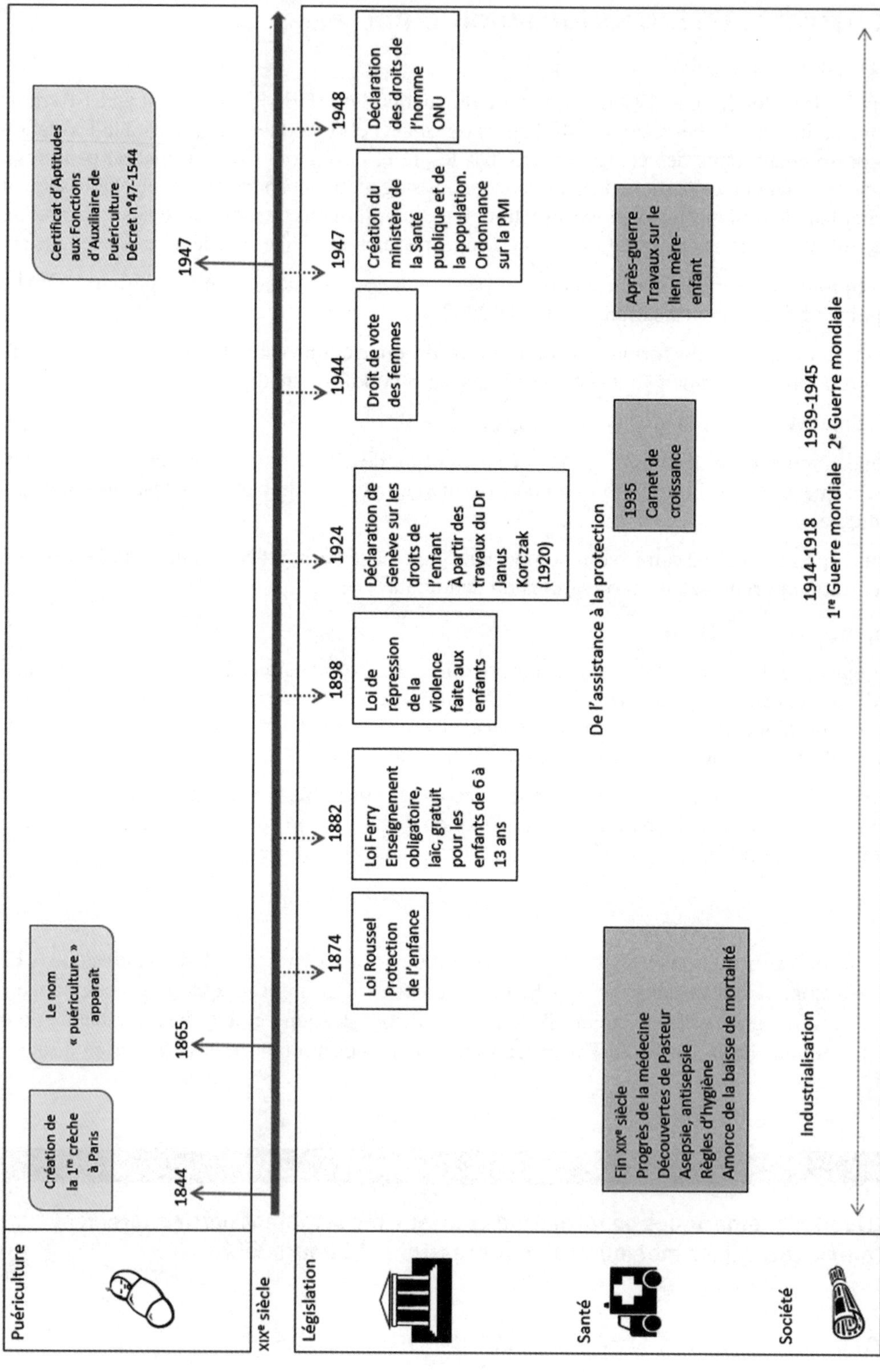
Puériculture
1844
Création de la 1re crèche à Paris
1865
Le nom « puériculture » apparaît
1947
Certificat d'Aptitudes aux Fonctions d'Auxiliaire de Puériculture Décret n°47-1544
XIXe siècle
Législation
1874
Loi Roussel Protection de l'enfance
1882
Loi Ferry Enseignement obligatoire, laïc, gratuit pour les enfants de 6 à 13 ans
1898
Loi de répression de la violence faite aux enfants
1924
Déclaration de Genève sur les droits de l'enfant À partir des travaux du Dr Janus Korczak (1920)
1944
Droit de vote des femmes
1947
Création du ministère de la Santé publique et de la population. Ordonnance sur la PMI
1948
Déclaration des droits de l'homme ONU
De l'assistance à la protection
Santé
Fin XIXe siècle
Progrès de la médecine
Découvertes de Pasteur
Asepsie, antisepsie
Règles d'hygiène
Amorce de la baisse de mortalité
1935
Carnet de croissance
Après-guerre
Travaux sur le lien mère-enfant
Société
Industrialisation
1914-1918
1re Guerre mondiale
1939-1945
2e Guerre mondiale

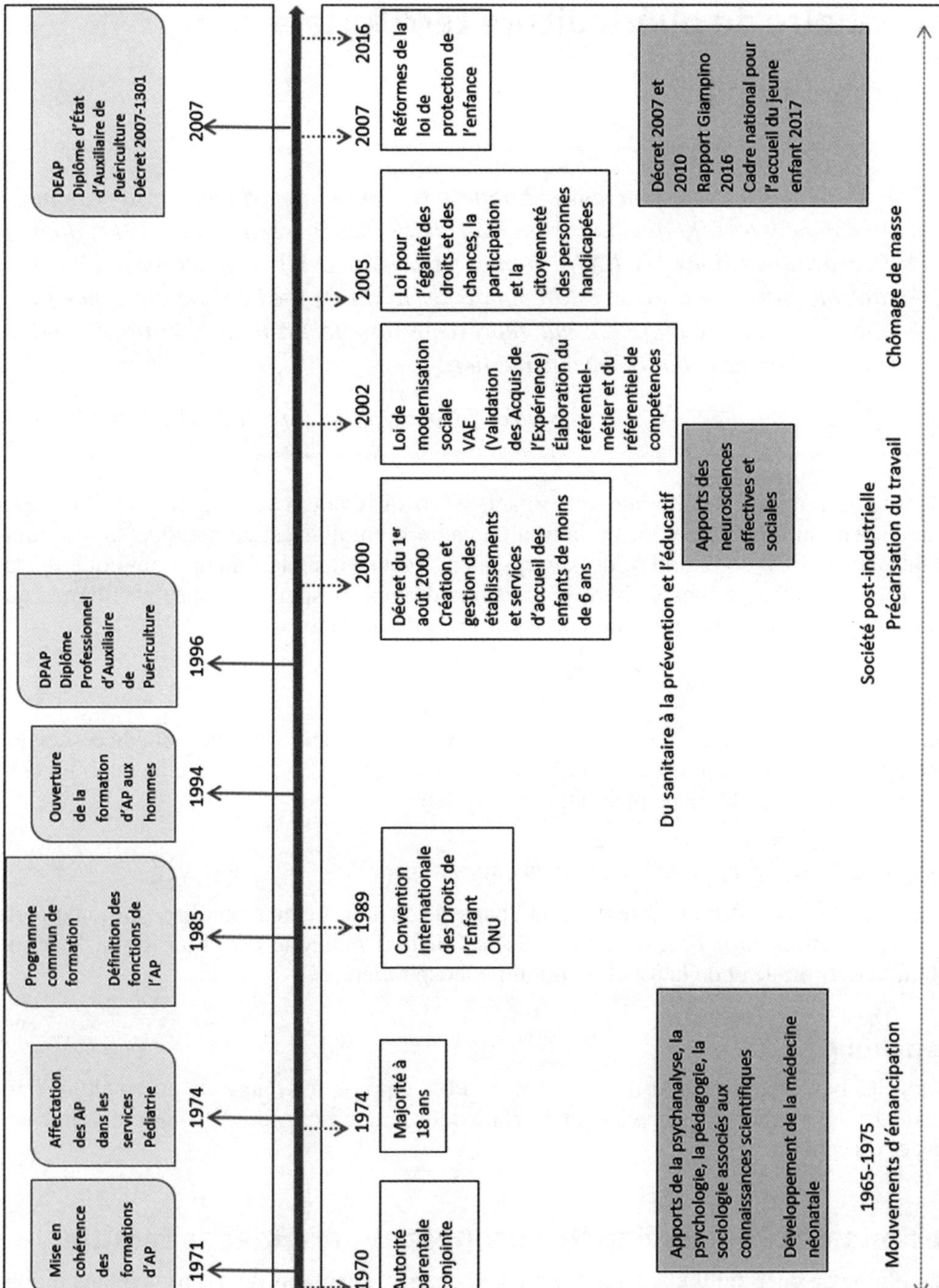
Puériculture
Législation
Santé
Société
1971
Mise en cohérence des formations d'AP
1974
Affectation des AP dans les services Pédiatrie
1985
Programme commun de formation
Définition des fonctions de l'AP
1994
Ouverture de la formation d'AP aux hommes
1996
DPAP Diplôme Professionnel d'Auxiliaire de Puériculture
2007
DEAP Diplôme d'État d'Auxiliaire de Puériculture Décret 2007-1301
1970
Autorité parentale conjointe
1974
Majorité à 18 ans
1989
Convention Internationale des Droits de l'Enfant ONU
2000
Décret du 1er août 2000 Création et gestion des établissements et services d'accueil des enfants de moins de 6 ans
2002
Loi de modernisation sociale VAE (Validation des Acquis de l'Expérience) Élaboration du référentiel-métier et du référentiel de compétences
2005
Loi pour l'égalité des droits et des chances, la participation et la citoyenneté des personnes handicapées
2007 2016
Réformes de la loi de protection de l'enfance
Apports de la psychanalyse, la psychologie, la pédagogie, la sociologie associés aux connaissances scientifiques
Développement de la médecine néonatale
Du sanitaire à la prévention et l'éducatif
Apports des neurosciences affectives et sociales
Décret 2007 et 2010
Rapport Giampino 2016
Cadre national pour l'accueil du jeune enfant 2017
1965-1975
Mouvements d'émancipation
Société post-industrielle
Précarisation du travail
Chômage de masse

3 L'auxiliaire de puériculture territoriale

a. Un cadre d'emploi

7 % des effectifs de la fonction publique territoriale appartiennent au secteur petite enfance. 60 000 auxiliaires de puériculture sont recensées en 2015, dont 80 % travaillent dans les EAJE publics et privés. Dans la fonction publique territoriale, 38,4 % des cadres d'emplois de la filière médico-sociale sont des auxiliaires de puériculture, ce qui représente un effectif de 28 096 agents qui travaillent dans des établissements publics.

Source : Note conjoncture du CNFPT 2011.

La fonction publique territoriale est organisée en différents cadres d'emplois, qui sont actuellement au nombre de 56. La notion de cadre d'emplois est en quelque sorte l'équivalent pour la FPT de la notion de « corps » en vigueur dans la fonction publique d'État et la fonction publique hospitalière. Ces cadres d'emplois sont regroupés en filières, qui désignent le secteur d'activité commun à plusieurs d'entre eux.

À retenir

Le cadre d'emplois des auxiliaires de puériculture appartient à la filière médico-sociale de catégorie C (fonctions d'exécution) et comprend 2 grades : « Auxiliaire de puériculture 1re classe » et « Auxiliaire de puériculture 2e classe ».

L'accès au cadre d'emploi se fait par concours sur titre.

Il est possible d'accéder au cadre d'emploi par voie de détachement ou d'intégration directe pour les fonctionnaires de catégorie C de la fonction publique de l'État, de la fonction publique territoriale et de la fonction publique hospitalière.

Remarque

Selon les besoins en main-d'œuvre 2014 de Pôle emploi, auxiliaire de puériculture fait partie des 10 métiers les plus recherchés, statistique à rapprocher des besoins croissants en places d'accueil.

b. Des missions au service des usagers : l'enfant et sa famille

L'auxiliaire de puériculture territorial prend en charge les enfants de moins de 6 ans individuellement et en groupe, collabore à la distribution des soins quotidiens et mène les activités d'éveil qui contribuent au développement de l'enfant.

Selon la définition statutaire, les auxiliaires de puériculture participent à l'élaboration et au suivi du projet de vie de l'établissement.

Ces missions apparaissent dans le référentiel de compétences du diplôme avec notamment :

- « Accompagner un enfant dans les activités d'éveil et de la vie quotidienne, et les parents dans leur rôle éducatif » ;

Exemple

Au quotidien les principes éducatifs, la psychopédagogie, l'environnement culturel de l'enfant et de sa famille, les notions de parentalité sont au cœur des pratiques professionnelles de l'auxiliaire de puériculture en collaboration avec une équipe pluridisciplinaire.

- « Établir une communication adaptée à la personne et à son entourage » ;

Exemple

L'auxiliaire de puériculture mobilise les techniques de communication comme l'observation, l'entretien, la communication verbale et non verbale, le jeu et l'animation.

- « Organiser son travail dans une équipe pluridisciplinaire ».

Exemple

L'auxiliaire de puériculture organise ses activités au sein de l'équipe en participant à la réflexion collective au service du projet d'établissement.

c. Témoignages

Témoignages d'auxiliaires de puériculture territorial

« Le métier ne consiste pas uniquement à s'occuper des enfants. Mais si je l'ai choisi, c'est quand même, avant tout, pour le contact avec les enfants. »

« Pour faire ce métier, il faut de la patience, l'écoute, car il y a une part de social dans ce métier. J'entends aussi par là respect et tolérance vis-à-vis de l'enfant et de sa famille. D'autres qualités : la réactivité, le dynamisme et la prévenance. »

« Le travail en équipe est basé sur la communication et le partage. Il faut aimer partager ses expériences. Le travail d'équipe est important, car il permet de déléguer, ce qui est utile quand survient une situation compliquée avec un enfant : une collègue peut alors prendre le relais. Trouver sa place dans une nouvelle équipe n'est pas simple. Souvent, on arrive dans des équipes déjà formées, en prenant la place de quelqu'un. Mais en étant joviale et dynamique, ça roule ! »

« Mon principal outil de travail, c'est l'énergie ! À part ça, il n'y en a pas réellement. »

« Ce qui me plaît le plus, c'est le relationnel avec les enfants et leur famille, ainsi qu'avec l'équipe. À proprement parler, il n'y a pas vraiment de choses qui me déplaisent… Mais il faut savoir que c'est un métier physique, qui se fait dans le bruit, et ce sont des conditions pas forcément évidentes ! »

« Ce qui nous enrichit, dans notre formation, ce sont les échanges qu'on va avoir avec notre promotion. On peut se retrouver face à des situations qu'on ne comprend pas, et dans ce cas pouvoir échanger avec les autres est très important. »

« Pendant la formation, on parle un peu du handicap, mais en surface. Ensuite, il existe plein de formations, tout au long de notre métier. »

« Pour ce qui est de l'ambiance, l'organisation, le respect du projet pédagogique, je pense que cela dépend de chaque structure, de son équipe et de sa direction. »

Je fais le point

Que représente pour moi le service à l'usager ?

4 Spécificités du métier

a. Des savoirs, savoir-faire, savoir-être

Définition

« La SANTÉ est un état de complet bien-être physique, mental et social et ne consiste pas seulement en une absence de maladie ou d'infirmité. »

Source : OMS (Organisation mondiale de la santé).

L'auxiliaire de puériculture est un acteur de la santé :

- en reconnaissant les besoins de l'enfant et de sa famille ce qui mobilise l'empathie ;
- en organisant collectivement la réponse à ces besoins, ce qui mobilise la responsabilité partagée en équipe ;
- en prenant soin concrètement de la personne, ce qui mobilise des savoirs, des savoir-faire, des savoir-être ;
- en évaluant son action, ce qui mobilise les références au projet d'établissement.

Les savoirs, savoir-faire et savoir-être sont les ressources qu'une personne mobilise dans l'action pour mettre en œuvre ses compétences. Le savoir fait référence aux connaissances techniques et théoriques (connaissances sur le développement, l'hygiène, etc.), le savoir-faire fait référence aux processus et modes opératoires (protocole de change, modalités d'accueil, etc.), le savoir-être traduit les attitudes et les comportements de la personne (qualité relationnelle, disponibilité, etc.).

b. Prendre soin

Définition

« Le "prendre soin" est un concept qui prend son origine dans la langue anglaise sous le vocable "*care*", mot difficilement traduisible. Le terme anglais comprend deux unités de sens indissociables : l'une traduit une attitude particulière et responsable dans la relation de soins, l'autre renvoie à une action de soins. L'attitude du "prendre soin" fait appel

> à une responsabilité pleine et entière, empreinte de sollicitude et du souci des autres (aspect éthique du soin). L'action de "prendre soin" relève d'activités multiples sur les "nécessités vitales" et inclut, dans une situation de soins, le discernement de la nature des besoins dans leur analyse, leur compréhension et leur réponse. »
>
> Marie-André Vigil-Ripoche, *Recherche en soins infirmiers*, n° 107, ARSI.

L'auxiliaire de puériculture est un acteur de santé dont les activités s'inscrivent dans le « prendre soin » global de l'enfant incluant son éveil et sa socialisation, en référence à un projet d'établissement.

Les 6 dimensions du métier d'auxiliaire de puériculture

Je fais le point

Que m'évoquent ces 6 dimensions de mon métier ?

5 Le concours

a. Conditions de participation au concours

Tout candidat au concours d'auxiliaire de puériculture dans la fonction publique territoriale doit :

- posséder la nationalité française, ou être ressortissant d'un État membre de l'Union européenne, ou d'un autre État partie à l'accord sur l'Espace économique européen ;
- être âgé d'au moins seize ans ;

- être en position régulière au regard des obligations du service national de l'État dont il est ressortissant ;
- jouir de ses droits civiques ;
- ne pas avoir un casier judiciaire (bulletin n° 2) portant des mentions incompatibles avec l'exercice des fonctions ;
- remplir les conditions d'aptitude physique exigées pour l'exercice de la fonction ;
- être titulaire soit du certificat d'auxiliaire de puériculture, soit du certificat d'aptitude aux fonctions d'auxiliaire de puériculture, soit du diplôme d'État d'auxiliaire de puériculture.

b. Une seule épreuve d'admission orale

L'épreuve unique est constituée d'un entretien avec un jury permettant d'apprécier les capacités professionnelles du candidat, ses motivations et son aptitude à exercer les missions incombant aux membres du cadre d'emplois.

Il n'y a pas de programme renseigné.

Les attentes et critères de notation des jurys pour l'épreuve orale sont présentés dans la partie consacrée à la préparation de l'oral.

La durée de l'entretien est de 15 minutes.

c. Calendrier prévisionnel des concours

La fréquence des concours varie : certains sont organisés annuellement, d'autres tous les deux ou trois ans, voire de façon plus espacée.

Depuis 2012, le concours d'auxiliaire de puériculture pour intégrer la fonction publique territoriale est organisé par les centres de gestion de la fonction publique territoriale (CDG).

En outre, certains CDG départementaux et régionaux organisent des concours en « inter-régions ». Certains concours peuvent donc être organisés alternativement selon les sessions par l'un des CDG pour toute la zone inter-régionale.

Le calendrier des concours est édité annuellement sur les sites internet respectifs des CDG. Les calendriers sont tous centralisés sur le site internet de la Fédération nationale des centres de gestion de la fonction publique territoriale (fncdg.com). Vous y trouverez également la liste des CDG avec leurs coordonnées respectives (adresses, sites internet, téléphone).

Le calendrier des concours centralisés sur le site de la FNCDG contient : la date indicative limite de publicité des concours ; la période de préinscription ou de retrait de dossiers ; la date limite de dépôt des dossiers ; la date/période des épreuves et le CDG pour chaque concours.

Attention

Ce calendrier des concours est un document indicatif. Les informations qu'il contient étant susceptibles de modification en cours d'année, il vous appartient d'obtenir confirmation des dates auprès du centre de gestion organisateur de votre choix.

d. Les étapes et les modalités pratiques d'inscription au concours

Étape 1 : la pré-inscription en ligne

Attention

La pré-inscription n'est possible qu'après publication d'un arrêté d'ouverture du concours confirmant les dates, modalités réglementaires ainsi que la composition du jury. La pré-inscription se fait en ligne sur le site internet du CDG organisant le concours.

La pré-inscription ne constitue pas une inscription définitive. Elle ne sera effective qu'après validation par le CDG de votre dossier d'inscription imprimé et accompagné de l'ensemble des pièces exigées.

Renseignez-vous sur les modalités spécifiques du centre de gestion organisateur du concours de votre choix (périodes de (pré-)inscriptions, date limite de transmission du dossier imprimé complet, suivi de la validation de l'inscription, etc.).

Pour mener à bien l'inscription à un concours, la première étape consiste à remplir un formulaire en ligne. Pour ce faire, il est indispensable de vérifier que l'on dispose bien des logiciels et des ressources matérielles nécessaires, en particulier le logiciel gratuit Adobe Reader (téléchargeable sur ordinateur à cette adresse : [get.adobe.com/fr/reader/]), pour consulter la notice explicative et télécharger le formulaire d'inscription prérempli, et l'accès à une imprimante pour imprimer le formulaire.

Étape 2 : l'inscription par la constitution du dossier papier

Le dossier papier est à renvoyer ou à déposer au centre de gestion de votre choix. Le dossier papier est constitué du formulaire de pré-inscription rempli en ligne qui doit être imprimé et signé, ainsi qu'être accompagné des pièces justificatives exigées.

Documents et pièces justificatives à fournir dans le dossier papier

- Un formulaire individuel d'inscription.
- Une demande d'extrait de casier judiciaire n° 2.
- Un curriculum vitæ (CV).
- La copie du diplôme ou du titre requis pour participer au concours.
- La photocopie de la carte d'identité ou un certificat de nationalité française délivré par le tribunal d'instance. Les ressortissants d'un état membre de l'Union européenne ou d'un autre État prévu à l'accord sur l'Espace économique européen devront fournir tout document établissant leur nationalité.

Attention

Certains CDG ont des exigences quant au format du dossier. Ainsi, par exemple, certains précisent ne pas accepter les captures d'écran ou leur impression, ni tout dossier d'inscription qui ne serait que la photocopie d'un autre dossier d'inscription ou d'un dossier d'inscription recopié. Le dossier se verrait rejeté.

Date limite de dépôt des dossiers

Les dossiers doivent impérativement parvenir au CDG au plus tard à la date de clôture des inscriptions fixée par l'arrêté d'ouverture du concours :

- soit par la Poste (cachet faisant foi ou accusé de réception si envoi en recommandé) ;
- soit par dépôt à l'adresse mentionnée sur le site du CDG (et date et heure du dépôt).

Tout dossier d'inscription envoyé hors délais sera irrecevable et rejeté.

Attention

Tout dossier incomplet, déposé, posté ou réexpédié du fait d'un affranchissement insuffisant ou d'un défaut d'adresse, sera refusé par le CDG après la clôture des inscriptions.

La convocation à l'épreuve du concours

Les convocations sont envoyées par courrier postal environ 10 jours avant le début des épreuves et sont disponibles dans l'espace sécurisé des candidats.

À l'issue du concours : les résultats du concours

Comment être informé des résultats ?

Les résultats sont diffusés sur le site du CDG et affichés au siège du CDG à la date de parution. Cette date est indiquée aux candidats au moment de l'inscription ainsi qu'ultérieurement (sur le dossier d'inscription, la convocation et sur le site du CDG).

Les résultats sont également notifiés par écrit à l'intéressé et disponibles sur leur espace sécurisé. Les notes sont renseignées dans ce courrier informant des résultats.

e. Questions fréquentes

En pratique

Les questions les plus fréquentes et leurs réponses

L'inscription au concours est-elle payante ?

L'inscription est gratuite. Seul le coût des timbres au tarif en vigueur est demandé (4 à 7 timbres) au titre de la participation aux frais d'envois de courriers.

Comment savoir si le CDG a bien reçu mon dossier d'inscription papier ?

Après dépôt ou envoi du dossier papier au CDG, celui-ci vous adressera par voie postale un accusé de réception reprenant vos choix lors de votre pré-inscription. Si nécessaire, vous pourrez encore signaler des modifications ou erreurs par retour de courrier. Vous pourrez également suivre l'évolution de votre dossier d'inscription en ligne sur la page de pré-inscription.

Puis-je m'inscrire à plusieurs concours ?

Il est possible de s'inscrire à plusieurs concours si l'on remplit les conditions exigées par les textes et tant que les épreuves n'ont pas lieu le même jour à la même heure.

Puis-je passer les épreuves d'un concours dans une région et, en cas de réussite, postuler à un emploi dans une collectivité d'une autre région ?

Oui, la liste d'aptitude a une valeur nationale. Si vous êtes lauréat d'un concours vous pouvez postuler dans toute la France pour le cadre d'emploi concerné.

Puis-je faire valider mon concours territorial à la ville de Paris ?

Non, la ville de Paris a un statut particulier et organise ses propres concours. Vous pouvez consulter le site de la ville de Paris (www.paris.fr).

Existe-t-il une limite d'âge pour passer un concours ?

Non, il n'y a pas de limite d'âge pour les concours organisés par les CDG.

Existe-t-il des dispenses pour les personnes en situation de handicap ?

Les personnes en situation de handicap bénéficient de procédures particulières pour l'accès à la fonction publique territoriale.

Tout d'abord, il est prévu la possibilité d'aménager les épreuves des concours selon le type du handicap. Pour pouvoir bénéficier des aménagements d'épreuves prévus par la réglementation, la personne au statut de personne handicapée devra fournir dans son dossier papier :

- la copie de la décision de la Commission des Droits et de l'Autonomie des Personnes Handicapées (CDAPH) reconnaissant que le candidat a le statut de personne handicapée ;
- un certificat médical délivré par un médecin agréé (liste disponible auprès du CDG) constatant que la personne n'est atteinte d'aucune maladie, infirmité ou handicap incompatibles avec l'exercice des fonctions du grade, et précisant les aménagements de l'épreuve nécessaires (majoration de temps, matériel, assistance, etc.).

Par ailleurs, les personnes ayant le statut de personne handicapée ont également la possibilité d'accéder à la fonction publique territoriale par contrat.

Puis-je m'inscrire à un concours en étant de nationalité européenne mais non française ?

Oui pour les ressortissants d'un État membre de l'Union européenne, d'un État partie à l'accord sur l'Espace économique européen, ainsi que de l'Islande, du Liechtenstein et de la Norvège.

Les ressortissants de la Suisse, de Monaco et d'Andorre ont également accès aux concours, conformément à différents accords en vigueur.

6 Mode d'emploi du livre

Mode d'emploi du livre

Mon défi

me familiariser avec l'épreuve
comprendre les attentes du jury
développer une culture du service public
développer une culture métier
acquérir une méthodologie pour l'oral

Le concours

accéder au cadre d'emploi d'auxiliaire de puériculture territorial

Un parcours personnalisé

Organisation

gérer mon temps
m'évaluer

Information

chercher
mobiliser
utiliser

Motivation

valoriser mon expérience
convaincre de mes atouts
révéler mon implication

Objectifs

me présenter
me situer

Gestion du stress

aborder l'épreuve avec un état d'esprit positif
m'entraîner

Connaissances

remettre à niveau
identifier
réactiver

SUCCESS!

Félicitations !

Connaissances

Les savoirs indispensables

- Les collectivités territoriales
- Culture sanitaire et sociale
- Au cœur du métier : savoirs, savoir-faire, savoir-être

Méthodologie

La posture de professionnel-lecteur-candidat

1 Bien comprendre le rôle de l'auxiliaire de puériculture

Il importe aujourd'hui de mieux reconnaître la complexité et la spécificité de la fonction d'accueil car accueillir au quotidien l'enfant d'un « autre » se distingue bien plus fondamentalement qu'il n'y paraît du rôle des parents. Le lien qui unit l'enfant à ses parents est nourri de spontanéité, d'émotions profondes, de projets. À côté de ce lien, qu'il importe de reconnaître et de privilégier, se noue un autre lien, tissé par l'enfant et la professionnelle.

Cette relation implique de la part de la professionnelle le respect des parents dans leur rôle et un intérêt conscient pour les enfants qui lui sont confiés. Sans négliger la part d'affectivité et de spontanéité qui sous-tendent toute relation et toute action éducative, le métier d'auxiliaire de puériculture implique une action consciente et une dynamique de réflexion.

Pour construire la sécurité qui est à la base de son développement, l'enfant doit trouver dans le lien avec l'auxiliaire de puériculture des réponses adaptées à ses besoins. Seule une observation régulière permet d'identifier les besoins de chaque enfant. Pour assurer cette fonction complexe, l'analyse collective des pratiques, des formations continues et des échanges autour du projet d'accueil sont autant de démarches qui soutiennent les professionnels et qui contribuent à l'élaboration de références partagées.

2 Une autoévaluation

Quel que soit votre temps de préparation, la démarche passe par une autoévaluation de :

- votre capacité à mobiliser vos connaissances actualisées ;
- votre capacité d'analyse des situations au service d'une capacité de synthèse propre aux attendus de l'épreuve orale du concours ;
- votre capacité à illustrer votre propos en vous référant à votre vécu professionnel ;
- votre capacité à vous projeter dans l'environnement territorial ;
- votre capacité à témoigner du sens de l'intérêt général du service public.

Cette démarche demande une préparation, de l'organisation, une approche individualisée au plus près de votre situation.

a. Suggestion

La partie « Au cœur du métier » est composée des différentes dimensions de votre métier : répondre aux besoins, le développement global de l'enfant, prendre soin, le jeu : un en-jeu professionnel, accueillir et accompagner les familles, travailler en équipe, politique publique au service des usagers.

Les chapitres comprennent des illustrations pour ancrer les contenus dans les pratiques professionnelles, des exercices réflexifs, des analyses de situations professionnelles pour soutenir l'appropriation des savoirs et connaissances, susciter la réflexion et mettre à jour son propre positionnement professionnel.

Ces vignettes sont un encouragement à vous constituer votre propre recueil de situations professionnelles vécues. Illustrez vos réponses en appui sur votre expérience professionnelle permettra au jury de mesurer votre capacité réflexive et argumentée, ainsi que votre capacité à apprendre de votre expérience passée.

Cette démarche d'analyse approfondie est un prérequis indispensable pour développer par la suite un esprit de synthèse solide, clé de la réussite du concours.

b. Méthodologie

Questionnement de départ

- Qui ? Quelles sont mes motivations et mon implication ?
- Quand ? quelle organisation personnelle je mets en place ? De quel temps je dispose ?
- Où se trouve l'information ? quels sont mes besoins de connaissances, de compréhension ?
- Comment ? quels sont mes appuis et mes points faibles, en connaissances, en expériences ?

Proposition

Une première autoévaluation rapide à partir de l'exploration du sommaire, des entraînements proposés en fin de chapitre et des questions de jury vous aideront à composer votre parcours en vous ajustant à vos besoins.

Nous vous conseillons ensuite de structurer votre préparation :

- en distinguant dans la partie « cœur du métier » ce qui vous semble plus familier de ce qui est à consolider ;
- en prenant en compte régulièrement les actualités sanitaires et sociales ainsi que les principes de la fonction publique territoriale.

Une lecture linéaire est toujours possible en restant attentif à l'objectif de faire les liens nécessaires entre les différentes dimensions de votre métier et le contexte de la fonction publique territoriale.

Important

Votre projet d'intégrer la fonction publique territoriale en tant qu'auxiliaire de puériculture s'appuie sur une préparation rigoureuse et individualisée pour faire la différence dans un contexte très sélectif.

3 Pour conclure

Ce livre a été conçu dans l'esprit du voyage : il sert de guide et de journal de bord. Plusieurs itinéraires sont possibles, chaque candidat y trouvera les appuis nécessaires dans son cheminement en explorant toutes les dimensions de son métier et en les reliant aux missions du service public et de ses territoires.

Bon voyage !

Connaissances

1

Les collectivités territoriales

- Qu'est-ce qu'une collectivité territoriale ?
- La commune
- La coopération intercommunale
- Le département
- La région
- Les compétences des collectivités territoriales
- Le contrôle sur la légalité
- La réforme des collectivités
- Les finances publiques locales
- Le statut de la fonction publique
- Service public, établissement public
- Les droits et obligations des fonctionnaires
- Le déroulement de carrière d'un agent de la fonction publique territoriale
- Les organismes participatifs de la fonction publique

1 Connaissances
Qu'est-ce qu'une collectivité territoriale ?

1 Description des collectivités territoriales

Définition

Une **collectivité territoriale** est une personne morale, de droit public, dotée de la personnalité juridique, organisée en structure administrative, chargée des intérêts des personnes vivant sur son territoire. Elle est distincte de l'administration de l'État.

Typologie des collectivités territoriales

Les communes	34 841 (source : Insee) en France métropolitaine auxquelles il faut ajouter 129 communes dans les cinq départements d'outre-mer. Total : 34 970 au 1er janvier 2019.
Les départements	101 comprenant les cinq départements d'outre-mer (DOM).
Les régions	18 (depuis le 1er janvier 2016), incluant les cinq régions d'outre-mer (ROM).
Des collectivités à statut particulier	Paris, Lyon, Aix-Marseille et la collectivité territoriale de Corse.
Les collectivités d'outre-mer (COM)	Au nombre de 5 : Polynésie française, Saint-Barthélemy, Saint-Martin, Saint-Pierre-et-Miquelon et Wallis-et-Futuna.

Les collectivités territoriales se caractérisent par :

- un nom (Rennes, Val-de-Marne, Occitanie, etc.) ;
- un territoire précis ;
- des organes de gestion élus par la population ;
- un libre pouvoir de décision inscrit dans la Constitution (art. 72) ;
- des domaines de compétences ;
- des moyens sur lesquels elle peut s'appuyer pour faire face à la mise en œuvre de ses missions.

2 Leurs règles de fonctionnement

Hors Paris, Lyon, Marseille et les collectivités d'outre-mer qui ont des règles un peu différentes, les collectivités territoriales sont dotées de :

Une assemblée délibérante	Un pouvoir exécutif	Un organe de consultation
Élue au suffrage universel direct	**Élu au suffrage universel indirect**	**Membres désignés**
Conseil municipal, conseil départemental et conseil régional.	Maire, président du conseil départemental, président du conseil régional. Élu parmi les membres de l'assemblée délibérante.	Uniquement pour les régions, le conseil économique, social et environnemental (CESE).

Les savoirs indispensables

La commune

Définition

Collectivité territoriale de proximité, la COMMUNE est gérée par des représentants élus par sa population, les conseillers municipaux. Elle a en charge certains services publics de proximité répondant aux besoins de la population du territoire.

1 Quelques chiffres

34 970 communes au 1er janvier 2019 (129 communes dans les DOM inclus) :

- 50 % ont moins de 426 habitants ;
- 11 seulement ont plus de 200 000 habitants.

2 Repères historiques

Avant la Révolution	Il existait des paroisses ecclésiastiques, des communautés, des seigneuries, des villes franches…
14 décembre 1789	La Révolution met en place les communes, désignées comme la plus petite division administrative, en remplacement de tout autre système préexistant. Une assemblée élue par la population et un maire nommé par l'État à sa tête. C'est un lieu d'exercice de l'État.
1792	Les registres des baptêmes, mariages et sépultures tenus par l'Église passent sous la responsabilité d'un officier public, élu, et deviennent registres des naissances, mariages et décès.
5 avril 1884	La loi relative à l'organisation municipale, encore appelée la Grande Charte municipale, fait de la commune quasiment une collectivité décentralisée. En effet, le conseil municipal désormais « règle par ses délibérations les affaires de la commune ». L'organisation de la commune, le fonctionnement de ses organes, fixés par cette loi, ne connaîtront que très peu d'évolutions jusqu'à nos jours.
2 mars 1982	Loi relative aux droits et libertés des communes, des départements et des régions, dite « loi de décentralisation ». Elle remplace la tutelle pesant sur les collectivités locales, organes de l'État, par un contrôle a posteriori confié au préfet et au juge administratif.

3 Le double statut de la commune

Sur le même territoire géographique coexistent aujourd'hui deux systèmes d'administration et de gestion des affaires locales.

a. Les services de l'État dans le cadre de la déconcentration

Sous l'autorité du

Préfet **Pouvoir exécutif**	**Procureur de la République** **Pouvoir judiciaire**
Le maire organise les élections, participe au recensement, délivre des autorisations… Il est aussi officier de police administrative.	Le maire est officier d'état civil et officier de police judiciaire (répression).

b. Les services de l'administration décentralisée

Ils sont autonomes, dans le cadre de la libre administration des collectivités territoriales (urbanisme, petite enfance, social…).

4 La commune, collectivité territoriale

Elle est composée de deux organes :

Un organe délibérant	Un organe exécutif
Le conseil municipal	**Le maire**
Composé de 7 à 163 conseillers municipaux élus au suffrage universel direct, avec un mandat de 6 ans. Parité avec alternance stricte obligatoire dans les communes de plus de 1 000 hab.	Élu au suffrage universel indirect, pour 6 ans, parmi les membres du conseil municipal. Les maires-adjoints, élus aussi par le conseil municipal pour 6 ans, à la suite de l'élection du maire.

a. Les attributions du conseil municipal

Conséquence de la clause générale de compétence, le conseil municipal gère par ses délibérations les affaires de la commune. La délibération est le document sur lequel sont précisément notées la ou les décisions prises à la majorité des conseillers.

Le conseil municipal a pouvoir de gestion sur le territoire de la commune, envers les administrés et chaque fois que l'intérêt de la commune l'exige.

- Il élit le maire et les adjoints au maire.
- Il discute et vote le budget de la commune.
- Il vote la création ou la suppression des services publics locaux, les emplois communaux qui y sont liés, ainsi que toutes les mesures liées à la gestion de ces services (création d'une crèche sur la commune...).
- Il a compétence en matière d'urbanisme, vote le plan local d'urbanisme (PLU), etc.

b. Les attributions du maire

Le maire est l'autorité exécutive de la commune. Il prend les arrêtés nécessaires à la gestion des affaires de la commune, notamment à l'exécution des délibérations du conseil.

- Il prépare, convoque et dirige les réunions du conseil municipal.
- Il en exécute les délibérations.

Définition

Exécuter une délibération, c'est mettre en œuvre les décisions qui y sont inscrites.

- Il est l'ordonnateur des recettes et des dépenses de la commune, conformément au budget voté par le conseil municipal.
- Il représente la commune, personne morale, par sa signature et défend des intérêts de la commune.
- Il peut recevoir délégation de pouvoir ou de signature du conseil municipal.
- Il peut déléguer les pouvoirs qui ne lui sont pas propres à ses adjoints.
- Il est autorité de police municipale, dite police administrative (prévention), notamment sur 4 domaines : bon ordre ; sécurité ; tranquillité ; salubrité.
- Il dirige les services municipaux : il est le chef hiérarchique du personnel municipal et dispose d'un pouvoir d'organisation des services. Il recrute le personnel dans les services et sur les postes préalablement votés par le conseil municipal. Il procède à l'affectation des agents dans les services. Il procède à l'évaluation du travail et délivre les sanctions disciplinaires, etc.
- Il délivre les autorisations d'urbanisme.
- Il procède à la publication des arrêtés municipaux.

Exemple d'organisation

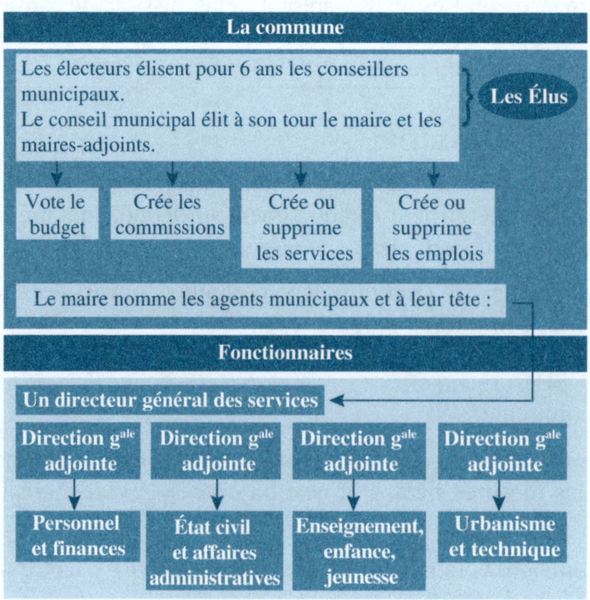

Connaissances

3 La coopération intercommunale

Définition

La France compte un nombre très important de toutes petites communes, qui sont incapables de prendre seule en charge l'intégralité des missions qui leur sont confiées. 32 000 communes ont moins de 2 000 habitants, 20 000 en ont moins de 700 !

Aussi sont-elles obligées de se regrouper pour assurer leurs missions de service public. L'**INTERCOMMUNALITÉ**, c'est donc la mutualisation des moyens.

L'intercommunalité est obligatoire depuis la loi du 1er juillet 2013.

1 Repères historiques

Loi du 22 mars 1890	Première loi sur cette coopération intercommunale qui crée le SIVU, syndicat. intercommunal à vocation unique (une seule mission).
Loi Joxe du 6 février 1992	Relative à la coopération intercommunale, au référendum communal et au statut des élus.
Loi Chevènement du 12 juillet 1999	Renforçant et simplifiant la coopération intercommunale.
Loi du 16 décembre 2010	Création de la Métropole.
Les lois MAPTAM et NOTRe	Elles ont renforcé l'intercommunalité en la rendant obligatoire et avec des seuils de population à 15 000 habitants (sauf en zone montagneuse). Création de collectivités chef de file.

2 Organisation des structures intercommunales

Les établissements publics de coopération intercommunale (EPCI) sont organisés sur la même base que les collectivités territoriales :

Organe délibérant	Organe exécutif
Le conseil communautaire	**Le président du conseil communautaire**
Composé de représentants des communes affiliées, élu pour la première fois au suffrage universel direct lors des élections municipales de mars 2014. Parité avec alternance stricte obligatoire.	Il est élu de même que les vice-présidents parmi les membres du conseil.

3 Financement

Une forme sans fiscalité propre : le financement est assuré par les contributions des communes membres.

Une forme fédérative à fiscalité propre : outre l'apport des communes membres, s'ajoute l'impôt local que peut lever le syndicat.

4 La commission départementale de coopération intercommunale

Présidée par le préfet, sa mission est d'aider les communes à choisir le type de coopération en fonction de leurs tailles et des services qu'elles souhaitent mutualiser.

5 Les principaux types d'EPCI

Type	Date de création	Fiscalité propre	Nombre au 1er janvier 2018	Remarques
SIVU[1]	1890	Non	7 365	En milieu rural. Peut comprendre des communes non limitrophes.
Syndicat. mixte	1955	Non	2 790	Peut comprendre des communes, d'autres collectivités ou syndicats intercommunaux.
SIVOM[2]	1959	Non	1 078	
Communauté urbaine (CU)	1966	Oui	11	Espace d'un seul tenant et sans enclave, au moins 450 000 habitants.
Communauté de communes (CC)	1992	Oui	1 009	Espace d'un seul tenant et sans enclave, moins de 50 000 habitants.
Communauté d'agglomérations (CA)	1999	Oui	222	Espace d'un seul tenant et sans enclave, au moins 50 000 habitants et une commune centre d'au moins 15 000 habitants.
Métropole	2010	Oui	• 21 : Bordeaux, Brest, Clermont-Ferrand Dijon, Grenoble, Lille, Metz, Montpellier, Nancy, Nantes, Nice, Orléans, Rennes, Rouen, Saint-Étienne, Strasbourg, Toulon, Toulouse, Tours ; Paris et Aix-Marseille avec un statut particulier. • Lyon est une collectivité territoriale et non un EPCI.	L'acte III de la décentralisation prévoit : • la création de métropoles dans les agglomérations de plus de 400 000 habitants en 2015 ; • la création de métropoles à statut particulier à Paris et Marseille en 2016 ; • la création d'une métropole de Lyon comme collectivité territoriale à statut particulier et non intercommunalité en 2015.

(1) Syndicat. intercommunal à vocation unique.
(2) Syndicat. intercommunal à vocation multiple.

Connaissances

4 Le département

Définition

Le **DÉPARTEMENT** est une portion de territoire créée à la Révolution, qui devient une personne morale collectivité territoriale avec la loi de décentralisation du 2 mars 1982.

1 Repères historiques

22 décembre 1789	83 départements ont été créés par la Révolution, dotés d'un conseil de département (supprimé en 1793 et remis en place en 1800). Un président préside l'assemblée mais c'est le préfet qui détient le pouvoir exécutif.
1833	Élection au suffrage censitaire des conseillers généraux.
3 juillet 1848	Élection au suffrage universel (masculin) des conseillers généraux.
Loi du 10 août 1871	Adoptée au lendemain de la Commune de Paris. Le conseil général devient l'entité chargée de gérer les affaires du département. Le préfet détient la fonction exécutive et reste le véritable « patron » de l'administration départementale.
2 mars 1982	Le préfet perd le pouvoir exécutif du conseil qui est transféré aux mains du président du conseil général, élu parmi les membres du conseil.
Loi du 17 mai 2013	A mis en place un nouveau mode de scrutin des conseillers départementaux : élection binomiale paritaire, un homme et une femme par canton.

2 Organisation

Comme la commune, il est composé de deux organes :

Organe délibérant	Organe exécutif
Le conseil départemental	Le président du conseil départemental
Élu pour 6 ans au suffrage universel direct. Avec la loi du 17 mai 2013 et depuis les élections cantonales de 2015, il y a deux fois moins de cantons dans chaque département, mais sur chaque canton se présentent deux conseillers départementaux, et obligatoirement un homme et une femme, ayant chacun un suppléant de même sexe. Le nombre total de conseillers reste donc sensiblement le même. Ils seront élus intégralement pour 6 ans (disparition de l'alternance).	Il est élu de même que les vice-présidents parmi les membres du conseil au suffrage universel indirect.

3 Attributions

a. Les attributions du conseil départemental

Comme pour la commune, le conseil départemental gère par ses délibérations les affaires du département.

- Il élit le président et les vice-présidents.
- Il discute et vote le budget du département.
- Il vote la création ou la suppression des services publics locaux ainsi que les emplois qui y sont liés, et toutes les mesures liées à la gestion de ces services.
- Il élabore la politique sociale dans les domaines de l'aide à l'enfance, aux personnes âgées, aux personnes handicapées, la PMI, le RSA…
- Il se réunit soit dans sa totalité en séance plénière, soit dans sa forme restreinte, la commission permanente.

b. Les attributions du président du conseil départemental

C'est l'organe exécutif du département. Il est élu par le conseil départemental et parmi ses membres. Depuis 2015, il est élu pour 6 ans.

- Il prépare, convoque et dirige les réunions du conseil départemental.
- Il en exécute les délibérations.
- Il est l'ordonnateur des recettes et des dépenses du département.
- Il représente le département, personne morale, par sa signature et défend des intérêts du département.
- Il peut recevoir délégation de pouvoir ou de signature du conseil départemental.
- Il peut déléguer les pouvoirs qui ne lui sont pas propres à ses vice-présidents.
- Il est autorité de police administrative (prévention), sur les routes départementales hors agglomération, pour la protection de l'enfance en danger…
- Il est le chef hiérarchique du personnel : recrutement, affectation, évaluation du travail, sanction disciplinaire…
- Il procède à la publication ou notification des arrêtés départementaux.

Connaissances

La région

Définition

La **RÉGION** est la plus jeune des collectivités territoriales, créée par la loi du 2 mars 1982. Elle regroupe plusieurs départements.

1 Repères historiques

1956	Découpage du territoire en région afin d'y promouvoir des programmes d'actions économiques.
1972	Devient un établissement public à vocation régionale doté d'un conseil.
1986	Voit réellement le jour en tant que collectivité territoriale avec la première élection au suffrage universel du conseil régional.
2015	Réforme de la carte des régions : passage de 22 à 13 régions métropolitaines au 1er janvier 2016.

2 Organisation

Sur le même modèle que les deux autres niveaux de collectivité, elle est constituée ainsi :

Organe délibérant	Organe exécutif	Organe consultatif
Le conseil régional	Le président de région	Le conseil économique, social et environnemental (CESER)
Élu pour 6 ans au suffrage universel, scrutin de liste mixte. Parité avec alternance stricte obligatoire.	Il est élu de même que les vice-présidents parmi les membres de l'assemblée de région.	Organe de consultations spécifique à la région. Ses membres sont nommés et non élus.

3 Attributions

a. Les attributions du conseil régional

Le conseil régional gère par ses délibérations les affaires de la région.

- Il élit le président et les vice-présidents.
- Il discute et vote le budget de la région.
- Il vote la création ou la suppression des services publics locaux ainsi que les emplois qui y sont liés, et toutes les mesures liées à la gestion de ces services.
- Il élabore la politique de formation professionnelle, de l'aménagement du territoire, du schéma des transports, de l'aide au développement économique…
- Il détermine les programmes pluriannuels d'intérêt régional.

- Il suit les contrats de plan passés entre l'État et les régions.
- Il est associé l'élaboration de la politique nationale de la recherche et de la technologie.

b. Les attributions du président du conseil régional

C'est l'organe exécutif de la région. Il est élu par le conseil régional et parmi ses membres, pour 6 ans.

- Il prépare, convoque et dirige les réunions du conseil régional.
- Il en exécute les délibérations.
- Il est l'ordonnateur des recettes et des dépenses de la région.
- Il représente la région, personne morale, par sa signature et défend des intérêts de la région.
- Il peut recevoir délégation de pouvoir ou de signature du conseil régional.
- Il peut déléguer les pouvoirs qui ne lui sont pas propres à ses vice-présidents.
- Il est le chef hiérarchique du personnel : recrutement, affectation, évaluation du travail, sanction disciplinaire, etc.
- Il procède à la publication ou notification des arrêtés régionaux.

c. Le conseil économique, social et environnemental

Sa constitution

Ses membres sont désignés pour 6 ans par :

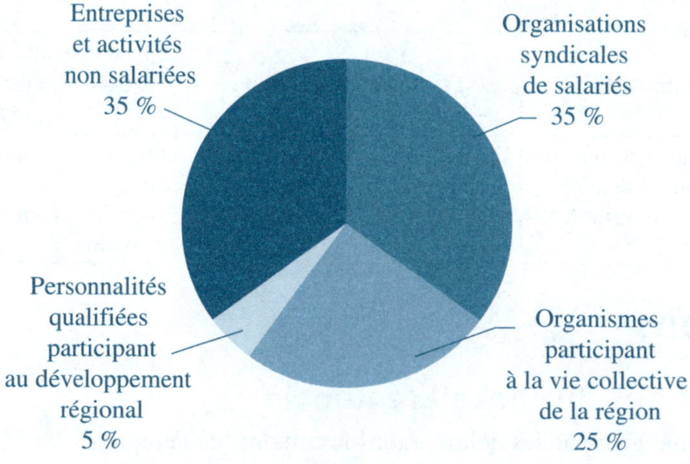

Son rôle

Il est consulté par les instances politiques de la région et émet obligatoirement son avis sur la préparation et l'exécution du plan national dans la région, le projet de plan régional, les orientations générales du budget régional, les schémas régionaux d'aménagement et de développement du territoire et toutes les décisions importantes qui peuvent être envisagées…

Il peut être saisi par le président pour toute demande d'avis et d'études sur tout projet à caractère économique, social ou culturel.

6 Connaissances
Les compétences des collectivités territoriales

Définition

Les COMPÉTENCES DES COLLECTIVITÉS TERRITORIALES sont des missions, des domaines d'intervention, transférés par l'État ou choisis par les collectivités afin de prendre en charge les besoins d'intérêts généraux de leur population.

1 Les types de compétences

a. Les compétences obligatoires

Elles sont fixées par l'État au travers des diverses lois de transfert notamment les lois de l'acte I en 1983, de l'acte II en 2004 et de l'acte III en 2014 – 2015.

Ces compétences sont souvent exclusives : une compétence attribuée à un niveau de collectivité ne peut être prise en charge par un autre niveau de collectivité (la région ne peut être le maître d'ouvrage d'une école primaire).

b. Les compétences facultatives

Elles correspondent à la mise en œuvre de la « clause générale de compétence » inscrite dans la Constitution.

Ce sont des choix complémentaires, définis par la collectivité, votés à la majorité de l'assemblée délibérante et qui répondent à des besoins d'intérêts généraux de la population locale concernée. Par exemple, aucun moyen de garde des tout-petits n'est obligatoire pour aucun type de collectivité territoriale.

2 La mise en œuvre des compétences

Hors cas précisés dans la loi, la collectivité peut décider :

- soit d'assurer elle-même la mise en œuvre de la mission, sur son budget et avec son personnel ;
- soit de créer un établissement public (personne morale indépendante) à qui elle confiera la mission de service public, mais qui restera sous sa surveillance étroite (OPH, EPCI, etc.) ;
- soit de s'adresser à une entreprise privée qui assurera, suite à un marché public et un contrat, une mission d'intérêt général : élagage des arbres des avenues, ménage des locaux administratifs, travaux routiers, etc.

3 Exemples de compétences

- En gras, quelques compétences obligatoires.
- En maigre, quelques exemples de compétence facultatives.
- Sur fond de couleur, la compétence principale de ce niveau de collectivité.

Compétences	Commune	Département	Région
Enfance	Halte-garderie, crèche, centre de loisirs…	Crèche départementale	
Enseignement	Construction, entretien, rénovation, équipement et fonctionnement		
	Écoles primaires	**Collèges** (distribution d'ordinateur portable aux élèves…)	**Lycées, formation professionnelle**
Transports	**Financement et organisation des transports publics**		
	Dans le périmètre urbain (bus, métro, tram…). Transport des personnes âgées		**Hors du périmètre urbain** (car en zone rurale et ramassage scolaire…) **Schéma régional des infrastructures et des transports**
Action sociale	**Le CCAS** est un établissement public obligatoire dans toutes les communes Aide aux personnes en difficulté	**Aide sociale à l'enfance, aux familles, aux personnes handicapées, aux personnes âgées, insertion sociale et professionnelle PMI[1], RSA[2], FSH[3]…**	
Aménagement de l'espace, voirie	**Construction, entretien des voies communales, des réseaux de distribution d'eau potable et d'assainissement. Ramassage et traitement des déchets…**	**Construction et entretien des routes départementales. Aménagement, entretien et exploitation des cours d'eau, plan d'eau et ports maritimes ou fluviaux.**	Schéma régional d'aménagement et de développement du territorial
Environnement	Création et entretien de parcs et jardins	**Définition d'itinéraires de promenades Protection des espaces naturels sensibles (parcs départementaux)**	Parcs naturels régionaux

Compétences	Commune	Département	Région
Urbanisme	**Élaboration du PLU, délivrance du permis de construire**		
Sport	**Construction et gestion d'équipements sportifs en lien avec les équipements scolaires** **Piscine, stade, gymnase…** souvent réalisés en intercommunalité (mais patinoire, piscine olympique… non obligatoires)		
	Utilisable par les écoles primaires	Utilisable par les collèges	Utilisable par les lycées
Culture	Archives, musées, bibliothèques, médiathèques, **conservatoires municipaux de musique, de danse, arts dramatiques**…	**Archives départementales** **Schéma départemental de développement des enseignements artistiques** Musées, festivals…	Musées régionaux, inventaire du patrimoine… Actions culturelles…
Économie, développement local	Aides financières directes aux entreprises après accord avec la région	Aides financières directes aux entreprises après accord avec la région **Élaboration d'un programme d'aide à l'équipement rural**	**Aide au développement économique régional** **Aides financières aux entreprises**
Sécurité		**Services incendie et secours** (hors Paris et sa petite couronne et Marseille, où c'est l'État qui assure ce service par délégation)	

(1) : Protection maternelle et infantile.
(2) : Revenu de solidarité active.
(3) : Fond de solidarité habitat.

7 Connaissances
Le contrôle sur la légalité

Définition

Si, constitutionnellement, les collectivités s'administrent librement, elles doivent néanmoins respecter la réglementation en vigueur. Ce **CONTRÔLE** s'effectue **SUR LA LÉGALITÉ** de l'acte (et non sur son opportunité) et se fait a posteriori (après que l'acte a été pris).

1 Repères historiques

Avant la décentralisation de mars 1982, l'État exerçait une tutelle sur tous les services publics. Il exerçait un contrôle, via le préfet, et sur la légalité et l'opportunité, qui s'effectuait a priori (c'est-à-dire avant que les élus n'aient pu mettre en œuvre leurs choix). L'État centralisateur gardait la maîtrise des actions sur tout le territoire.

Avec la décentralisation, l'article 72 de la Constitution met en place la libre administration des collectivités territoriales. La tutelle de l'État est supprimée, il n'y a plus qu'un contrôle sur la légalité des choix et il s'effectue a posteriori, c'est-à-dire après que le vote de l'assemblée ou le choix de l'exécutif ait eu lieu.

2 Procédure du contrôle

Toutes les décisions importantes prises dans les collectivités ou leurs établissements publics vont subir ce contrôle sur la légalité de leur contenu et éventuellement de leur forme.

Ainsi, pour être exécutoire – mis en œuvre – un acte doit subir deux obligations préalables :

1. Porter l'information à la connaissance de la population.
   - Pour un acte collectif, une délibération concernant des travaux sur la commune, un arrêté modifiant le stationnement, il sera publié pour être porté à la connaissance de la population.
   - Pour un acte individuel, un arrêté de nomination d'un fonctionnaire, il sera notifié à l'intéressé.
2. Porter l'information à la connaissance de l'État.

Concrètement, deux exemplaires sont transmis au préfet dont l'un revient à la collectivité avec tampon « reçu en préfecture le… ». La collectivité a ainsi la preuve de son envoi.

Important

Dès ce moment, l'acte devient immédiatement exécutoire.

De son côté, le préfet à deux mois pour vérifier la légalité ou non de l'acte. Si le préfet estime que l'acte est entaché d'illégalité, il tente une mesure de conciliation à l'amiable avec la collectivité, qui corrige son erreur.

Si par contre, la mesure de conciliation échoue, le préfet défère l'acte au juge du tribunal administratif.

Seul le juge administratif juge un acte et a pouvoir d'annuler ou non cet acte.

En cas d'urgence, le préfet peut demander au juge de prendre une mesure de suspension de l'acte. Suspendre un acte ne veut pas dire l'annuler. L'acte est suspendu quant à son exécution (le maire ne peut le mettre en œuvre) mais il existe toujours. Dans ce cas, le juge n'attendra pas pour se saisir du dossier et rendra rapidement son jugement.

3 Les cinq types de contrôles

a. Le contrôle administratif

C'est le contrôle de l'État sur les actes pris par les collectivités ou leurs établissements publics. Il est effectué par le préfet.

b. Le contrôle des citoyens

Chaque citoyen peut demander au préfet de saisir le juge lorsqu'il estime qui est lésé par l'application ou la non-application d'un acte. Il peut aussi saisir directement le juge.

c. Le contrôle budgétaire et financier

Le préfet contrôle le côté administratif du budget, mais la chambre régionale des comptes vérifiera techniquement les budgets des collectivités et de leurs établissements publics.

d. Le contrôle en matière de police municipale

En cas de carence du maire et après mise en demeure, le préfet peut se substituer au maire en matière de sécurité, tranquillité, salubrité et bon ordre sur le territoire de la commune.

e. Le contrôle des élus

À chaque élection, par leur bulletin de vote les citoyens expriment leur adhésion ou désapprobation de la politique locale.

Ce contrôle peut aussi prendre la forme d'une dissolution de l'organe délibérant par décret en conseil des ministres pour impossibilité d'exercice de ses attributions (cas de dissensions graves au sein du conseil).

4 Synthèse de la procédure de contrôle

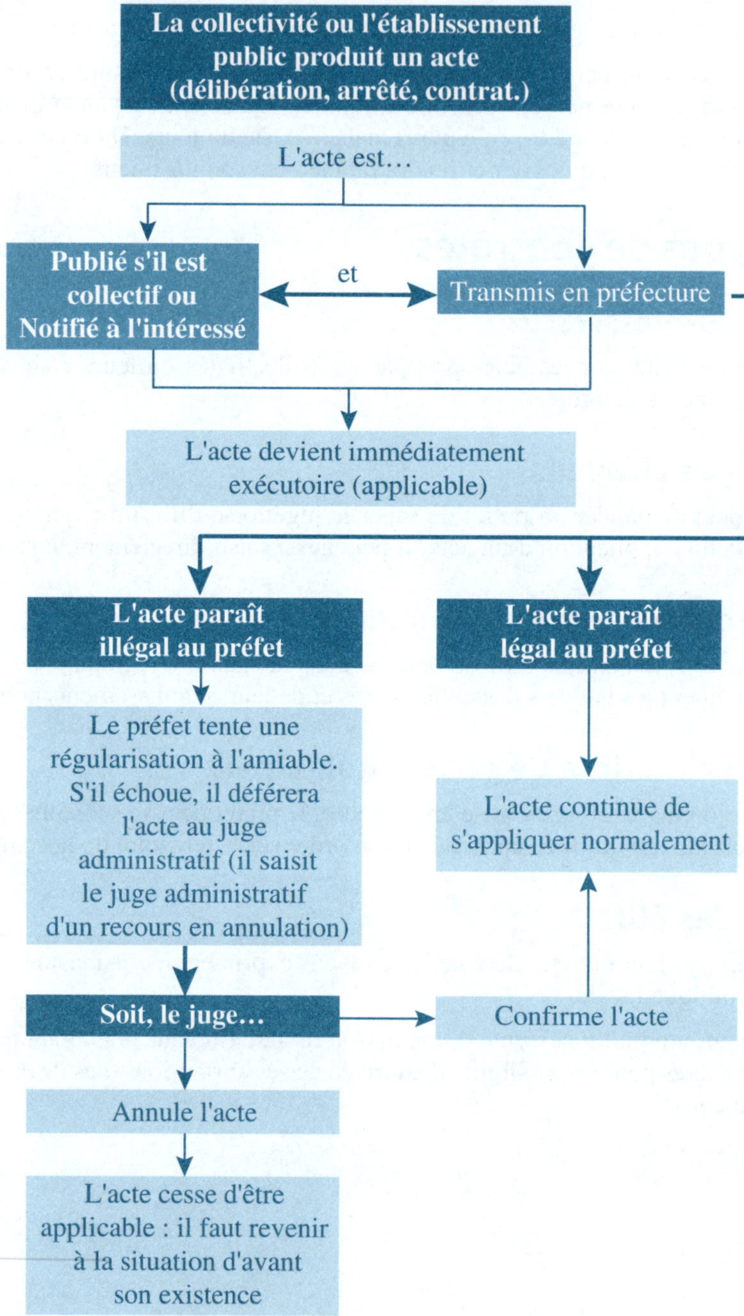

Les collectivités produisent près de 6 millions d'actes par an.

Mais il n'y a qu'environ 2 000 recours au tribunal administratif dans le cadre du contrôle sur la légalité : soit 4 pour 10 000.

8 Connaissances
La réforme des collectivités

Définition

La **RÉFORME DES COLLECTIVITÉS** : moderniser l'action publique, clarifier les responsabilités entre l'État et les collectivités locales et entre les collectivités elles-mêmes, pour une action publique simplifiée, plus proche des citoyens, plus efficace et moins coûteuse.

1 Les trois volets de l'Acte III de la décentralisation

Volet 1	Volet 2	Volet 3
Adapter les compétences des collectivités à la diversité des territoires. Création des métropoles.	Régions chefs de file pour l'activité économique, l'aide aux entreprises, la formation professionnelle, etc. Départements : chefs de file pour l'égalité des territoires.	Transition écologique et énergétique. Renforcement de la démocratie locale.

2 La loi du 16 décembre 2010

1. **Suppression de la clause générale de compétence pour les départements et les régions** qui ne pourront plus assurer que les missions attribuées par les lois. Toutes les missions facultatives devront soit être supprimées, soit maintenues après demande motivée et accord du Préfet, donc de l'État.
2. **Création de « Communes nouvelles »**, nées de la fusion des communes existantes en une commune unique sur un territoire plus grand. Si les anciennes communes appartiennent à un même établissement public de coopération intercommunale à fiscalité propre, la commune nouvelle se substitue à celui-ci.
3. **Regroupement et modification des limites territoriales** des territoires de départements ou de régions, sur délibérations concordantes de leurs assemblées délibérantes respectives. Sont donc possible la fusion de deux départements, de deux régions, le transfert d'un département d'une région à une autre et la fusion d'une région avec les départements qui la composent.
4. **Création des métropoles** (EPCI).

3 La loi du 17 mai 2013

Relative à l'élection des conseillers départementaux, des conseillers municipaux et des conseillers communautaires.

1. Remplacement des conseils généraux et conseillers généraux par les conseils départementaux et les conseillers départementaux.
2. Instauration du nouveau système d'élection des conseillers départementaux par binôme homme-femme sur chaque canton (voir chapitre 4 « Le département »).
3. Nouvelles dispositions relatives à l'élection des conseillers municipaux, des conseillers communautaires et des membres du conseil de Paris :
   - nombre minimum de conseillers municipaux passé de 9 à 7 ;
   - seuil d'élection des conseillers municipaux au scrutin mixte abaissé des communes de 3 500 habitants à celles de 1 000 habitants ;

– mise en place des élections des conseillers communautaires (représentant les communes de 1 000 habitants et plus au sein des communautés de communes, communautés d'agglomération, communautés urbaines et métropoles) en même temps que les conseillers municipaux et figurant sur la liste des candidats au conseil municipal.

4 La loi du 27 janvier 2014 dite loi MAPTAM

MAPTAM est l'abréviation de « Modernisation de l'Action Publique Territoriale et d'Affirmation des Métropoles ».

1. Rétablissement de la clause générale de compétence des départements et des régions qui avait été supprimée par la loi du 16 décembre 2010.
2. Création de collectivité territoriale « chef de file ». Les régions pour l'aménagement et le développement durable, le développement économique, l'enseignement supérieur et la recherche…, les départements pour toutes les mesures sociales et de solidarité… ; les communes pour les services de proximité, le développement durable…
3. Renforcement des métropoles : établissement public de coopération intercommunale (EPCI) à fiscalité propre regroupant plusieurs communes d'un seul tenant et sans enclave. Exception pour la métropole de Lyon qui se constitue en collectivité territoriale.

5 La loi du 16 janvier 2015

1. Création de 13 régions métropolitaines au lieu des 22 existantes à compter du 1er janvier 2016.
2. Mise en place des premières élections binominales départementales les 22 et 29 mars 2015.
3. Report de l'élection des nouveaux conseils régionaux au mois de décembre 2015.

6 La loi du 7 août 2015 dite loi NOTRe

La loi sur la nouvelle organisation territoriale de la République (NOTRe) a pour objet de proposer une nouvelle organisation territoriale de la République en substituant à la clause de compétence générale « des compétences précises confiées par la loi à un niveau de collectivité ». La clause générale de compétence est supprimée aux départements et aux régions sauf en matière de tourisme, culture et sport. Cette loi prévoit la création d'une collectivité unique « collectivité de Corse » au 1er janvier 2018, en lieu et place de l'actuelle collectivité territoriale et de ses deux départements.

Principales mesures de la loi NOTRe

Définition des compétences de la région	Rationalisation de l'organisation territoriale	Solidarité et égalité des territoires
Logement et habitat, politique de la ville, aides aux entreprises, transports, gestion de la voirie départementale, collèges, …	Nouvelle orientation de la carte intercommunale, renforcement du bloc des compétences obligatoires des communautés de communes.	Compétence principale du département en matière de solidarité sociale et territorial, compétence partagée pour les domaines de la culture, du sport et du tourisme avec la création de guichets uniques.

Connaissances

9 Les finances publiques locales

Définition

Le BUDGET traduit en termes financiers les choix politiques de chaque collectivité. Cependant, le choix n'est pas totalement libre puisque les collectivités ont des missions obligatoires. Leur budget doit donc contenir en priorité les dépenses correspondant à ces missions.
Le budget est :
- **un acte politique :** dans le sens où il traduit financièrement les choix des élus de la collectivité ;
- **un acte d'autorisation :** la collectivité est ainsi autorisée à lever l'impôt, encaisser les recettes et dépenser cet argent pour la mise en œuvre des services à la population ;
- **un acte de prévision :** un budget a un caractère estimatif, il doit donc être le plus sincère possible dans son élaboration ;
- **un acte administratif :** il obéit donc aux règles des actes administratifs : publication et transmission au préfet et à la chambre régionale des comptes pour contrôle.

1 Les principes budgétaires

Le budget doit obéir à quelques principes.

1. **L'annualité :** il est voté pour une année civile. Les crédits non utilisés seront reportés sur l'année suivante.
2. **L'unité :** ce doit être un document unique. Même plan comptable pour toutes les communes de France (M14), pour tous les départements (M52) et pour toutes les régions (M71).
3. **L'universalité :** principe de non-compensation, il n'est pas possible de lier une recette à une dépense. En quelque sorte, un pot commun des recettes et un pot commun des dépenses.
4. **L'antériorité :** l'encaissement des recettes et la dépense ne peuvent intervenir que lorsque les choix budgétaires des élus ont été votés. Exception en début d'année, dans l'attente du vote par l'assemblée, pour les dépenses de fonctionnement permettant le fonctionnement des services, les allocations aux usagers…
5. **L'équilibre :** le budget doit prévoir un équilibre entre les recettes et les dépenses, tant dans la section fonctionnement que dans la section investissement, contrairement au budget de l'État qui peut être voté en déséquilibre (déficit).

2 L'organisation du budget

a. Les deux sections du budget

Chacune de ces sections comprend une partie recette et une partie dépense. L'équilibre doit se faire dans chaque section entre les dépenses et les recettes. Une dépense ne peut être engagée que dans la limite du crédit ouvert au budget correspondant à la nature de cette dépense.

La section fonctionnement

Elle comprend tout ce qui permet de faire fonctionner les services : charges de gestion courante, paye et charges sociales de personnel, dotations aux amortissements, allocations aux usagers, intérêts de la dette, etc.

La section investissement

Elle comprend tout ce qui constitue ou valorise le patrimoine de la collectivité : bâtiments, routes, réseaux, machines, véhicules, etc.

b. Les ressources et les dépenses par section

Les ressources des collectivités

Ressources de fonctionnement	Ressources d'investissement
Essentiellement fiscales : impôts locaux, taxes, mais aussi dotations de l'État (DGF et DGD), participation des usagers à l'utilisation du service ou participations d'autres collectivités territoriales.	Dotations de l'État, autofinancement (sorte « d'épargne » qui ne fait pas appel au financement extérieur) et emprunt.

Les dépenses des collectivités

Dépenses de fonctionnement	Dépenses d'investissement
Les frais engendrés par l'exécution des compétences obligatoires : prestations aux usagers, consommables, entretien espaces verts, personnel et charges sociales, fluides, énergie.	Les dépenses liées à l'entretien de la voirie, des réseaux, la construction et l'entretien des bâtiments, l'achat de véhicules, le remboursement du capital de la dette.

3 Les documents budgétaires

Si le budget est unique pour une année civile, il peut s'adapter dans sa présentation et sa répartition au fur et à mesure de l'année pour refléter la réalité de son exécution. Il existe 4 documents correspondants aux 4 étapes de l'exécution budgétaire.

L'ordonnateur (l'exécutif) élabore et fait voter par le conseil :

1. **Le budget prévisionnel (BP) :** il prévoit toutes les recettes et toutes les dépenses pour l'année à venir. Il doit être le plus sincère possible. Il est voté au plus tard le 15 avril de l'année (le 30 avril les années électorales territoriales).
2. **Le compte administratif (CA) :** c'est le bilan de l'année précédente. Il est le reflet des recettes réellement encaissées et des dépenses réellement mandatées au cours de l'année précédente. Voté au plus tard le 30 juin.

3. **Le budget supplémentaire (BS) :** le BS reprend le BP, et y ajoute les crédits ou y retranche les déficits de l'année précédente (apparus sur le CA) pour construire un nouveau budget en équilibre pour la suite de l'année.
4. **Les éventuelles modifications administratives (DM) :** l'adaptation aux besoins qui évoluent au cours de l'année, nécessite souvent de modifier le budget en cours afin de garder l'équilibre des comptes jusqu'au bout de l'année.

Le comptable du trésor élabore le compte de gestion (CG) : c'est le document budgétaire établi par le comptable du Trésor, la banque des collectivités étant le Trésor public. Il y inscrit toutes les dépenses et les recettes qu'il effectue sur le compte bancaire de la collectivité ou de l'établissement public local, OPH, CCAS, EPCI.

4 L'exécution budgétaire

Définition

L'EXÉCUTION BUDGÉTAIRE est la mise en œuvre du budget qui a été préalablement voté à la majorité des membres du conseil municipal, communautaire, départemental ou régional.

Exécuter, c'est payer les factures des fournisseurs, verser les prestations sociales, encaisser les dotations de l'État, la participation des usagers, les impôts et taxes diverses, etc.

5 La séparation de l'ordonnateur et du comptable

C'est un principe fondamental établi pour tous les budgets publics. Celui qui décide de l'utilisation des crédits et celui qui réalise effectivement les mouvements de caisse doivent être différents. Celui qui ordonne ne peut être celui qui manie les fonds. C'est une garantie essentielle de la légalité et du bon usage des fonds publics.

L'ordonnateur	Le comptable
C'est l'exécutif qui a le pouvoir d'engager et d'ordonner les dépenses et mettre en recouvrement les recettes prévues au budget (préalablement voté par le conseil).	C'est le comptable public, le trésorier-payeur, agent de l'État. La banque des collectivités est le trésor public. Il contrôle et effectue les opérations d'encaissement et de décaissement du compte bancaire de la collectivité. Le comptable public est intégralement et personnellement responsable de sa gestion.

6 Le contrôle du budget

Le préfet et, à sa demande, la chambre régionale des comptes vérifient la sincérité et le bon suivi des comptes de chaque collectivité et de chaque établissement public local.

Les chambres régionales des comptes participent aux procédures de contrôle budgétaire en proposant au préfet les solutions à mettre en œuvre dans les cas suivants : budget non voté dans les délais légaux, budget voté en déséquilibre, compte administratif fortement déficitaire, insuffisance d'inscription des crédits nécessaires au règlement d'une dépense obligatoire ou encore rejet du compte administratif (Code général des collectivités territoriales, articles L. 1612-27 et suivants).

10

Connaissances

Le statut de la fonction publique

Définition

La FONCTION PUBLIQUE est l'ensemble des fonctionnaires qui travaillent dans les différentes administrations françaises. Ces administrations ont été scindées en trois groupes correspondants à trois spécificités d'administrations publiques :

- les administrations de l'État ;
- les collectivités territoriales et les établissements publics locaux ;
- les établissements publics hospitaliers.

Il en résulte trois fonctions publiques : la fonction publique d'État, la fonction publique territoriale et la fonction publique hospitalière.

1 Le statut

C'est l'ensemble des règles qui régissent la carrière des agents publics. Il est organisé en quatre titres : le 1er est commun à tous les fonctionnaires et les trois autres sont spécifiques aux agents travaillant dans les administrations des trois fonctions publiques.

Repères historiques

Loi du 13 juillet 1983 (titre I)	**Elle fixe les dispositions communes à l'ensemble des fonctionnaires.** On y trouve les conditions générales d'accès aux emplois publics ainsi que les droits et les obligations s'imposant à tous les fonctionnaires.
Loi du 11 janvier 1984 (titre II)	Elle fixe les conditions et les statuts particuliers des agents de la **fonction publique d'État**.
Loi du 26 janvier 1984 (titre III)	Elle fixe les conditions et les statuts particuliers des agents de la **fonction publique territoriale**.
Loi du 9 janvier 1986 (titre IV)	Elle fixe les conditions et les statuts particuliers des agents de la **fonction publique hospitalière**.
Loi du 19 février 2007	Elle met en place la formation tout au long de la vie.

Important

Il ne faut pas confondre :

- la **fonction publique**, qui est l'ensemble des agents travaillant dans un service de l'État, une collectivité territoriale, ou un établissement public local ou hospitalier, et…
- … **le service public**, qui est l'activité qui répond à l'intérêt général et la structure qui prend en charge cette activité.

2 Les conditions d'accès à la fonction publique

Cinq conditions de base :

1. posséder la nationalité française ou celle d'un État membre de l'Union européenne ;
2. jouir de ses droits civiques ;
3. ne pas avoir subi de condamnation incompatible avec l'exercice des fonctions ;
4. être en position régulière au regard du service national ;
5. remplir les conditions d'aptitude physique aux fonctions proposées.

À ces conditions de base peuvent s'ajouter des conditions spécifiques :

- justifier d'un diplôme professionnel pour exercer certains métiers (médecins, assistante sociale, auxiliaire de puériculture…) ;
- justifier d'un diplôme général ou d'un niveau d'étude pour certains cadres d'emplois (bac ou diplôme équivalent pour les cadres d'emplois de la catégorie B et bac + 3 ou équivalent pour l'accès à la catégorie A). Dérogation pour les pères ou mères ayant élevé 3 enfants et les sportifs de haut niveau inscrits sur la liste du ministère ;
- être lauréat du concours correspondant au corps ou cadre d'emplois que le candidat souhaite intégrer ;
- parfois peuvent s'ajouter des conditions d'âge.

Important

Le diplôme professionnel **valide les connaissances acquises** pour exercer un métier **mais ne fait pas de son détenteur un fonctionnaire de droit**. Le concours met tous les détenteurs du diplôme sur un pied d'égalité pour l'accès à l'emploi public.

3 La séparation du grade et de l'emploi

- **Le grade** est le titre qui confère à son titulaire vocation à occuper l'un des emplois qui lui correspond. Par exemple, rédacteur.
- **L'emploi** correspond aux missions qui sont confiées à l'agent. Par exemple, comptable.

Exemples

Si l'emploi d'auxiliaire de puériculture territorial est supprimé, l'agent – titulaire de son grade d'auxiliaire de puériculture territorial – n'est pas licencié. Il doit lui être proposé un autre emploi, soit dans sa collectivité, soit chez un autre employeur public.

4 Le principe de la rémunération indiciaire

La rémunération de l'ensemble des fonctionnaires est calculée en référence à la valeur du point indiciaire. La valeur de ce point est donnée par l'État et est publiée au Journal Officiel.

Chaque agent est recruté dans un grade auquel est associé un indice.

Cet indice est un nombre de points qu'il suffit de multiplier par la valeur du point donnée par l'État pour connaître le salaire de base, dit salaire indiciaire.

À ce salaire indiciaire peut s'ajouter un régime indemnitaire.

5 Éléments de comparaison

<table>
<tr><th colspan="3">Tous les fonctionnaires sont soumis au Titre I</th></tr>
<tr><td colspan="3">• Principe d'égalité d'accès à l'emploi public
• Modalités de recrutement
• Droits et obligations
• Séparation du grade et de l'emploi…</td></tr>
<tr><th>Fonction publique d'État (soumise au Titre II)</th><th>Fonction publique territoriale (soumise au Titre III)</th><th>Fonction publique hospitalière (soumise au Titre IV)</th></tr>
<tr><td>2 400 000 agents</td><td>1 820 000 agents</td><td>1 000 000 agents</td></tr>
<tr><td>Employeur unique.</td><td>Autant d'employeurs que de collectivités ou d'établissement publics locaux.</td><td>Employeurs multiples : hôpitaux, maisons de retraite, foyers de l'enfance, etc.</td></tr>
<tr><th colspan="3">Conséquences du recrutement par concours</th></tr>
<tr><td>• La nomination du candidat est acquise en cas de réussite au concours.
• L'inscription sur la liste d'aptitude se fait par ordre de mérite.
• Le lauréat choisit son poste.</td><td>• La réussite ne vaut qu'inscription sur la liste d'aptitude.
• La nomination appartient à l'exécutif.
• La liste d'aptitude est établie par ordre alphabétique.</td><td>• La nomination est acquise en cas de réussite au concours, elle appartient au directeur de chaque établissement.</td></tr>
<tr><th colspan="3">Rémunérations</th></tr>
<tr><td>Les échelles de rémunérations sont fixées pour chaque corps.</td><td>Les échelles de rémunérations sont fixées pour chaque cadre d'emplois.</td><td>Les échelles de rémunérations sont fixées pour chaque corps.</td></tr>
</table>

11

Connaissances

Service public, établissement public

1 Le service public

Définition

Deux points définissent le SERVICE PUBLIC :

1. Une **activité** qui répond à un besoin d'intérêt général : moyen de garde d'enfants, production d'énergie, transport de la population…

2. Une **structure** qui va prendre en charge cette activité : l'État, une collectivité territoriale, un établissement public…

Toutefois, la mise en œuvre par une personne publique d'une activité d'intérêt général est subordonnée à deux conditions cumulatives :
- le service doit correspondre à un besoin d'intérêt général ;
- la personne publique doit avoir mis en évidence une carence de l'initiative privée dans ce domaine d'intervention.

Important

Ne pas confondre…

L'activité qui répond au besoin d'intérêt général…	avec	… la structure qui va prendre en charge cette activité.
Un moyen de garde d'enfants…	avec	… la commune ouvrant une crèche.
Le transport de la population…	avec	… l'établissement public (SNCF).
Le versement d'allocations (RSA, APA, etc.)…	avec	… le conseil départemental.
La protection de la population…	avec	… l'État avec l'Armée ou la Police nationale.

Repères historiques

Antiquité et Moyen Âge	Existaient des fours communaux, des routes ou des cimetières… Plus tard, les rois ont pris en charge certains besoins de la population, appelés droits régaliens, comme la monnaie, la justice ou la protection des frontières.
Révolution française	Le dirigeant n'est plus le « maître », mais devient un organisateur du bien commun. Il n'y a plus de sujets, mais des citoyens. L'impôt va servir à assurer la gestion de services à la population.
Fin XIXe-début XXe siècle	Apparaît la notion actuelle de service public au sens d'organisation de missions d'intérêt général. À la suite de la Première puis de la Seconde Guerre mondiale, la prise en charge par l'État de nombreux services à la population s'est accélérée.

Début XXIe siècle	La remise en cause de la gestion et des coûts liés à la mise en œuvre de ses missions entraîne un questionnement sur le champ d'intervention de la personne publique.

a. L'intérêt général

C'est la prise en compte d'un besoin collectif d'une partie importante de la population concernée.

Il peut varier en fonction du type de population (jeune ou âgée, avec des emplois ou non, région touristique, citadine ou rurale…), de la géographie du territoire (neige en montagne), de l'évolution de la technologie, des mentalités (bioéthique, avortement…).

L'intérêt général prime sur l'intérêt particulier.

b. Les principes du service public

L'organisation d'un service public doit obéir à trois principes :

1. **L'égalité**. Des situations identiques doivent être traitées de manière identique, sans discrimination. Toutefois il peut s'avérer nécessaire de traiter différemment des situations différentes, il en va ainsi de l'égalité version équité (mise en place de quotients familiaux pour régler la crèche). C'est aussi la neutralité dans l'exécution du service.
2. **La continuité**. Le service doit être exécuté régulièrement. Principe à appliquer en fonction des services (24 heures/24 pour les hôpitaux, mais pas nécessaire pour l'état civil). Le droit de grève des fonctionnaires peut aller à l'encontre de ce principe.
3. **La mutabilité** (adaptation). Le service public doit s'adapter aux évolutions des besoins de la population.

c. Les modes de gestion du service public

Pour les activités qui relèvent de la compétence des collectivités territoriales, sauf cas précisés par un texte, elles sont libres de choisir le mode de gestion. Deux grandes possibilités :

La gestion directe	La collectivité prend directement en charge le service rendu à la population. Il fait l'objet d'une décision d'ouverture du conseil et celui-ci vote également les postes de fonctionnaires nécessaires à son fonctionnement. Le budget de la collectivité inclut toutes les dépenses et recettes nécessaires à son exécution.	
La gestion indirecte ou déléguée, dite aussi délégation de service public (DSP)	La mission d'intérêt général est confiée à une autre personne morale que la collectivité. Deux possibilités s'offrent aux collectivités.	**Établissement public** Personne morale, dotée de la personnalité juridique, de droit public (CCAS, OPH, SIVOM…) Il dispose d'une autonomie administrative et financière afin de remplir une ou des missions d'intérêt général précises. La collectivité publique qui l'a créé exerce un contrôle sur son activité.

La gestion indirecte ou déléguée, dite aussi délégation de service public (DSP)	La mission d'intérêt général est confiée à une autre personne morale que la collectivité. Deux possibilités s'offrent aux collectivités.	**Personne morale de droit privé** Dotée aussi de la personnalité juridique, mais de droit privé : une entreprise d'élagage pour élaguer les arbres des avenues communales, un cabinet d'architecture pour concevoir les prochains bâtiments scolaires. En général, le choix de l'entreprise fait l'objet préalable d'une procédure de marché public.

2 Les établissements publics

Définition

Les **établissements publics** sont des personnes morales, dotées de la personnalité juridique, obéissant aux règles du droit public. Créés par l'État, une collectivité territoriale ou un autre établissement public ayant compétence dans ce domaine, **ils prennent en charge la gestion d'un ou de plusieurs services à la population**. Ils ont aussi une prérogative de puissance publique (pouvant donc prendre des décisions unilatérales) et sont soumis au principe de spécialité (ils n'ont donc pas, contrairement aux collectivités territoriales, la clause générale de compétences) leur permettant de mettre en place des missions qui ne leur auraient pas été précisément attribuées.

a. Organisation

Sur le même schéma que les collectivités, ils sont constitués ainsi :

Organe délibérant	Organe exécutif
Le conseil d'administration	Le président du conseil d'administration
Il est composé de représentants de la collectivité qui le crée et de représentants désignés par des organismes participant à ses missions.	Il est élu de même que les vice-présidents parmi les membres du conseil d'administration.

b. Les types d'établissements publics

Comme toute personne morale, l'établissement public possède des biens matériels. Il dispose d'un budget autonome, détaché du budget général de la collectivité territoriale dont il dépend.

Il existe deux grandes « familles »

L'EPA (Établissement public administratif)

Il a une certaine autonomie administrative et financière pour assurer des missions autres qu'industrielles et commerciales.

Les personnels sont généralement des fonctionnaires.

Exemple

CCAS, Caisse des écoles, STIF (Syndicat des transports d'Île-de-France), CNED (Centre national d'enseignement à distance), SDIS (service départemental d'incendie et de secours), etc.

L'EPIC (Établissement public industriel et commercial)

Il exerce des missions qui pourraient être confiées à une entreprise industrielle ou commerciale mais que la personne publique ne souhaite pas exposer à la concurrence. Les personnels sont généralement soumis aux règles du droit privé.

Exemple

SNCF, RATP, Opéra de Paris, les OPH (offices publics de l'habitat), la RMN (Réunion des musées nationaux), le CEA (Commissariat à l'énergie atomique), etc.

Cas pratique

CCAS (EPA)

Rôle

Le Centre communal d'action sociale anime des actions de prévention et de développement social, en lien avec les institutions publiques du territoire (commune, département, État), et privées (associations).

Intercommunal en zone rurale, CIAS. Ce n'est donc pas un service de la collectivité territoriale « commune », même s'il se peut qu'il soit hébergé dans les locaux de la mairie.

Organisation

Un **conseil d'administration** composé de 9 à 17 membres :

- le président ;
- 4 à 8 membres du conseil municipal ;
- 4 à 8 membres (autant que de membre du conseil municipal) nommés par le maire dont au moins 1 représentant des associations œuvrant pour l'insertion et la lutte contre les exclusions, 1 représentant de l'UDAF, 1 représentant des associations de retraités et personnes âgées du département, 1 représentant des associations de personnes handicapées du département.

Ce conseil règle par ses délibérations les affaires qui concernent l'OPH ou le CCAS. Il adopte les documents budgétaires, crée ou supprime les emplois, décide de la gestion du patrimoine, autorise la passation des contrats…

Le **maire** de la commune tutélaire est de droit le président du CCAS. Le président est l'organe exécutif. Il prépare, convoque et dirige les réunions du conseil d'administration. Il en exécute les délibérations, ordonne les recettes et les dépenses. Il peut recevoir des délégations du conseil (pour passer des marchés…). Il est le chef hiérarchique du personnel et peut être assisté d'un directeur.

Connaissances

12 Les droits et obligations des fonctionnaires

La spécificité des missions des fonctionnaires, au service de l'intérêt général, implique des obligations, mais les protège aussi par des droits.

Ces droits comme ces obligations s'appliquent au fonctionnaire durant son travail mais également en dehors de son travail.

1 Les droits des fonctionnaires

a. Des droits liés à l'exercice de leurs fonctions

- **La liberté d'opinion et la non-discrimination** (art. 6 et 6 bis de la loi du 13 juillet 1983).
- **Le droit à rémunération** (art. 20 de la loi du 13 juillet 1983), après services faits.
- **Le droit à la mobilité** (loi n 2009-972 du 3 août 2009) permet de construire un parcours professionnel cohérent et enrichissant qui réponde aux aspirations des fonctionnaires et aux besoins des services.
- **Le droit à l'accès à son dossier individuel**.
- **Le droit à congés** : annuels, maladie, maternité, formation…
- **Le droit à protection** contre les menaces ou outrage (art. 11 de la loi du 13 juillet 1983).
- **Le droit à la protection** de la santé et à l'intégrité physique.
- **Le droit à protection** contre le harcèlement sexuel ou moral.
- **Le droit à la formation tout au long de la vie** (art. 22 de la loi du 13 juillet 1983, modifié par la loi du 2 février 2007).
- **Le droit à protection des lanceurs d'alerte**.
- **Le droit à fonctions électives** (loi du 27 février 2002). Un congé pour se présenter aux élections locales et un crédit d'heures selon les fonctions exercées.

b. Les libertés publiques

En qualité de citoyens, les fonctionnaires jouissent des libertés publiques. Toutefois, certaines libertés publiques se voient limitées.

- **La liberté d'opinion**. Les fonctionnaires et agents non titulaires sont libres d'adhérer au parti politique ou au syndicat de leur choix, d'adopter la religion, croyance ou philosophie de leur choix, et d'en changer librement. Ce droit est toutefois limité par l'obligation de réserve quant à l'expression de cette opinion.
- **Le droit syndical** (art. 8 et 21 de la loi du 13 juillet 1983). Droit d'adhésion comme droit de représentation.

- **Le droit de grève** (art. 10 de la loi du 13 juillet 1983), dans le cadre des dispositions légales.
- **Le droit de participation** (art. 9 de la loi du 13 juillet 1983), par l'intermédiaire de leurs représentants aux organismes consultatifs et à l'organisation et au fonctionnement des services publics.

2 Les obligations des fonctionnaires

a. Les obligations professionnelles

- **L'obligation de servir** (art. 25 de la loi du 13 juillet 1983) impose de travailler personnellement pour son employeur et le nombre d'heures correspondants à son arrêté de recrutement.
- **L'obligation d'obéissance hiérarchique** (art. 28 de la loi du 13 juillet 1983).

Important

Le devoir de désobéissance n'intervient que si l'ordre est manifestement illégal **et** compromet gravement un intérêt public ou la vie de quelqu'un. Ces deux conditions sont cumulatives.

- **L'obligation de formation**. Depuis le 1er juillet 2008 tous les fonctionnaires territoriaux ont l'obligation de participer à un certain nombre de jours de formation, dites « formations statutaires obligatoires ».
- **L'obligation d'information du public**. Dans les règles du droit d'accès aux documents.

b. Les obligations morales

- **Le secret professionnel** (art. 26 de la loi du 13 juillet 1983). Il s'applique à tous les fonctionnaires qui peuvent être amenés à voir, lire, entendre, constater ou comprendre un objet concernant un individu, un secret scientifique ou une procédure relevant du secret.
- **L'obligation de réserve**. Atténue quelque peu la liberté d'opinion. Il s'agit d'avoir de la réserve quant à la manifestation de son opinion.
- **La discrétion professionnelle**. Elle concerne des faits de service (dysfonctionnement…) qu'il s'agit de ne pas divulguer.
- **L'obligation de désintéressement** (art. 25 de la loi du 13 juillet 1983). Elle prévient la corruption du fonctionnaire active ou passive, le trafic d'influence, la soustraction ou le détournement de biens.
- **L'obligation de loyauté** envers son employeur.

Important

Toute faute commise par un fonctionnaire l'expose à des sanctions disciplinaires.

3 La responsabilité du fonctionnaire

La responsabilité est un principe selon lequel chacun doit répondre des conséquences de ses actes ou de ses omissions. La faute peut être de service ou personnelle. La responsabilité peut être civile, pénale, disciplinaire ou ordinale.

a. La faute

Faute de service

Commise par l'agent mais dans le cadre de ses fonctions, elle n'engage pas sa responsabilité personnelle (erreur sur un document, mauvaise utilisation d'un matériel…).

Faute personnelle

Quand il y a intention de nuire ou quand la faute présente une gravité inadmissible ou inexcusable (violence, injures ou diffamations…).

b. Les différentes responsabilités

Responsabilité civile

Elle vise à réparer le non-respect d'une obligation ou d'un devoir envers autrui et à indemniser une victime. C'est l'obligation de réparer le dommage ou préjudice que l'on a causé à autrui, soit pécuniairement soit en nature.

Responsabilité pénale

Elle implique un recours par l'État contre trouble à l'ordre public et renvoie à la punition ou à l'amendement de l'individu qui commet une infraction.

Elle peut aboutir à une condamnation de l'auteur avec amende, emprisonnement… Il y a jugement par un tribunal au nom de la société.

Responsabilité ordinale

Elle concerne les rapports entre certains professionnels, les usagers et leurs pairs : ordre des médecins, des avocats, des architectes…

Le conseil de l'ordre défend les intérêts de la profession mais a aussi une fonction juridictionnelle, avec un conseil disciplinaire. L'ordre professionnel préconise une sanction pour faute de déontologie.

Responsabilité disciplinaire

Elle se rapporte aux relations entre l'agent et son employeur. Le pouvoir disciplinaire appartient à l'autorité territoriale ayant pouvoir de nomination. La commission administrative paritaire (CAP) va émettre un avis sur la reconnaissance de la faute et la détermination de la sanction.

c. Les sanctions disciplinaires

Il existe une échelle des sanctions regroupées en quatre groupes :

- 1er groupe :
  - **L'avertissement :** observation écrite ne figurant pas au dossier.
  - **Le blâme** est inscrit au dossier de l'agent.

- **L'exclusion temporaire de 3 jours maximum** : l'agent ne se rend pas à son travail. Elle est privative de rémunération.

- 2e groupe :
  - **L'abaissement d'échelon** : rétrogradation d'un ou de plusieurs échelons indiciaires.
  - **L'exclusion temporaire de 4 à 15 jours**.

- 3e groupe :
  - **La rétrogradation :** passage à un ou plusieurs grades inférieurs au sein d'un même cadre d'emplois.
  - **L'exclusion temporaire de 16 jours à 6 mois**.

- 4e groupe :
  - **La mise à la retraite d'office :** l'agent conserve des droits à pension dont il bénéficiera à sa retraite à condition d'avoir au moins 15 ans d'affiliation. Possibilité de percevoir des allocations pour perte d'emploi.
  - **La révocation :** radiation définitive des cadres, l'agent perd la qualité de fonctionnaire. Il peut percevoir des allocations pour perte d'emploi.

La suspension

En cas de faute grave, l'autorité territoriale peut suspendre l'agent. C'est une mesure conservatoire visant à écarter le fonctionnaire du service dans l'attente de la décision concernant la sanction disciplinaire. L'agent ne se présentera pas à son travail mais continuera à percevoir son traitement.

Important

- **La responsabilité civile ou administrative** entraîne une réparation (dommage et intérêts).
- **La responsabilité pénale**, disciplinaire ou ordinale, entraîne une sanction.

Pour qu'il y ait infraction légale, il faut apporter la preuve :

- d'un élément légal : infraction par rapport à un texte de droit ;
- d'un élément matériel : une faute dans le comportement ou le résultat ;
- d'un élément moral : une faute intentionnelle ou non (négligence, imprudence, maladresse ou inobservation des règlements).

Connaissances

13 Le déroulement de carrière d'un agent de la fonction publique territoriale

Définition

« L'accès à l'emploi public » est un principe constitutionnel, le concours en constitue la règle. Ensuite la carrière du fonctionnaire va suivre quelques règles.

Important

Un diplôme professionnel valide des connaissances et compétences acquises pour effectuer un métier mais ne fait pas du détenteur un fonctionnaire de droit. Le concours met tous les diplômés à pieds d'égalité quant à l'accès à l'emploi public. Le concours évaluera les qualités et compétences que l'on peut attendre d'un agent travaillant dans un service public, mettant en œuvre des actions répondant aux besoins de la population.

1 Les concours

Il y a trois types de concours :

1. **Le concours externe.** Ouvert à tous avec, pour chaque cadre d'emplois, des conditions particulières notamment de diplôme.
2. **Le concours interne.** Ouvert aux fonctionnaires justifiant de certaines conditions de services, favorisant la promotion sociale.
3. **Le concours 3e voie.** Ouvert aux candidats justifiant, sous certaines conditions, d'un mandat d'élu ou de l'exercice d'activités accomplies en qualité de responsable dans une association.

2 Le déroulement de la carrière

a. Le recrutement

La réussite au concours permet l'inscription sur la liste d'aptitude. Dans la fonction publique territoriale (FPT), seul l'accès à 5 cadres d'emplois de catégorie C'est possible sans concours. Le lauréat du concours inscrit sur la liste d'aptitude, proposera sa candidature auprès des collectivités ayant déclaré un poste vacant. Le choix et le pouvoir du recrutement appartient à chaque exécutif de collectivité ou d'établissement local. La liste d'aptitude est valable 2 ans, renouvelable deux fois.

b. Le stage

C'est une période d'essai pour tout agent intégrant un cadre d'emplois. Cette durée peut être prolongée d'un an maximum si le stage n'est pas probant.

c. La titularisation

Elle intervient à l'issue du stage et est prononcée par l'exécutif de la collectivité employeuse.

d. L'évaluation du travail

Il s'agit de reconnaître et développer les compétences de l'agent au service du projet de la collectivité. Elle permet aussi à l'agent d'être acteur de son poste et de son évolution professionnelle.

e. L'avancement

Chaque cadre d'emplois se décompose en un ou plusieurs grades, auxquels sont associées des échelles indiciaires de rémunération. Ces échelles comportent des échelons auxquels sont associés des indices croissants.

- **L'avancement d'un échelon à l'autre** est automatique.
- **L'avancement d'un grade à l'autre**, proposant des échelles de rémunération supérieures, ne s'effectuera que sous conditions : ancienneté ou examen professionnel.
- **L'avancement de cadre d'emplois** peut s'effectuer par concours ou par promotion interne, c'est-à-dire au choix de la collectivité, sous certaines conditions.

f. La cessation de fonction

En général, elle s'effectue par le départ à la retraite, mais peut être aussi une démission, un licenciement ou la révocation.

3 Les positions administratives

Ce sont les situations où peut être placé l'agent durant une période précise. Hors la position d'activité, ce sont des positions provisoires.

Position d'activité	Date de début : le recrutement. Date de fin : le départ définitif de la fonction publique (retraite, licenciement, etc.) ou provisoire dans les cas suivants.
Congé parental	Congé à temps plein ou à mi-temps qui s'arrête au troisième anniversaire de l'enfant.
Mise à disposition	La carrière de l'agent est toujours gérée par son employeur d'origine, mais il travaille pour le compte d'une autre personne publique, le CCAS par exemple.
Disponibilité	Congé sans solde et d'une durée limitée. Il permet de mettre sa carrière entre parenthèses. Par exemple : pour suivre son conjoint, pour élever son enfant jusqu'à son huitième anniversaire, pour convenance personnelle (partir travailler dans le secteur privé), etc.
Détachement	Il permet à un fonctionnaire d'aller travailler dans une autre fonction publique : de la territoriale vers l'État ou de la territoriale vers l'hospitalier. Sa durée est limitée en attentant soit l'intégration définitive dans l'autre fonction publique, soit sa réintégration dans sa fonction publique d'origine, dans la limite des postes vacants.

À retenir

La mutation n'est pas une position administrative. Le changement d'employeur s'effectue au sein de la même fonction publique et il est définitif. Par exemple, un agent municipal est recruté dans un conseil départemental ou un EPCI.

Il en va de même pour le détachement avec intégration immédiate dans une autre fonction publique : un agent municipal devient agent d'un service de l'État ou devient agent hospitalier.

14 Connaissances
Les organismes participatifs de la fonction publique

Définition

Si le pouvoir de décision appartient aux collectivités, des organismes intercollectivités permettent un minimum de coordination ou de soutien.

1 Organes nationaux de la FPT

a. Le Conseil supérieur de la fonction publique territoriale (CSFPT)

Organe paritaire il est composé pour moitié de membres élus représentants les collectivités territoriales employeuses et pour moitié de membres désignés par les syndicats pour représenter les agents territoriaux. Il est consulté par le gouvernement pour avis sur toutes questions intéressant la FPT, mais il peut aussi émettre des propositions notamment en matière statutaire.

b. Le Centre national de la fonction publique territoriale (CNFPT)

Organisme également paritaire. Établissement public national, principalement chargé de la formation des fonctionnaires territoriaux. Il organise 4 concours de catégorie A+.

Il a également 28 délégations régionales.

c. Les centres de gestion (CDG)

Organismes non paritaires, ils organisent principalement tous les autres concours territoriaux. Ils assurent également la publicité des créations et vacances d'emplois, tiennent la bourse de l'emploi. Ils assurent le fonctionnement des CAP et conseils de disciplines des collectivités affiliées. En Île-de-France, les CDG sont remplacés par des centres interdépartementaux de gestion (CIG).

2 Organes locaux de participation

a. Commission administrative paritaire (CAP)

Consultée pour les situations individuelles des agents : recours à notation, conseil de discipline, avancement, promotion interne…

b. Comité technique (CT)

Consulté pour l'organisation et le fonctionnement collectif des agents : horaire, temps de travail, régime indemnitaire, plan de formation…

c. Comité d'hygiène, de sécurité et des conditions de travail (CHSCT)

Consulté sur tout ce qui touche à l'hygiène, aux maladies professionnelles, accidents de travail…

Entraînements

Trouver la ou les bonnes réponses aux questions suivantes.

Les collectivités territoriales

QCM

1. Les collectivités territoriales énumérées à l'art. 72 de la Constitution sont :
   - ❒ **a.** la région, le département et la commune.
   - ❒ **b.** le conseil municipal, le conseil général et le conseil régional.
   - ❒ **c.** la région, le département, la commune et les établissements publics de coopération intercommunale.
   - ❒ **d.** uniquement le département et la commune.
2. Le conseil municipal :
   - ❒ **a.** est présidé par le maire.
   - ❒ **b.** peut être dissous par arrêté du maire.
   - ❒ **c.** peut décider de la création d'une école maternelle.
   - ❒ **d.** examine et adopte le budget communal.
3. Les collectivités territoriales sont dotées :
   - ❒ **a.** d'une assemblée délibérante.
   - ❒ **b.** d'une assemblée élue au suffrage universel indirect.
   - ❒ **c.** d'un organe exécutif élu au suffrage universel direct.
   - ❒ **d.** d'un organe exécutif élu au suffrage universel indirect.
4. Le conseil municipal est :
   - ❒ **a.** l'organe exécutif de la commune, élu par les conseillers municipaux.
   - ❒ **b.** l'assemblée délibérante de la commune, élue au suffrage universel direct.
   - ❒ **c.** exclusivement formé du maire et de ses adjoints.
5. Les adjoints au maire sont :
   - ❒ **a.** nommés par le maire.
   - ❒ **b.** élus par le conseil municipal.
   - ❒ **c.** élus par les habitants de la commune.

Vrai-Faux

6. Les collectivités territoriales sont les communes, les cantons, les départements et les régions. ❒ **Vrai** ❒ **Faux**
7. Une collectivité territoriale ne possède pas la personnalité juridique. ❒ **Vrai** ❒ **Faux**
8. Une collectivité territoriale possède toujours deux organes, un organe exécutif et un organe délibérant. ❒ **Vrai** ❒ **Faux**

9. Dans un département, l'exécutif est le président du conseil départemental.
❒ **Vrai** ❒ **Faux**

10. Le préfet est l'exécutif de la collectivité territoriale département. ❒ **Vrai** ❒ **Faux**

La commune

QCM

11. Le maire est élu :

❒ **a.** au suffrage universel direct.

❒ **b.** par les conseillers municipaux.

❒ **c.** par les « grands électeurs ».

❒ **d.** par les adjoints au maire.

12. La tenue des listes électorales et l'organisation des élections relèvent de la compétence :

❒ **a.** de la commune.

❒ **b.** du département.

❒ **c.** de la région.

❒ **d.** du préfet.

13. Quelles sont les affirmations exactes :

❒ **a.** l'organe exécutif prend des arrêtés.

❒ **b.** l'organe exécutif prend des délibérations.

❒ **c.** l'organe délibérant prend des ordonnances.

❒ **d.** l'organe délibérant vote des délibérations.

❒ **e.** l'organe exécutif de la commune peut voter des arrêtés.

14. Une délibération :

❒ **a.** est une décision devant être soumise à l'avis de l'organe délibérant.

❒ **b.** est une décision adoptée par l'organe délibérant d'une collectivité territoriale.

❒ **c.** est une décision adoptée par délibération des citoyens de la collectivité.

15. Le maire est :

❒ **a.** un conseiller municipal élu maire par ses pairs.

❒ **b.** élu pour 3 ans.

❒ **c.** élu pour 6 ans.

❒ **d.** un adjoint au maire nommé maire par ses pairs.

❒ **e.** l'organe délibérant de la commune.

Vrai-Faux

16. Le maire est élu par les habitants de la commune. ❒ **Vrai** ❒ **Faux**

17. Les adjoints au maire sont désignés et nommés par le maire. ❒ **Vrai** ❒ **Faux**

18. On ne peut pas être membre de deux conseils municipaux. ❒ **Vrai** ❒ **Faux**

19. Le nombre de conseillers municipaux varie en fonction du budget de la commune.
❒ **Vrai** ❒ **Faux**

20. Le maire décide du nombre d'adjoints qui seront nommés dans la commune.
❒ **Vrai** ❒ **Faux**

La coopération intercommunale

QCM

21. En France la coopération intercommunale est mise en œuvre par :

❒ **a.** des groupements d'intérêt public.

❒ **b.** des établissements publics.

❒ **c.** des contrats de partenariat.

❒ **d.** des délégations de service public.

22. L'intercommunalité :

❒ **a.** désigne différentes formes de coopération entre les communes.

❒ **b.** désigne la réunion de plusieurs organisations syndicales au sein d'une même collectivité territoriales.

❒ **c.** permet aux communes de se regrouper au sein d'un établissement public.

❒ **d.** permet aux communes de se regrouper à seule fin de porter une pétition auprès du préfet.

❒ **e.** permet aux communes de mutualiser certains services à la population.

23. L'organe exécutif d'un établissement public de coopération intercommunal est :

❒ **a.** l'assemblée délibérante.

❒ **b.** les délégués de la commune.

❒ **c.** le président.

❒ **d.** les conseillers municipaux.

24. Les communes regroupées en intercommunalité peuvent notamment assurer dans ce cadre :

❒ **a.** le ramassage des ordures ménagères.

❒ **b.** l'assainissement.

❒ **c.** la construction et l'entretien des collèges publics.

❒ **d.** le transport urbain.

25. L'organe délibérant d'un établissement public de coopération intercommunale est :

❒ **a.** le conseil communautaire.

❒ **b.** constitué de délégués des communes adhérentes.

❒ **c.** le président du conseil communautaire.

❒ **d.** les conseillers municipaux.

Vrai-Faux

26. Aux prochaines élections municipales, les citoyens éliront les membres du conseil communautaire des syndicats de communes. ❒ **Vrai** ❒ **Faux**

27. Le maire représentant la commune la plus importante, n'est pas de droit président du conseil communautaire du syndicat intercommunal. ❒ **Vrai** ❒ **Faux**

28. La création d'une structure intercommunale va coûter cher à la commune.
❐ **Vrai** ❐ **Faux**

29. Une structure intercommunale peut lever l'impôt. ❐ **Vrai** ❐ **Faux**

30. La mise en place d'une coopération intercommunale va améliorer l'offre de services publics pour la population. ❐ **Vrai** ❐ **Faux**

Le département

QCM

31. Le découpage géographique d'un département a été créé :

❐ **a.** en 1982, avec les lois de décentralisation.

❐ **b.** en 1944, après la Seconde Guerre mondiale.

❐ **c.** en 1790, après la Révolution française.

32. Les conseillers départementaux sont élus pour :

❐ **a.** 3 ans. ❐ **b.** 5 ans. ❐ **c.** 6 ans.

33. Les élections du conseil départemental s'appellent :

❐ **a.** les élections départementales. ❐ **c.** les législatives.

❐ **b.** les cantonales.

34. Les conseillers départementaux sont élus au scrutin binominal majoritaire à deux tours. Cela signifie que :

❐ **a.** les électeurs votent pour une liste de deux candidats constituée au choix du parti politique d'hommes et/ou de femmes.

❐ **b.** les candidats se répartissent les sièges proportionnellement aux voix obtenues.

❐ **c.** les électeurs votent pour un candidat qui se présente individuellement.

❐ **d.** les partis politiques ont l'obligation de présenter une liste de deux candidats, dont un homme et une femme.

35. Le président du conseil départemental est élu :

❐ **a.** par les conseillers départementaux. ❐ **c.** pour 3 ans.

❐ **b.** directement par les électeurs du département.

Vrai-Faux

36. Si le territoire géographique du département existe depuis 1789, c'est devenu une personne juridiquement autonome depuis 1870. ❐ **Vrai** ❐ **Faux**

37. Le président du conseil départemental prend des arrêtés. ❐ **Vrai** ❐ **Faux**

38. Les élections cantonales, c'est tous les 6 ans, comme les élections municipales.
❐ **Vrai** ❐ **Faux**

39. Le président du conseil départemental est un fonctionnaire. ❐ **Vrai** ❐ **Faux**

40. On peut être président du conseil départemental et maire. ❐ **Vrai** ❐ **Faux**

La région

QCM

41. Combien de régions compte la France métropolitaine ?

❒ **a.** 13. ❒ **b.** 18. ❒ **c.** 22.

42. Le président du conseil régional est :

❒ **a.** élu directement par les électeurs de la région.

❒ **b.** élu pour 6 ans.

❒ **c.** nommé par le préfet.

❒ **d.** l'exécutif de la région.

43. Les décisions du conseil régional s'appellent :

❒ **a.** des ordonnances.

❒ **b.** des consultations.

❒ **c.** des délibérations.

❒ **d.** des décisions.

❒ **e.** des arrêtés.

44. La collectivité territoriale région est dotée de trois organes :

❒ **a.** un organe exécutif, le préfet régional.

❒ **b.** un organe délibérant, le conseil régional.

❒ **c.** un organe de contrôle, la chambre régionale des comptes.

❒ **d.** un organe consultatif, le conseil économique, social et environnemental.

❒ **e.** un organe exécutif, le président du conseil régional.

❒ **f.** un organe de conseil, la commission permanente.

45. Le conseil régional :

❒ **a.** est réélu tous les 5 ans.

❒ **b.** est réélu tous les 6 ans.

❒ **c.** est élu au scrutin majoritaire.

❒ **d.** est élu au scrutin mixte.

❒ **e.** la parité sur les listes n'y est pas obligatoire.

Vrai-Faux

46. La collectivité territoriale région est hiérarchiquement supérieure au département et à la commune. ❒ **Vrai** ❒ **Faux**

47. La parité n'est pas obligatoire aux élections régionales. ❒ **Vrai** ❒ **Faux**

48. La région n'est pas un service déconcentré de l'État. ❒ **Vrai** ❒ **Faux**

49. Il est prévu trois organes au sein des collectivités territoriales régions : un organe délibérant, un organe exécutif et un organe consultatif. ❒ **Vrai** ❒ **Faux**

50. C'est le président du conseil régional qui choisit les vice-présidents. ❒ **Vrai** ❒ **Faux**

Les compétences des collectivités territoriales

QCM

51. Cochez la (les) affirmation(s) exacte(s) :

❒ **a.** La région exerce une compétence générale en matière de formation professionnelle et d'apprentissage.

❒ **b.** La commune construit et entretient les écoles primaires, et en rémunère le personnel de service et les enseignants.

❒ **c.** Le département a pour compétence la construction et l'entretien des collèges.

❒ **d.** La protection maternelle et infantile est une des compétences de la région.

52. La commune n'a pas pour compétence :

❒ **a.** l'urbanisme.

❒ **b.** la construction, l'entretien et le fonctionnement des collèges.

❒ **c.** la construction, l'entretien et le fonctionnement des lycées.

❒ **d.** le ramassage et le traitement des ordures ménagères.

❒ **e.** la protection maternelle et infantile.

53. La protection maternelle et infantile (PMI) :

❒ **a.** dépend du ministère de la santé, de la jeunesse, des sports et de la vie associative.

❒ **b.** dépend du département.

❒ **c.** est un établissement public à vocation médico-sociale.

❒ **d.** dépend de la commune.

54. Le département a en charge :

❒ **a.** les dépenses d'entretien des routes nationales d'intérêt local.

❒ **b.** la construction et l'entretien des lycées publics.

❒ **c.** la construction et l'entretien des collèges publics.

❒ **d.** la délivrance des permis de construire.

55. La région joue un rôle important :

❒ **a.** en matière de développement économique.

❒ **b.** en matière d'aménagement du territoire.

❒ **c.** en matière d'action sociale.

❒ **d.** en matière de formation professionnelle.

Vrai-Faux

56. La compétence principale du département est l'urbanisme. ❒ **Vrai** ❒ **Faux**

57. La compétence principale de la région est la formation professionnelle.
❒ **Vrai** ❒ **Faux**

58. Le schéma régional des transports est une compétence des communes.
❒ **Vrai** ❒ **Faux**

59. Les crèches municipales font partie des compétences obligatoires des communes.
❒ **Vrai** ❒ **Faux**

60. Une commune a l'obligation de mettre en place des espaces verts dans chaque quartier.
❒ **Vrai** ❒ **Faux**

Le contrôle sur la légalité

QCM

61. Le contrôle de légalité des actes administratifs de la commune est un contrôle :

❒ **a.** exercé par le maire sur ses services.

❒ **b.** exercé par le préfet sur tous les documents administratifs de la commune.

❒ **c.** exercé par le préfet sur certains actes administratifs de la commune.

62. Le contrôle des actes des collectivités :

❒ **a.** est un contrôle de pertinence exercé par le préfet.

❒ **b.** est un contrôle hiérarchique : le président du conseil régional contrôle le président du conseil départemental qui contrôle le maire.

❒ **c.** est un contrôle a posteriori, portant sur la seule légalité des actes, exercé par le préfet.

❒ **d.** permet au préfet de se comporter comme un juge en annulant les actes illégaux.

❒ **e.** peut conduire le préfet à déférer au juge administratif les actes qu'il estime illégaux.

63. Le contrôle des décisions des autorités de la commune n'est pas effectué par :

❒ **a.** le président du conseil départemental.

❒ **b.** le préfet.

❒ **c.** le ministre de l'intérieur.

64. Un acte est exécutoire dès que :

❒ **a.** l'acte est transmis au préfet.

❒ **b.** dès qu'il est publié.

❒ **c.** dès qu'il est notifié à l'intéressé.

❒ **d.** dès qu'il est transmis en préfecture et publié ou notifié.

❒ **e.** dès qu'il est transmis au ministère de l'Intérieur et publié au JO.

65. Le contrôle s'effectue sur :

❒ **a.** la légalité des actes.

❒ **b.** l'opportunité des actes.

❒ **c.** l'égalité des actes.

Vrai-Faux

66. C'est un contrôle *a priori*. ❒ **Vrai** ❒ **Faux**

67. Le contrôle sur l'opportunité est effectué par le préfet. ❒ **Vrai** ❒ **Faux**

68. Le préfet a trois mois pour effectuer le contrôle sur la légalité des actes.
❒ **Vrai** ❒ **Faux**

69. Seul le juge peut annuler un acte qu'il juge illégal. ❒ **Vrai** ❒ **Faux**

70. Passé les deux mois, un acte même illégal reste applicable. ❒ **Vrai** ❒ **Faux**

Les finances publiques locales

QCM

71. Qui adopte le budget de la commune ?

❒ **a.** Le maire.
❒ **b.** La commission des finances.
❒ **c.** Le préfet.
❒ **d.** Le conseil municipal.

72. Ce document budgétaire est obligatoirement adopté avant le 31 mars de l'exercice auquel il s'applique. C'est :

❒ **a.** le budget supplémentaire.
❒ **b.** le compte administratif.
❒ **c.** le budget primitif.
❒ **d.** la décision modificative.
❒ **e.** le compte de gestion.

73. Les quatre principaux impôts locaux directs sont :

❒ **a.** la taxe d'habitation.
❒ **b.** les droits de mutation.
❒ **c.** la taxe foncière sur les propriétés bâties.
❒ **d.** la taxe communale de séjour.
❒ **e.** la taxe foncière sur les propriétés non bâties.
❒ **f.** la contribution économique territoriale.

74. Entre dans les dépenses de fonctionnement de la commune :

❒ **a.** le coût de la construction des bâtiments scolaires.
❒ **b.** les salaires et charges de personnel.
❒ **c.** l'achat du matériel pédagogique scolaire.
❒ **d.** l'achat de la voiture de service.

75. Le budget de la commune doit obligatoirement être voté :

❒ **a.** en excédent.
❒ **b.** en déficit.
❒ **c.** en empruntant.
❒ **d.** en équilibre.
❒ **e.** à l'unanimité.
❒ **f.** à la majorité.

Vrai-Faux

76. Une commune ne peut pas recourir à l'emprunt pour acheter un terrain.
❒ **Vrai** ❒ **Faux**

77. Un département peut encaisser l'argent des impôts sur le revenu. ❒ **Vrai** ❒ **Faux**

78. Un département n'a pas le droit d'être endetté. ❒ **Vrai** ❒ **Faux**

79. Le budget primitif doit être voté au plus tard le 31 mars. ❒ **Vrai** ❒ **Faux**

80. Celui qui ordonne une dépense est l'exécutif de la collectivité. ❒ **Vrai** ❒ **Faux**

Les savoirs indispensables

Corrigés

Les collectivités territoriales

QCM

1. **Réponse a.**
2. **Réponses a., c. et d.**
3. **Réponse b., a. et d.** Les conseils sont élus au suffrage universel direct, directement par les citoyens. Les exécutifs (maire, président du conseil général ou régional) sont élus par les conseils et non par **les** citoyens, suffrage universel indirect.
4. **Réponse b.**
5. **Réponse b.** Les adjoints au maire sont élus par les conseillers municipaux à la suite du maire, lors de la **première** réunion du conseil municipal après les élections.

Vrai-Faux

6. **Faux.** Le canton n'est qu'un découpage de territoire qui permet l'élection du conseiller **départemental**. Ce n'est pas une collectivité territoriale.
7. **Faux.** Le fait de posséder la personnalité juridique en fait une personne autonome et responsable de ses actes devant la société. Exemple : Une commune fait faire des travaux routiers. Si par inadvertance des dégâts collatéraux sont constatés, c'est à la commune de réparer voire de dédommager. Si elle n'avait pas cette personnalité juridique, ce ne serait qu'un simple service administratif sous la hiérarchie de l'État.
8. **Faux.** La région possède en plus un organe consultatif, le conseil économique, social et **environnemental**.
9. **Vrai.**
10. **Faux.** Le préfet est un fonctionnaire de l'État qui, vis-à-vis des collectivités territoriales, n'a plus **qu'un** regard sur le contrôle de ce que font ces collectivités. Il vérifie simplement que les décisions qu'elles prennent librement sont légales.

La commune

QCM

11. **Réponse b.** Rappel, le maire n'est pas élu par la population mais bien par les conseillers municipaux. Lors de leur première réunion, c'est le plus âgé du conseil qui préside la séance jusqu'à ce que les votes des conseillers désignent officiellement le maire. Il sera élu au scrutin uninominal, indirect, majoritaire. Si dès le premier tour un candidat obtient la majorité absolue des voix, il sera élu maire. Par contre si personne n'obtient cette majorité des voix, il pourra être procédé à un deuxième tour, puis éventuellement à un troisième tour. Dans ce troisième cas, la majorité relative sera suffisante pour élire le maire. Ce sera celui qui a obtenu le plus de voix, même si cela ne représente pas la moitié des suffrages.
12. **Réponse a.**

13. Réponses a. et d. On prend un arrêté et on vote une délibération. Ce sont deux actes administratifs qui engagent la collectivité.

14. Réponse b. Elle est l'écrit qui reflète les décisions qui ont été prises à la majorité des membres du conseil. Il y est aussi précisé combien de conseillers ont voté pour, combien contre et combien se seraient abstenus.

15. Réponses a. et c. Le conseil municipal est élu sur une liste pour six ans, le maire est donc élu pour la même durée que son équipe dont il est issu. Par contre l'organe délibérant est le conseil. Rappel mnémotechnique : l'organe délibérant délibère (discute et vote) et prend des délibérations (les écrits reflets de ses décisions).

Vrai-Faux

16. Faux. C'est le conseil municipal qui vote pour désigner, parmi ses membres, celui qui va devenir maire pour les 6 années à venir.

17. Faux. Ils sont élus par le conseil municipal à la suite de l'élection du maire.

18. Vrai, dans la mesure où pour se faire élire, il faut être électeur sur la commune et que l'on ne peut être inscrit que sur une seule liste électorale.

19. Faux. Il dépend du nombre d'habitants et est fixé par la loi : de 7 sièges pour moins de 100 habitants à 69 sièges pour 300 000 habitants et plus.

20. Faux. Cela est décidé en conseil et leur nombre ne peut être supérieur à 30 % du nombre des conseillers municipaux.

La coopération intercommunale

QCM

21. Réponse b. Ce sont les syndicats intercommunaux SIVU ou SIVOM et autres établissements publics comme les communautés de communes ou les communautés d'agglomération.

22. Réponses a. et e. Ce ne sont pas les communes qui se regroupent au sein d'un établissement public, mais des services qu'elles assuraient jusqu'à présent, qu'elles vont confier à cette structure commune à plusieurs collectivités. Les communes ne disparaissent pas, mais mutualisent certains services comme l'eau, l'assainissement, la piscine intercommunale, un système de transport au sein de l'agglomération…

23. Réponse c. Celui-ci est élu par les membres du conseil communautaire de l'établissement public intercommunal. Les membres du conseil, les conseillers intercommunaux, ont été délégués par leur commune respective.

24. Réponses a., b. et d. Les collèges publics sont de la compétence obligatoire de la collectivité territoriale département.

25. Réponses a. et b. Le président est l'organe exécutif. Les conseillers municipaux représentent l'organe délibérant de la commune, pas du syndicat intercommunal.

Vrai-faux

26. Vrai. Mais indirectement : depuis 2014, il y a un système de fléchage aux élections municipales où le citoyen voit apparaître sur les listes municipales les candidats qui participeront aux conseils communautaires si cette liste obtient la majorité des suffrages lors de l'élection.

27. **Vrai,** puisque l'exécutif est élu parmi les membres du conseil communautaire.
28. **Faux.** Le but est au contraire de se mutualiser pour diminuer les coûts.
29. **Vrai,** pour ceux que l'on appelle à fiscalité propre. **Faux**, pour les SIVU et SIVOM.
30. **Vrai.** C'est l'un des buts recherchés.

Le département

QCM

31. **Réponse c.** Ils ont été mis en place par la Révolution française, juste après la mise en place des communes.
32. **Réponse c.**
33. **Réponse a.** Depuis les élections de 2015.
34. **Réponse d.** Élection binominale veut dire deux noms, ceux-ci doivent être obligatoirement un homme et une femme.
35. **Réponse a.** Il n'y a plus d'alternance, le président est donc désormais élu pour 6 ans comme tout conseiller départemental.

Vrai-Faux

36. **Faux.** C'est la loi de décentralisation du 2 mars 1982 qui en a fait une collectivité territoriale. Auparavant, ce n'était qu'un découpage de territoire.
37. **Vrai.**
38. **Vrai.** Depuis les élections de 2015.
39. **Faux.** C'est un élu.
40. **Faux.** Le cumul des mandats n'autorise qu'un seul mandat d'exécutif local. Par contre on peut être maire (exécutif) et conseiller départemental ou conseiller municipal et président du conseil régional (exécutif).

La région

QCM

41. **Réponse a.** 13, hors les DOM, à partir du 1er janvier 2016. Et 22 avant cette réforme.
42. **Réponses b. et d.** Les élections régionales étant des élections de listes, tous arrivent en même temps et le président est élu pour six ans aussi, contrairement aux départements où existait l'alternance dans les élections des conseillers généraux. Toutefois, les dernières élections régionales de ce type ont eu lieu en 2010. Exceptionnellement, suite à la modification du nombre de régions, les élections régionales auront lieu en décembre 2015. Par la suite, le rythme normal reprendra : élections tous les six ans au mois de mars.
43. **Réponse c.** Comme pour toute assemblée délibérante elle prend des délibérations pour gérer les affaires de la collectivité.
44. **Réponses b., d. et e.** La région possède comme les deux autres niveaux de collectivité son organe délibérant, le conseil régional et son organe exécutif, le président du conseil régional, mais elle possède en plus un organe consultatif, le conseil économique, social

et environnemental. Ce conseil est constitué de représentants d'entreprises, de représentants de salariés et de personnes qualifiées dans les différents domaines d'intervention de la région. Il est constitué pour aider les élus dans leurs choix et décisions à prendre au nom de la collectivité.

45. **Réponses b. et d.** Les conseillers régionaux sont élus tous les six ans au scrutin mixte, c'est-à-dire qu'un quart des sièges est donné à la liste qui a obtenu la majorité des voix, les trois-quarts restant sont répartis entre toutes les listes en fonction du nombre de voix obtenues par chaque liste, y compris la liste qui a déjà obtenu un quart des sièges. La liste majoritaire obtient un quart des sièges plus proportionnellement une autre part de sièges. Il y a donc une vraie majorité au sein de cette assemblée et une opposition tout à fait présente.

Vrai-Faux

46. **Faux.** Il n'y a aucun lien hiérarchique entre les collectivités.

47. **Faux.** Il doit même y avoir une alternance stricte entre les candidats sur les listes électorales.

48. **Vrai**.

49. **Vrai**.

50. **Faux.** Comme pour les autres collectivités, ils sont élus par les conseillers, à la suite du président.

Les compétences des collectivités territoriales

QCM

51. **Réponses a. et c.** La commune construit et entretien bien les écoles primaires, rémunère bien les personnels de service, mais en aucun cas ne rémunère le personnel enseignant qui, lui, dépend de l'État et est payé sur le budget de l'État.

52. **Réponses b, c et e.**

53. **Réponse b.** C'est l'une des compétences obligatoires des départements.

54. **Réponse c.** Si la route est nationale elle est prise en charge par l'État (Tout tronçon de route est forcément à cet endroit d'intérêt local !).

55. **Réponses a. et d.** L'aménagement du territoire est à la base une compétence municipale puisque c'est la commune qui a comme compétence principale, l'urbanisme. Cela n'empêche pas l'État de passer des contrats pour des aménagements locaux, avec une notion de cohérence sur les territoires, notamment urbains.

Vrai-Faux

56. **Faux.** Ce sont toutes les mesures de solidarité nationale. L'urbanisme relève de la commune.

57. **Faux.** La formation professionnelle relève bien de la région mais ce n'est pas sa compétence principale. Ce sont toutes les actions d'aide au développement économique régional.

58. **Faux.** Pour le schéma, cela revient à la région. Question de cohérence de politique sur le territoire.

59. **Faux.** Ce n'est valable pour aucun niveau de collectivité.

60. **Faux.** Elle n'a aucune obligation légale sur ce point.

Le contrôle sur la légalité

QCM

61. Réponse c. Tous les actes ne partent pas au contrôle de la légalité, mais seulement ceux qui engagent de façon importante la collectivité.

62. Réponses c. et e. C'est bien un contrôle a posteriori, c'est-à-dire après que la collectivité ait pris sa décision, et non comme avant la mise en place de la décentralisation où le préfet effectuait un contrôle *a priori*, c'est-à-dire avant que le conseil ne puisse décider. Il n'y avait donc pas d'autonomie des conseils. Par contre le préfet ne peut pas annuler un acte qu'il estime illégal. L'annulation est une compétence exclusive du juge.

63. Réponses a. et c. Seul le préfet, agent de l'État, peut effectuer ce contrôle.

64. Réponse d. Les deux conditions sont cumulatives, il doit être transmis en préfecture ET être publié si l'acte a une portée collective ou notifié si l'acte est individuel (arrêté de nomination).

65. Réponse a. Uniquement. Est-ce que l'acte respecte la hiérarchie des normes et respecte-t-il toutes les lois le concernant ? C'est la seule question que peut se poser le préfet.

Vrai-Faux

66. Faux. « A priori » veut dire avant que la décision soit prise : on demande la permission ! Or, c'est un contrôle a posteriori. Les élus prennent leurs décisions et le préfet a deux mois pour vérifier si l'acte est légal ou non. Durant cette période (et une fois que les deux conditions de transmission en préfecture et publication ou notification sont remplies) l'acte est immédiatement exécutoire. Il n'y a pas besoin d'attendre l'estimation du préfet.

67. Faux. Ce n'est pas un contrôle sur l'opportunité mais sur la légalité.

68. Faux. Il n'a que deux mois.

69. Vrai. Lui seul a ce pouvoir.

70. Vrai.

Les finances publiques locales

QCM

71. Réponse d. Le budget est préparé par l'exécutif, le maire. Il le présente au conseil municipal. Mais c'est le conseil municipal qui le discute, le modifie et finit par le voter, à la majorité d'assemblée. Le maire devra ensuite mettre en application ce qui a été voté par le conseil.

72. Réponse c. On dit parfois aussi le budget prévisionnel. Il doit obligatoirement être voté avant le 31 mars, mais souvent il l'est dans le courant du mois de janvier.

73. Réponses a., c., e. et f. C'est ce que l'on appelle traditionnellement les quatre impôts locaux. La contribution économique territoriale remplace l'ancienne taxe professionnelle. Les autres taxes participent aussi aux recettes des collectivités territoriales.

74. Réponse b. On entend par dépenses de fonctionnement, les dépenses qui servent à faire fonctionner les services, sans enrichir son patrimoine : la paye et les charges sociales du personnel, l'essence des véhicules, les dépenses d'EDF, du téléphone, de l'eau, les aides financières aux usagers... Par contre les dépenses qui permettent de constituer ou valoriser le patrimoine de la collectivité sont des dépenses d'investissement, comme l'achat de la voiture, la construction des bâtiments, l'achat de matériel, de mobilier, de machines, de terrains... Une façon très simple de se rappeler la différence : une voiture s'achète et se revend, c'est de l'investissement, alors que l'essence qui a permis aux personnels de travailler, est partie en fumée, il n'en reste plus rien, c'est du fonctionnement.

75. **Réponses d et f.** Le budget des collectivités, contrairement à celui de l'État, doit obligatoirement être voté en équilibre, le montant prévu des recettes doit être strictement égal au montant prévu des dépenses pour l'année à venir. Il doit aussi être le reflet du choix de la majorité du conseil. Il est interdit à une collectivité ou à un établissement public local de prévoir un budget en déficit, c'est-à-dire quand les dépenses prévues sont supérieures aux recettes envisagées.

Vrai-Faux

76. **Faux.** Comme tout le monde, cette personne morale est souvent obligée de recourir à l'emprunt pour acquérir des biens onéreux.

77. **Faux.** Le montant de l'impôt sur les revenus est une recette de L'État.

78. **Faux.** Il ne faut pas confondre dette et déficit. Les collectivités territoriales ont le droit d'emprunter (avoir une dette), mais les mensualités de remboursement ne doivent pas être supérieures à leur capacité de remboursement. Le déficit met le budget en déséquilibre : on doit plus que ce que l'on est capable de rembourser. Si l'État se permet un déficit, la loi l'interdit aux collectivités territoriales.

79. **Vrai.**

80. **Vrai.** On dit qu'il est l'ordonnateur.

Connaissances

2

Culture sanitaire et sociale

- Le cadre légal
- La santé en France
- Le public accompagné
- Les pathologies et les troubles
- Les valeurs de l'auxiliaire de puériculture
- La société et ses actualités

1 Connaissances
Le cadre légal

1 La loi du 4 mars 2002

a. Caractéristiques de la loi

La loi du 4 mars 2002, aussi appelée « loi Kouchner », établit la notion juridique des droits des malades. Pour cela, elle instaure :

- une meilleure représentation des usagers au sein des grandes institutions de la santé et des hôpitaux ;
- le droit des patients d'accéder directement (sans passer par un médecin) et de disposer de la totalité de leur dossier médical. Le dossier médical personnel reste la propriété des patients ;
- une indemnisation de l'aléa thérapeutique, c'est-à-dire d'un accident médical sans faute du professionnel ;

Par ailleurs, la loi Kouchner :

- précise en outre qu'« aucun acte médical ni aucun traitement ne peut être pratiqué sans le consentement libre et éclairé de la personne et ce consentement peut être retiré à tout moment » ;
- oblige les médecins à faire connaître leurs liens avec les entreprises lorsqu'ils communiquent à propos d'un produit médical (médicament, etc.) ;
- autorise la pratique de l'ostéopathie sous certaines conditions.

b. Outils mis en place par la loi

Pour permettre la bonne reconnaissance des droits des malades, la loi a renforcé et mis en place des outils.

Droits des patients

- À la protection de la santé.
- Au respect de la dignité.
- Au respect de la vie privée et au secret des informations.
- À recevoir des soins les plus appropriés et traitements dont l'efficacité est reconnue.
- À recevoir des soins visant à soulager la douleur.

Droits à l'information : mise en place de chartes

- La charte de l'enfant hospitalisé.
- La charte de la personne accueillie.
- La charte des droits et libertés de la personne âgée en situation de handicap ou de dépendance.
- La charte de l'usager en santé mentale.
- La charte européenne des droits des patients.

Personne de confiance

Définition

Une **PERSONNE DE CONFIANCE** est une personne désignée par l'usager lui-même alors que ce dernier est majeur et dispose de toutes ses capacités cognitives et facultés mentales.

Toute personne peut désigner une personne de confiance. Dès lors, il s'agira d'en faire part à la personne concernée tout en lui expliquant son rôle et les missions qui lui incombent. La personne de confiance peut être désignée oralement mais un écrit (sur papier libre ou document officiel) est préférable afin de valider et légitimer la personne de confiance. Ce document doit être daté et signé par la personne désignant sa personne de confiance. Ce document peut ensuite être remis dans le dossier médical de l'usager ou bien tout simplement être gardé vers lui.

La personne de confiance est un individu plutôt proche de l'usager, chargée de remonter la parole de ce dernier dès lors qu'il ne sera plus en mesure de s'exprimer. La personne de confiance doit se faire « porte-parole » de l'usager quant à ses choix de fin de vie, sa santé, les soins délégués ainsi que l'organisation de ses funérailles.

La personne de confiance a donc une grande responsabilité et un rôle important à jouer auprès de la famille de l'usager et de l'équipe médicale soignante. Tout cela doit être pleinement mesuré par la personne de confiance.

La personne de confiance :

- peut être un parent, un proche ou le médecin traitant ;
- est consultée si le patient est hors d'état d'exprimer sa volonté ;
- peut être désignée par écrit ;
- peut être révoquée à tout moment par l'usager lui-même ;
- est demandée lors de chaque hospitalisation.

Les directives anticipées

Il s'agit d'un document écrit (sur papier libre ou formulaire officiel), rédigé, daté et signé par l'usager lui-même quant à ses choix de fin de vie.

Tout d'abord, valable pour une durée de 3 ans et renouvelable, elles n'ont maintenant plus de délai de validité.

C'est à travers ses directives anticipées que tout individu pourra exprimer clairement ses choix de fin de vie, de traitements, d'opérations, d'acharnement, de maintien en vie, d'état de santé suite à une pathologie ou un accident.

Les directives anticipées sont à formuler pour tout majeur et peuvent être déposées dans le dossier médical du bénéficiaire afin de permettre à l'équipe médicale d'en avoir pleinement connaissance et ainsi respecter les choix de l'individu.

Les directives anticipées sont la version écrite de la personne de confiance mais elles prévalent sur cette dernière.

Les directives anticipées :

- sont stipulées par écrit, datées et signées ;
- reprennent les souhaits de fin de vie et de mort ;

- sont prises en compte si la personne est inconsciente et donc dans l'incapacité d'exprimer ses choix ;
- priment sur les voix de la personne de confiance, des proches et de la famille.

Le médecin se doit de consulter les directives anticipées ainsi que la personne de confiance et en respecter les décisions.

2 La loi du 5 mars 2007 et sa réforme

La loi du 5 mars 2007 est la loi portant sur la protection de l'enfance, qui réforme également la protection des adultes.

a. Les enjeux de la loi du 5 mars 2007

Concernant la protection de l'enfance, la loi se fixe 7 enjeux.

1. Clarifier les missions et le vocabulaire de la protection de l'enfance

La protection de l'enfance se doit désormais de trouver des solutions face à la situation vécue par l'enfant. Elle doit également s'occuper des « enfants en danger ou risquant de l'être » et non plus s'occuper de « victimes de mauvais traitement ». La protection de l'enfance se doit également d'agir pour l'intérêt supérieur de l'enfant.

2. Renforcer la prévention

La protection de l'enfance va par cet enjeu développé le rôle de la PMI (Protection maternelle infantile) par la mise en place d'actions de prévention primaire (entretiens durant la grossesse, suivis à domicile et consultations postnatales, bilan de santé et visites médicales pour les enfants à 9, 12 et 15 ans, etc.).

3. Améliorer le dispositif d'alerte et de signalement

La loi organise un circuit facilitant le recueil, le traitement et l'évaluation des « informations préoccupantes » par la création, sur chaque département, d'une cellule spécialisée.

Ainsi, suivant la gravité de la situation vécue par l'enfant, la loi autorise les professionnels à saisir directement le procureur de la République pour ensuite informer le président du conseil départemental dans le but d'entamer les démarches nécessaires.

4. Impulser les partenariats

Par cet enjeu, la loi du 5 mars 2007 vise à formaliser, sous forme de protocoles, les interactions et le travail pouvant être engagés par l'ensemble des professionnels du secteur de la protection de l'enfance. Par cela, la loi permet également la création de l'Observatoire départemental de la protection de l'enfance (ODPE) via l'Observatoire national de l'enfance en danger (ONED).

5. Placer l'enfant au cœur de son dispositif

Placer l'enfant au cœur de son dispositif signifie que tout enfant doit être reconnu dans son intégralité et dans son intégrité. Pour cela, la loi reconnait :

- l'intérêt de l'enfant ;
- la prise en compte de ses besoins fondamentaux (physiques, affectifs, intellectuels et sociaux) ;
- le respect de ses droits, relatifs à la Convention internationale des droits de l'enfant.

6. Adapter et diversifier les prises en charge

Au vu de l'évolution de la société et des situations, la loi instaure de nouvelles actions et mesures au sein de la protection de l'enfance :

- l'accompagnement en économie sociale et familiale ;
- l'aide à la gestion budgétaire ;
- l'accueil d'urgence de mineurs durant 3 jours sans accord des parents tout en les informant ;
- l'accueil de jour et périodique ;
- l'AEMO (action éducative en milieu ouvert avec hébergement) ;

La loi prévoit également l'organisation de visites médiatisées sous la protection de l'enfance mais aussi lors de divorce et séparation.

7. Renforcer les obligations de formation

Tout professionnel rattaché au Code de l'action sociale et des familles (CASF) se doit de recevoir une formation à la protection de l'enfance lors de son cursus de formation initiale mais également lors de formations professionnelles continues.

Cette obligation de formation s'impose donc aux travailleurs sociaux mais aussi aux médecins, professionnels médicaux et paramédicaux, enseignants, professionnels de l'animation, personnels de police et de gendarmerie, magistrats.

b. La réforme de la loi du 5 mars 2007 par la loi du 14 mars 2016

La loi du 14 mars 2016 est la loi relative à la protection de l'enfant. Elle prévoit :

- la nomination d'un médecin référent dans chaque PMI ;
- renforcer le PPE (projet pour l'enfant) ;
- la formation continue des professionnels par l'ODPE ;
- l'élargissement d'actes quotidiens par l'assistant familial ;
- la réforme de l'adoption simple ;
- la nomination d'un administrateur chargé de représenter l'enfant et ses intérêts ;
- l'accompagnement des parents en cas de restitution de l'enfant ;
- la réforme de la procédure d'abandon.

3 La loi du 21 juillet 2009

La loi du 21 juillet 2009 est la loi portant sur la réforme de l'hôpital et relative aux patients, à la santé et aux territoires, plus connue sous l'expression « Hôpital, patients, santé et territoire » abrégée en HPST. Cette loi est également appelée « loi Bachelot ».

La loi a été votée en 2009 mais elle a été mise en application en 2012.

a. Objectif de la loi

L'objectif premier de cette loi est de proposer une nouvelle réforme hospitalière afin de ramener les hôpitaux publics à l'équilibre budgétaire en 2012.

Pour cela, la loi HPST propose différentes mesures :

- améliorer l'accès aux soins ;
- favoriser la permanence des soins ;
- renforcer le parcours de soins ;
- revaloriser la prévention.

b. Axes de la réforme

De plus, la loi axe sa réforme sur 4 points.

1. Modernisation des établissements de santé

La gouvernance des hôpitaux est revue (conseil de surveillance, CPOM – contrat pluriannuel d'objectifs et de moyens, directoire, etc.) afin de renforcer la coopération entre hôpitaux publics et établissements privés. Il s'agit donc d'un renforcement et d'une globalisation des structures et des démarches sanitaires.

Par ce biais, le rôle de la direction des hôpitaux est renforcé afin de permettre une gouvernance adaptée et unique.

Aussi, la création d'établissements de santé est assujettie à réponse à appels d'offres.

2. Amélioration de l'accès aux soins de qualité

La loi veut lutter contre l'inégalité de la population à l'accès aux soins, en évitant au maximum les déserts médicaux, c'est-à-dire de rendre plus facile et égalitaire l'accès aux soins pour tout citoyen quel que soit son lieu d'habitation, aussi bien rural qu'urbain.

Pour cela, la loi propose la création des « maisons médicales » permettant le rassemblement de plusieurs professionnels de la santé en un même lieu. Ceci rendant donc plus facile l'accès aux soins. Néanmoins, cela n'empêche aucunement l'installation libre des professionnels de la santé en libéral.

La loi prévoit également des sanctions financières pour tout médecin refusant des patients détenteurs de la couverture maladie universelle (CMU).

3. Prévention et santé publique

La loi prévoit l'interdiction totale de vente d'alcool aux mineurs et limite notamment la vente d'alcool dans les stations-services.

Concernant les questions de sexualité et de procréation, la loi vise également faciliter l'accès à la contraception ainsi qu'à la prévention des affections gynécologiques et à la maîtrise de la fécondité. De ce fait, les compétences de certains professionnels médicaux, notamment les sages-femmes, sont élargies.

4. Organisation territoriale du système de santé

La loi prévoit également la création d'agences régionales de la santé (ARS) qui sont des organisations publiques.

Les ARS sont présentes dans chaque région française et doivent appliquer la législation nationale, sur un plan régional en lien avec les organisations territoriales.

Elles sont aussi appelées à coordonner les hôpitaux, la médecine de ville (généralistes et spécialistes) et le secteur médico-social (maisons de retraite, Établissement et Service d'Aide par le Travail – ÉSAT –, etc.).

De plus, les ARS sont compétentes dans l'organisation d'offres de formation sur son territoire.

Entraînements

Cochez la ou les bonne(s) réponse(s).

1. Quelle loi a à cœur de placer l'usager au cœur de son dispositif ?

❒ **a.** 21 juillet 2009.

❒ **b.** 5 mars 2007.

❒ **c.** 4 mars 2002.

2. La loi du 4 mars 2002 instaure :

❒ **a.** la personne de confiance.

❒ **b.** les ARS.

❒ **c.** les visites médiatisées.

3. L'ARS est :

❒ **a.** l'Agence Régionale de la Sécurité.

❒ **b.** l'Association Régionale de la Santé.

❒ **c.** l'Agence Régionale de Santé.

4. Les directives anticipées sont :

❒ **a.** un document écrit.

❒ **b.** nos choix de fin de vie.

❒ **c.** la possibilité de s'exprimer.

5. La réforme de la loi du 5 mars 2007 est la loi du :

❒ **a.** 21 juillet 2009.

❒ **b.** 14 mars 2016.

❒ **c.** 18 décembre 2015.

6. La personne de confiance peut-être :

❒ **a.** le médecin traitant.

❒ **b.** un proche.

❒ **c.** son enfant mineur.

7. La loi du 5 mars 2007 aborde la protection de l'enfance et :

❒ **a.** le droit des malades.

❒ **b.** la protection des adultes.

❒ **c.** l'organisation des hôpitaux.

8. Que signifie HPST ?

❒ **a.** Hôpital, Patient, Santé, Traitement.

❒ **b.** Hospitalisation pour les Patients Sans Traumatismes.

❒ **c.** Hôpital, Patient, Santé, Territoire.

Corrigés

1. b.

2. a.

3. c.

4. a., b., c.

5. b.

6. a., b.

7. b.

8. c.

2 Connaissances
La santé en France

1 Le système de santé

Le système de santé en France respecte la liberté de choix du patient. En effet, tout individu est libre de choisir son médecin traitant, un spécialiste en accès direct ou encore son établissement de santé. Ces choix peuvent s'opérer dans le secteur public comme dans le secteur privé.

Le système de santé reste largement piloté par les pouvoirs publics, garants de la cohérence des mécanismes de prise en charge (ou prise en soin) des patients.

Le système de santé en France et d'offre de soins est réparti sur trois niveaux :

1. **national :** l'État intervient directement dans le financement et l'organisation de l'offre de soins. Afin de répondre aux besoins de santé de la population, il favorise une couverture homogène du territoire national et une complémentarité efficace des acteurs ;
2. **régional :** les agences régionales de santé (ARS) assurent la coordination des soins prodigués, veillent à une gestion cohérente des ressources et garantissent un accès égal à une prise en charge de qualité. Les ARS adaptent les politiques nationales à leurs contextes régionaux par le biais de projets régionaux de santé (PRS) : prévention, organisation des soins ainsi que de schémas médico-sociaux pour les personnes âgées ou dépendantes ;
3. **local :** les structures et les professionnels de santé s'organisent, sous la supervision des ARS, pour permettre une prise en charge graduée des patients selon leur état : médecin généraliste d'une part puis médecin spécialiste ou centre hospitalier d'autre part.

En France, le système de santé concourt au bien-être du patient accompagné. Pour cela, plusieurs acteurs y participent tout en luttant contre les déserts médicaux. Le système de santé peut donc se représenter par le schéma suivant.

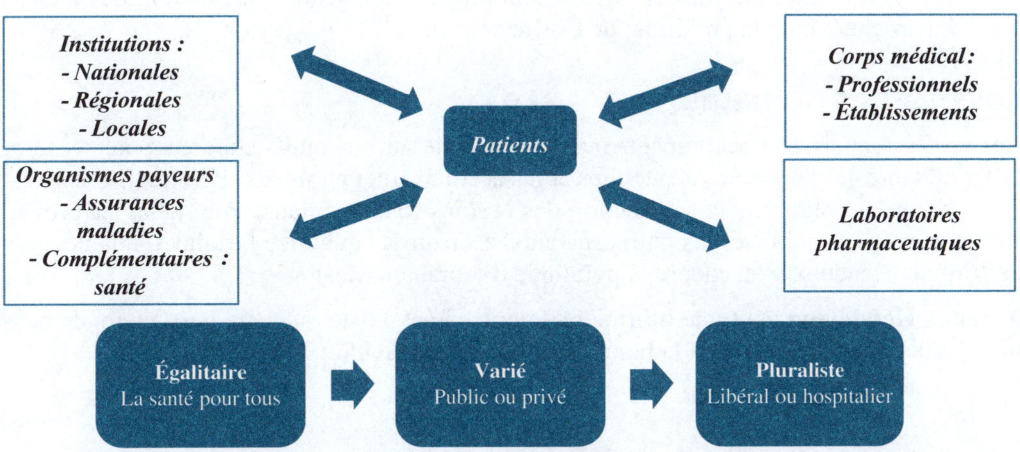

Le système de santé en France s'appuie sur trois valeurs : égalité, variété, pluralité.

Le système de santé en France est également un système permettant de prévenir et de protéger l'ensemble de la population. Dans ce cadre, on parle de santé publique.

La santé publique doit lutter contre les maladies présentant une importance sociale, enseigner les règles d'hygiène personnelle et organiser les services médicaux. Elle aborde également une approche collective et administrative des problèmes de santé d'une population sous ses aspects politiques, économiques, réglementaires et institutionnels.

Pour cela, des actions sont mises en place : promotion de la santé (échange sur spots promotion de la santé) ; prévention ; traitement des maladies ; réadaptation des personnes en situation de handicap.

La prévention est l'ensemble de mesures destinées à prévenir ou à éviter certains risques.

Il existe trois niveaux de prévention :

1. **Primaire :** empêcher l'apparition de la maladie par des procédés spécifiques, des actions préventives sur le milieu social, environnemental, des changements comportementaux et l'éducation à la santé. Ce niveau est destiné à des sujets sains.
2. **Secondaire :** arrêter un processus pathologique dès que possible après son déclenchement. Il est possible de mettre en place un processus de dépistage. Ce niveau de prévention s'adresse à un sujet en début de maladie qui se développe.
3. **Tertiaire :** empêcher les rechutes et diminuer les complications, les séquelles de la maladie ou des accidents par voie d'un traitement adéquat. Il s'agit d'accompagner un sujet malade en évitant les rechutes.

Après avoir parcouru le système de santé en France et avoir appréhendé la notion de santé publique, il convient de s'intéresser à la notion de santé et à son pendant : la maladie.

2 La santé et la maladie

La notion de la santé est définie d'après l'OMS (Organisation mondiale de la santé) comme étant « un état de complet bien-être physique, moral, social et qui ne consiste pas seulement en une absence de maladie ou infirmité ».

Aussi, la notion de santé varie en fonction des représentations de chacun, qui dépendent du contexte socio-culturel, du niveau socio-économique, du niveau d'instruction, des idéologies, des croyances, de la proximité de l'offre de soins.

a. Les besoins humains

Les professionnels de l'accompagnement s'appuient sur des outils concrets pour mesurer l'état de santé des personnes accueillies et les accompagner au mieux. En effet, la santé est un équilibre qui regroupe la satisfaction des besoins fondamentaux. Pour cela, les professionnels peuvent mobiliser les outils suivants, à savoir les quatorze besoins fondamentaux de Virginia Henderson ou encore la pyramide d'Abraham Maslow.

Virginia Henderson était une infirmière américaine et a listé quatorze besoins fondamentaux à satisfaire, nécessaires à la bonne santé de tout individu :

Abraham Maslow quant à lui était un psychologue américain et propose l'idée de hiérarchiser les besoins à satisfaire sous forme de pyramide. L'idée principale étant que tout individu ne peut satisfaire les besoins du niveau supérieur que si l'ensemble des besoins du niveau inférieur sont satisfaits, et ainsi de suite…

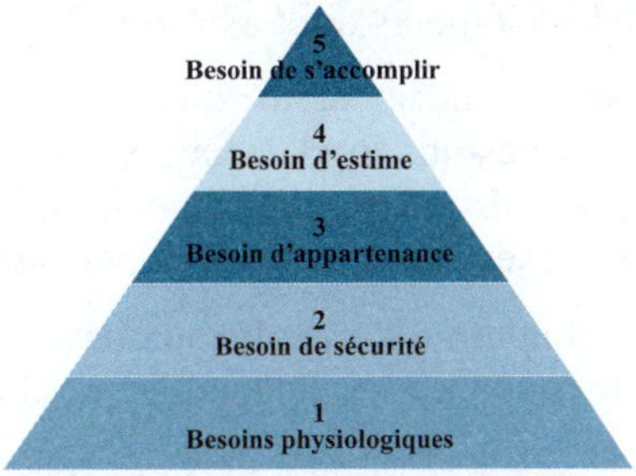

Néanmoins, malgré ces dispositifs et ces accompagnements, l'auxiliaire de puériculture peut être amené à accompagner des individus malades.

Évolutions de la notion des besoins fondamentaux

Les besoins fondamentaux sont des nécessités vitales présentes en tout être humain, caractérisé par un certain nombre de besoins qui expriment ses degrés de (inter-)dépendance à l'égard de son milieu extérieur.

La différenciation des besoins fondamentaux a donné lieu à une multitude de nomenclatures, allant de 2 à plus de 30 besoins. Mais si le concept diffère d'une conception théorique à l'autre, il y a également des convergences : la tendance à différencier les besoins physiologiques, psychiques et sociaux ; les besoins primaires et secondaires (voire tertiaires).

Certains auteurs comme Maslow considéraient, dans une vision hiérarchisée des besoins, que les besoins vitaux, physiologiques, étaient des besoins « primaires » (au sens de « premiers »). Or, de multiples travaux ont ensuite révélé que les besoins psychiques, comme le lien d'attachement (Spitz, 1946 ; Bowlby, 1957), sont tout autant vitalement indispensables pour le bien-être, la santé globale, le développement, l'adaptation et la survie. Leur non-satisfaction peut en effet non seulement entraîner une mort psychique mais aussi biologique. Depuis, les besoins matériels ne sont plus considérés comme primaires par rapport aux besoins immatériels (psychiques, cognitifs ou spirituels).

Les connaissances actuelles retiennent donc une approche interdépendante et contextuelle des besoins entre eux plus qu'une approche hiérarchique.

La représentation des besoins essentiels a donc évolué, passant d'une conception hiérarchisée à une conception dynamique et interactive, renforçante entre les différentes dimensions des besoins, ainsi que l'identification d'un « méta-besoin » de sécurité.

Les besoins fondamentaux et universels de l'enfant

La notion de « besoins fondamentaux de l'enfant » renvoie à la question essentielle de la détermination de ce qui est nécessaire pour l'enfant.

Les recherches en sciences humaines ont montré les besoins comme étant des facteurs essentiels du développement et de l'adaptation de l'enfant.

Les besoins dits fondamentaux de l'enfant renvoient donc à la fois :

- aux besoins les plus vitaux dont on ne pourrait s'en dispenser (au sens de besoins primordiaux) ;
- et/ou aux éléments dont a besoin l'enfant pour se construire (au sens de besoins développementaux) ;
- et/ou les éléments dont a besoin l'enfant pour être considéré une personne.

Les besoins fondamentaux sont universels, communs à tous, par-delà les différences culturelles. Ces besoins fondamentaux sont reconnus universels dans le sens où leur satisfaction permet la construction de l'humain dans la plénitude de ses potentialités, du respect de ses droits et au service de son développement et de son accès à l'autonomie et à la socialisation.

Dans le chapitre « Répondre aux besoins », une cartographie des besoins universels de l'enfant est proposée avec le détail de ces besoins.

b. La maladie

La maladie est « l'altération de l'état de santé qui se traduit par un ensemble de ruptures d'ordres physique, mental et/ou social, se manifestant par des symptômes objectifs ou subjectifs ».

Pour accompagner les individus malades, il existe différents niveaux de soins :

- **soin préventif :** qui consiste à éviter les risques. Cela renvoie aux trois niveaux de prévention évoqués plus haut ;
- **soin curatif :** il s'agit d'éliminer les problèmes ;
- **soin éducatif :** il permet « d'éduquer » le patient à la santé ;
- **soin de réinsertion :** c'est un soin pour la réinsertion professionnelle du patient ;
- **soin palliatif :** qui permet de soulager le patient, d'être à son écoute dès lors que ce dernier se trouve en fin de vie.

c. La douleur

Pour accompagner au mieux les personnes malades, le professionnel peut mesurer la douleur.

La douleur peut se définir, d'après l'Association internationale pour l'étude de la douleur comme étant « une expérience sensorielle et émotionnelle désagréable, associée à une lésion tissulaire réelle ou potentielle ou décrites en termes évoquant une telle lésion ».

La douleur peut être aiguë (présente depuis peu de temps, soudaine et d'une durée limitée) ou bien chronique, (persistante, d'une durée supérieure à 3 mois).

Pour identifier cela, le professionnel va pouvoir utiliser des outils comme une échelle de la douleur.

EVA : ECHELLE VISUELLE ANALOGIQUE

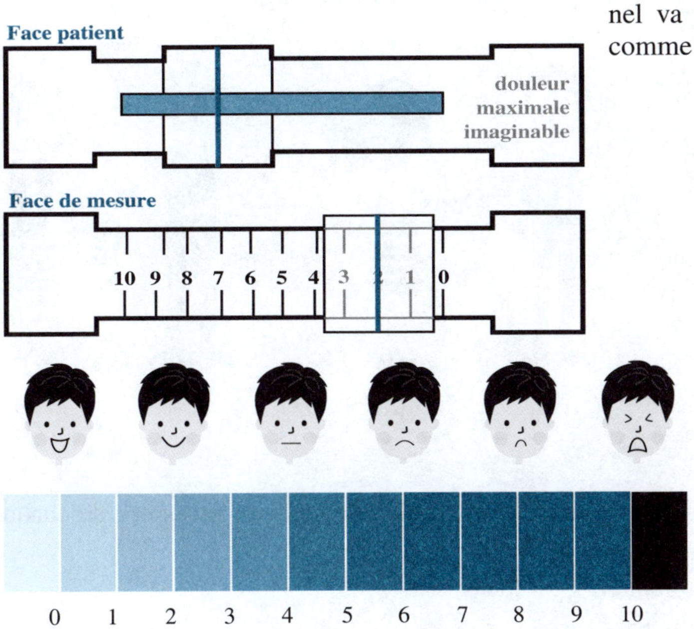

Source : [sniil.fr]

Le professionnel pourra aussi simplement communiquer avec le patient et lui demander de localiser sa douleur et de la quantifier entre 0 et 10 – 0 correspondant à aucune douleur et 10 comme étant insupportable.

Ces différents outils sont à adapter en fonction du patient accompagné et à mobiliser en équipe pour permettre une évaluation croisée.

3 L'hygiène de vie

Pour être en bonne santé, comme défini par l'OMS, il convient d'avoir une bonne hygiène de vie. Mais qu'est-ce qu'une bonne hygiène de vie ? Avoir une bonne hygiène de vie correspond à un bon équilibre entre bien-être physique et moral. Le bien-être physique passe notamment par la pratique d'une activité physique adaptée à ses besoins mais aussi par un apport alimentaire nutritif cohérent. En effet, que l'on soit femme ou homme, les apports et les dépenses ne seront pas identiques. Cela varie également en fonction de l'âge et de l'activité de chacun. L'alimentation se doit donc d'être adaptée.

L'alimentation sert à couvrir toutes les dépenses énergétiques de l'organisme comme :

- le fonctionnement des organes ;
- la digestion ;
- la thermorégulation ;
- l'activité physique.

L'équilibre alimentaire peut se résumer ainsi : **apports = dépenses**. Il peut se représenter par le schéma ci-dessous :

Besoins énergétiques selon le sexe et l'âge

L'équilibre alimentaire se traduit également par une consommation raisonnée de chaque famille d'aliments, à savoir :

- l'eau : à volonté et au minimum 1,5 l par jour ;
- les céréales : à chaque repas, 4 à 6 parts par jour ;
- les fruits et légumes : à chaque repas, 5 portions par jour ;
- le lait et les produits laitiers : à chaque repas, 2 portions par jour ;
- la viande, le poisson et les œufs : 1 portion par jour ;
- les matières grasses : en limiter la consommation ;
- les produits sucrés : en limiter la consommation.

Cependant, l'auxiliaire de puériculture doit proposer une alimentation variée et adaptée aux besoins énergétiques des personnes accompagnées tout en tenant compte des ses éventuelles pathologies ou autres difficultés alimentaires.

L'hygiène de vie correspond aussi à l'activité physique de chaque individu. Elle se doit d'être adaptée à l'âge et aux capacités de la personne concernée. Pour cela, l'individu doit éviter une activité sédentaire et chercher plutôt à avoir un rythme de vie lui permettant de bouger et de se dépenser : marche, sport, jardinage, gym douce, courses, privilégier la marche plutôt que le véhicule, etc.

Il faut faire la différence entre activité physique et activité sportive. Ces activités ne sont pas incompatibles mais bien différentes. L'activité sportive résidera en la pratique d'un sport (football, danse, natation, etc.) alors que l'activité physique consistera à se dépenser par le déplacement (marche, jardinage, gym douce, etc.).

Avoir une bonne hygiène de vie correspond également à avoir une bonne hygiène corporelle.

L'auxiliaire de puériculture doit observer des techniques d'hygiène irréprochables ainsi qu'un accompagnement adapté au rythme et aux besoins de la personne aidée.

En outre, l'auxiliaire de puériculture se doit d'avoir elle-même une bonne hygiène corporelle. Cela passe par un lavage des mains adapté mais aussi une hygiène personnelle impeccable (tenue vestimentaire adaptée, odeurs corporelles, présentation physique, etc.). Il est évident qu'avant de prendre soin des autres, l'auxiliaire de puériculture doit prendre soin d'elle.

L'hygiène de vie s'exprime aussi par un bien-être et un équilibre psychologique. Il est donc primordial que l'auxiliaire de puériculture participe auprès de l'ensemble des personnes accompagnées au bien-être, à l'épanouissement et à l'équilibre de chacun. Pour cela, des activités, des animations, des sorties ou encore des échanges, des rencontres et autres temps conviviaux doivent être proposés.

Permettre aux personnes accompagnées de réaliser de telles activités est important pour l'équilibre psychologique de chacun et donc éviter un mal-être, un épuisement, un isolement. Ceci permet aussi de prévenir la violence et l'agressivité.

4 La Sécurité sociale

a. Historique

La Sécurité sociale en France a vu le jour en 1945 par les ordonnances des 4 et 19 octobre, au sortir de la Seconde Guerre mondiale. À cette époque, le pays étant dévasté et la population meurtrie, l'État se pose la question d'une prise en charge des soins en faveur de la population française. La France a pour objectif de garantir à chacun l'assurance de disposer de moyens suffisants pour assurer sa subsistance et celle de sa famille dans des conditions décentes, et ce quelles que soient les circonstances. Partant de ce constat, la France va s'inspirer de deux puissances européennes, à savoir l'Allemagne avec son système dit « bismarckien » et l'Angleterre et son système dit « beveridgien ».

- **Le système allemand bismarckien** repose sur l'idée que c'est aux travailleurs de prétendre à leur Sécurité sociale par des cotisations et une ouverture de droits par l'activité professionnelle. La protection est obligatoire et elle est gérée par les salariés et les employeurs.
- **Le système britannique beveridgien**, lui, repose sur trois principales caractéristiques appelées les 3 « U ». Ce système s'appuie sur l'Universalité (protection sociale pour tous et pour tous les risques), l'Uniformité (les prestations sont basées sur les besoins de la population) et l'Unité (l'État gère l'ensemble de la protection sociale).

À partir de l'observation de ces deux systèmes de protection sociale, la France va décider de fonder sa propre Sécurité sociale. Notre protection sociale est donc basée en partie sur un système de type bismarckien et en partie sur un système de type beveridgien. En clair, une partie de la protection sociale et des soins revient à la charge de la population et des travailleurs et une partie revient à la charge de l'État.

En 1967, l'État réorganise la Sécurité sociale et la divise en trois branches : travail, famille et vieillesse. De ce fait, la Sécurité sociale se réorganise et crée trois caisses : la Caisse nationale d'assurance maladie des travailleurs salariés (CNAMTS), la Caisse nationale de l'assurance vieillesse des travailleurs salariés (CNAVTS) et la Caisse nationale des allocations familiales (CNAF).

En 1998, le remboursement des frais pour les assurés est simplifié par la création de la carte Vitale.

En 2000, la France crée la CMU (couverture maladie universelle). Elle permet l'accessibilité aux soins à toute personne française ou étrangère vivant en France de façon stable et régulière depuis au moins 3 mois, à condition de ne pas pouvoir bénéficier d'une autre couverture de régime de la Sécurité sociale.

Puis, en 2016, la CMU devient la PUMa (protection universelle maladie). Elle accorde à toute personne travaillant et résidant en France de façon stable, l'assurance de droits continus et non plus limités dans le temps. Aussi, la PUMa vise quatre objectifs : simplifier la vie des assurés ; assurer la continuité des droits à la prise en charge des frais de santé ; réduire les démarches administratives ; garantir davantage d'autonomie et de confidentialité à tous les assurés.

b. L'organisation de la sécurité sociale aujourd'hui

La Sécurité sociale en France s'organise autour de quatre branches pour aider au financement et la prise en charge de la population suivant les risques encourus :

- **la branche maladie (maladie, maternité, invalidité, décès) :** les salariés s'adressent aux CPAM (Caisse primaire d'assurance maladie) ;
- **la branche famille :** les prestations sont servies par les CAF (Caisse d'allocations familiales) ;
- **la branche retraite** : les pensions retraites sont versées par les CARSAT (Caisse d'assurance retraite et de la santé au travail) ;
- **la branche accidents du travail et maladies professionnelles :** les cotisations sont recouvrées par les URSSAF (Union de recouvrement des cotisations de Sécurité sociale et d'Allocations familiales).

Au-delà de sa couverture de base, la Sécurité sociale offre des régimes regroupant les assurés sociaux selon leur activité professionnelle. Les principaux régimes sont :

- **le régime général :** il comprend la plupart des assurés (salariés, étudiants, etc.) ;
- **les régimes spéciaux** : ils couvrent les salariés qui ne sont pas dans le régime général (agents SNCF, fonctionnaires, notaires, etc.) ;
- **les régimes de salariés non-agricoles :** ils couvrent les artisans, les libéraux, les commerçants ou industriels ;
- **le régime agricole :** ce régime est rattaché au ministère de l'Agriculture et couvre les salariés agricoles par la MSA (Mutualité sociale agricole) ;

Pour fonctionner et prétendre à pouvoir assurer et financer les soins et la protection sociale de la population française, la Sécurité sociale possède différentes sources de financement : des cotisations sociales (à la charge des employeurs et des salariés), des contributions sociales généralisées (CSG : prélèvement opéré sur l'ensemble des revenus), des impôts et taxes, et des fonds venant directement de l'État.

En bref, la Sécurité sociale française est un système hybride, composé d'un ensemble d'organismes et d'institutions ayant pour objectif de protéger la population en conséquence à des risques sociaux inhérents à l'environnement et au rythme de vie de tout un chacun.

Entraînements

Cochez la ou les bonne(s) réponse(s).

1. L'OMS définie la santé comme :

❒ **a.** un état normal stable.
❒ **b.** un état de complet bien-être.
❒ **c.** un état hors pathologies.

2. Que signifie le sigle OMS ?

❒ **a.** Organisme Maladie Santé.
❒ **b.** Organisation du Monde de la Santé.
❒ **c.** Organisation Mondiale de la Santé.

3. Pour accompagner au quotidien un public fragilisé, l'AP peut s'appuyer sur 2 outils prenant en compte les besoins des personnes accompagnées. Quels sont ces 2 outils ?

❒ **a.** La pyramide de Henderson et les besoins de Maslow.
❒ **b.** La mesure de la santé et les paramètres vitaux.
❒ **c.** La pyramide de Maslow et les besoins fondamentaux de Henderson.

4. D'après vous, quelles sont les composantes nécessaires à un bon état de santé ?

❒ **a.** Équilibre physique et psychologique.
❒ **b.** Hygiène alimentaire.
❒ **c.** Pratique sportive.

5. La Sécurité sociale participe à l'état de bien-être de la population française. En quelle année a-t-elle été créée ?

❒ **a.** 1944 ❒ **b.** 1945 ❒ **c.** 1955

6. À travers quels actes de la vie quotidienne l'AP peut-il accompagner une personne fragilisée ?

❒ **a.** Les activités d'animation.
❒ **b.** Les apprentissages scolaires.
❒ **c.** Les soins d'hygiène.

7. Le CAF fait partie de la branche :

❒ **a.** maladie. ❒ **b.** famille. ❒ **c.** retraite.

8. Les besoins énergétiques d'un enfant de 10 ans sont de :

❒ **a.** 8 800 kcal. ❒ **b.** 10 800 kcal. ❒ **c.** 12 800 kcal.

9. L'outil de mesure EVA signifie :

❒ **a.** Évaluation Visuelle et Auditive.
❒ **b.** Échelle Visuelle Analogique.
❒ **c.** Élément Visuel Analogique.

10. Les 3 niveaux de prévention sont :

❒ **a.** premier, deuxième et troisième.
❒ **b.** préventif, palliatif et curatif.
❒ **c.** primaire, secondaire et tertiaire.

Corrigés

1. b. **3.** c. **5.** b. **7.** b. **9.** b.
2. c. **4.** a., b., c. **6.** c. **8.** b. **10.** c.

3 Connaissances
Le public accompagné

1 L'enfant

Est considéré comme enfant tout être humain depuis sa naissance jusqu'à 18 ans, passant donc par le stade de l'adolescence. L'enfant – et l'adolescent – évolue à travers son environnement proche et familial dès sa naissance.

Le développement de l'enfant s'effectue à différents niveaux : cognitif, perceptif, psychomoteur, psychosocial et sexuel.

Dès les premiers mois de sa vie, le développement de l'enfant peut être expliqué par la « théorie de l'empreinte » et « comportement d'attachement ».

Selon la théorie de l'empreinte – de Konrad Lorenz (1903-1989), biologiste autrichien –, dès les premiers mois de la vie, on s'imprègne du premier « objet » qui nous entoure. Il s'agit le plus souvent de la mère biologique mais ce peut être une mère de substitution. Pour l'Homme, l'empreinte permet d'acquérir les racines culturelles qui permettront de faire la différence entre les siens et les autres, de s'attacher aux siens et à leurs valeurs.

Le comportement d'attachement – de John Bowlby (1907-1990), psychiatre et psychanalyste britannique – est un comportement visant à maintenir le contact entre le nouveau-né et la personne qui s'occupe de lui. Il s'agit d'un comportement inné du nouveau-né comme le sourire, l'agrippement, la succion. Il a pour fonction et pour conséquence de maintenir le lien corporel avec la mère. L'attachement permet la socialisation.

a. Le développement cognitif

Pour Jean Piaget (1896-1980), psychologue suisse, le développement cognitif de l'enfant s'effectue en quatre étapes.

1. **Stade de l'intelligence sensori-motrice**, qui concerne la période de 0 à 2 ans. Avant le langage, l'intelligence du bébé est basée sur l'action du corps faite de réussites et d'erreurs. C'est un stade expérimental, tâtonnant et non conceptuel.
2. **Stade de l'intelligence pré-opératoire**, qui concerne la période de 2 à 7 ans. C'est l'époque de la pensée symbolique où se développent l'imitation, la représentation et la réalisation d'actes fictifs. L'enfant transforme, invente. Il y a acquisition de la communication par le langage, dominé par l'égocentrisme intellectuel. L'enfant ne peut se détacher de son point de vue.
3. **Stade des opérations concrètes** : l'enfant a alors de 7 à 11 ans. Sa pensée se socialise. Il prend en compte l'avis des autres. C'est le début de la causalité. L'enfant peut classer, grouper. Il est perméable au raisonnement, s'inscrit dans une temporalité, raisonne de manière concrète en empruntant à sa propre expérience.
4. **Stade des opérations formelles** : c'est la période qui va de 11 ans à l'âge adulte. L'adolescent est adulte biologiquement et intellectuellement, mais reste un enfant affectivement. C'est le stade des opérations logiques, abstraites, du raisonnement par hypothèses et déductions.

b. Le développement perceptif

Le développement perceptif ou développement des sens se réalise dès la naissance. Les cinq sens sont fonctionnels à la naissance chez le bébé né à terme : audition, toucher, goût, olfaction, à l'exception de la vision.

- **La vision**, immature à la naissance, évolue beaucoup au cours des deux premières années. La vision binoculaire apparaît vers 4-6 mois, puis se mettent en place la coordination de la vision, la perception de la profondeur et la vision périphérique. Les nourrissons perçoivent les contrastes de couleur mais leur vision colorée évolue au cours des années pour se stabiliser vers 7 ans. Le dépistage de déficits colorés peut être réalisé à partir de 4 ou 5 ans.

Âge	Vision
Naissance à 1 mois	• Réflexe d'orientation, poursuite des objets. • Constance perceptive – grandeur et forme. • Préférence pour le visage de la mère.
1 à 2 mois	• Perception des détails, des objets. • Accommodation visuelle.
3 à 4 mois	• Vision binoculaire. • Perception des couleurs primaires. • Perception des contours et de l'unité d'objet. • Attraction pour le mouvement humain.
6 à 7 mois	Perception de la profondeur.

- **L'audition** est opérationnelle dès le sixième mois de vie fœtale. Elle est perceptible en période d'éveil. Le bébé peut localiser les sons, reconnaître la voix maternelle, préférer la voix aux musiques, discriminer la langue maternelle et reconnaître les formes sonores spécifiques.
- **Le goût et l'odorat.** Le bébé peut distinguer les quatre saveurs de base : salé, sucré, acide et amer. Il réagit avec une mimique de satisfaction ou une grimace. Le nouveau-né est capable de reconnaître l'odeur de sa mère même si elle ne l'allaite pas.
- **Le toucher.** Le nourrisson peut percevoir la douleur, la température et avoir une sensibilité tactile.

c. Le développement psychomoteur

Le développement psychomoteur répond à plusieurs fonctions : maintien et redressement du corps, tonique, transport, expressive, musculaire et développementale (activité sensori-motrice, intelligence, construction de l'espace, formation des images mentales).

Le développement des actions motrices se fait dès la naissance. En effet, l'enfant vient au monde avec des montages comportementaux appelés réflexes primaires dits « archaïques/primitifs ». **Les réflexes archaïques** sont des mouvements involontaires, automatiques et rapides en réponse à des stimulations sensorielles spécifiques.

Nom	Description	Âge d'expression
Succion	Succion provoquée par contact bouche ou lèvres.	Naissance à 4-6 mois.
Fouissement	Contact avec bouche ou joue, produit par l'orientation de la tête en direction de la stimulation.	Naissance à 4-5 mois.
Préhension ou Grasping	Préhension d'un objet après une stimulation de la face interne des doigts ou de la paume de main.	Naissance à 4 mois.
Moro	À la suite d'un bruit, les bras s'écartent du corps, la tête est rejetée vers l'arrière et les bras se rejoignent en arc de cercle.	Naissance à 4-6 mois.
Babinski	Flexion du gros orteil en cas de stimulation plantaire.	Naissance à 9-12 mois.
Natatoire	Rétention de la respiration et mouvements natatoires lorsque le bébé a la face dans l'eau.	Naissance à 4-6 mois.
Marche automatique	Déclenchement de la marche en cas de contact des pieds sur une surface plane.	Naissance à 3-4 mois.
Pré-atteinte	En vue d'un objet, la main est tendue vers lui en tentant de le saisir.	Naissance à 2-3 mois.
Marche quadripédique	Marche à 4 pattes.	5-10 mois.
Marche verticale	Marche debout avec soutien.	10-13 mois.
Propreté diurne		2 ans.
Propreté à la sieste (sans couches)		3 ans.
Propreté nocturne		4 ans.

Cet inventaire de réflexes archaïques et du développement psychomoteur est donné à titre indicatif et l'âge peut donc varier d'un nourrisson à un autre.

d. Le développement psychosocial

D'après Henri Wallon (1879-1962), psychologue français, le développement psychosocial s'appuie sur six stades.

1. **L'impulsivité motrice :** stade de 0-3 mois. Cette période est caractérisée par la faible maîtrise motrice et un désordre gestuel. L'expression de l'enfant est essentiellement liée à la satisfaction alimentaire et posturale, accompagnée de son adaptation sociale progressive.
2. **L'émotionnel :** stade de 3 mois à 1 an. C'est l'émergence de la reconnaissance de soi au travers du regard des autres. Il s'agit également de l'apparition de quatre émotions de base : la joie, le chagrin, la colère et la douleur.
3. **Sensori-moteur et projectif :** stade de 12 à 36 mois. L'enfant est influencé par son monde extérieur. Cela va favoriser l'éveil par la manipulation des objets et du corps propre, puis par l'imitation et l'appropriation du langage.

4. **Personnalisme :** stade de 3 à 6 ans. Période caractérisée par une prédominance des fonctions affectives sur l'intelligence. Vers 3 ans l'enfant tend à s'opposer à l'adulte dans une sorte de crise négativiste (période du « NON ») et à revenir sur sa personne (période du MOI).
5. **Catégoriel :** stade de 6 à 11 ans. Ici, ce sont les facultés intellectuelles qui semblent prendre le pas sur l'affectif. Pendant sa scolarité, l'enfant acquiert des capacités de mémoire volontaire et d'attention. Son intelligence accède à la formation des catégories mentales qui conduisent aux capacités d'abstraction.
6. **Puberté et adolescence :** ce stade commence vers 11 ans et se caractérise par une primauté des préoccupations affectives. L'individu est orienté vers des coutumes de vie, des lois, des valeurs, etc. Il s'interroge aussi sur la société et l'Homme.

e. Le développement sexuel

Sigmund Freud (1856-1939), psychanalyste allemand, admet que, dès tout petit, l'enfant a un développement de sa sexualité. Il met en avant le **stade du développement libidinal**.

- **Phase prégénitale :** stade oral, anal et phallique de 0 à 6 ans :
  - **stade oral** : détermine la vie sexuelle future : succion (plaisir et autoérotisme), morsure (pulsion agressive et destructrice) ;
  - **stade sadique-anal** : régit par l'autogénéité de la zone anale. Il est lié aux fonctions d'expulsion-rétention autour des matières fécales. L'élimination procure du plaisir ;
  - **stade phallique :** correspond au point culminant de la période œdipienne. Il marque l'angoisse de castration. Ce stade est lié à l'appareil génital.

Le complexe d'Œdipe est une théorie de Freud. Il atteint son apogée vers 6 ans. L'identification au parent du même sexe conduit l'enfant à renoncer consciemment à rivaliser avec celui-ci.

- **Chez le petit garçon :** Période de masturbation. Il devient amoureux de sa mère et veut la posséder. Il souhaite la disparition de son père. Le complexe d'Œdipe est résolu par le complexe de castration. À partir de là, l'enfant veut imiter son père pour devenir un homme.
- **Chez la petite fille** (aussi appelé complexe d'Électre) **:** elle prend sa mère pour objet d'amour afin de pouvoir orienter son désir vers son père. Le complexe de castration est rapide. Elle pense qu'on lui a enlevé son pénis, sa mère en serait responsable. Elle cherche à le récupérer en voulant un enfant de son père. Elle veut se mettre à la place de sa mère pour être désirée du père.

- **période de latence :** de 6 à 12 ans. Il termine le stade phallique. C'est une période durant laquelle les acquis de l'activité sexuelle sombrent dans le refoulement.
- **stade génital :** atteint après la puberté. Stade durant lequel les pulsions coopèrent pour un but sexuel nouveau. Dès lors, tendresse et sensualité apparaissent dans la vie sexuelle. Il détermine la forme définitive que prendra la vie sexuelle.

2 L'adolescent

L'adolescence peut se résumer comme une succession d'étapes entraînant des bouleversements. Cette étape fait suite à la période œdipienne et la période de latence. L'adolescence s'accompagne de nombreux changements qui peuvent parfois inquiéter les parents :

- transformations physiques ;
- transformations psychologiques et charges émotionnelles ;
- transformations sexuelles.

La capacité d'adaptation de l'adolescent est parfois mise à rude épreuve.

a. Les transformations physiques

Les transformations physiques observées durant l'adolescence résultent pour la plupart de modifications hormonales : le corps de l'adolescent se transforme pour passer de celui d'un enfant à celui d'un adulte. Cette phase est appelée la puberté. Elle débute entre 9 et 16 ans et se termine en général entre 18 et 22 ans.

La puberté intervient à un rythme différent pour chaque individu.

Ce sont les hormones sexuelles qui sont responsables des changements corporels observés. Le corps des garçons produira davantage de testostérone et celui des filles davantage d'œstrogènes. Les changements corporels observés chez les deux sexes comprennent des poussées de croissance, une transpiration plus abondante, l'apparition des problèmes d'acné, l'apparition de la pilosité pubienne et sous les bras.

Changements typiques chez les garçons ***Et du côté des filles***

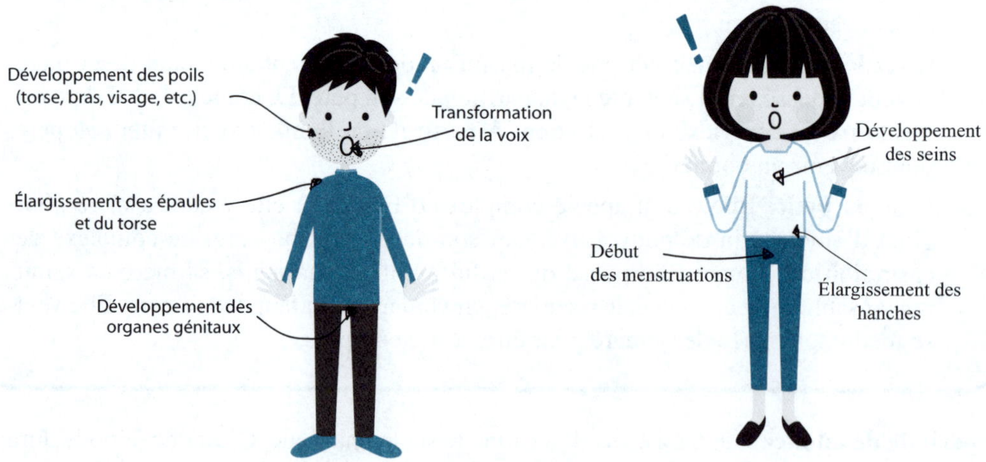

De façon générale, les débuts de la puberté commencent plus précocement chez les filles que chez les garçons.

b. Les transformations psychologiques

L'adolescence ne se caractérise pas uniquement par les changements physiques typiques de cette période. En effet, il s'agit d'un moment de la vie rempli de transformations émotionnelles et psychologiques aussi importantes que celles qui sont d'ordre physique.

Les adolescents se questionnent sur leur identité et ressentent un besoin grandissant d'indépendance. À ce niveau précis, l'adolescent est dans **une quête identitaire**. Il s'agit également d'une période de confusion où le jeune oscille entre son désir d'autonomie et celui d'être encore dépendant de ses parents (**ambivalence psychologique**).

Les amitiés prennent également une plus grande importance. De plus, la pression des pairs augmente et des changements comportementaux se produisent, créant parfois des conflits entre le jeune et ses parents. Rempli d'insouciance, se sentant invulnérable, l'adolescent recherche les nouvelles expériences et peut parfois s'exposer à des situations dangereuses ou néfastes pour son bien-être ou sa santé.

L'adolescence comporte également son lot de décisions difficiles auxquelles le jeune doit faire face, ce qui engendre toutes sortes d'émotions : scolarité, perspectives professionnelles, relations, liens sociaux, autonomie et indépendance, responsabilités, etc.

Le bouleversement que traverse tout adolescent au moment de la puberté est un passage fort en émotions, chargé de conflits parentaux où chacun doit trouver sa place. L'adolescent cherchera à évoluer, à sortir de l'enfance par une prise en responsabilité, une prise de risque, une émancipation. Tout cela n'est pas forcément en la faveur de l'autorité parentale et des règles instituées en famille. Cette période est alors appelée « **complexe du Homard** ».

Le **complexe du Homard** est une expression utilisée par Françoise Dolto (1908-1988), psychanalyste et pédiatre française, pour illustrer la période de l'adolescence. Il s'agit d'une période où le jeune veut se défaire de sa carapace d'enfant afin d'investir sa carapace d'adulte. Pendant ce temps, il reste un individu fragile, vulnérable voire agressif ou replié sur lui-même. Les repères éducatifs et familiaux impulsés par les parents sont perturbés, laissant donc la place aux tests et aux crises. C'est à ce moment-là également que le jeune se révèle tel qu'il est, en fonction de l'éducation qu'il a reçue pendant son enfance.

c. Les transformations sexuelles

L'adolescence est la période des premières expériences. Entre autres, les premières relations sexuelles ont souvent lieu pendant l'adolescence. Les changements hormonaux et physiques que vivent les adolescents les rendent davantage conscients de leur sexualité. Celle-ci joue un rôle prépondérant pendant cette période de transition et est source de nombreux questionnements.

Les jeunes ont besoin d'informations précises sur la sexualité et d'un environnement qui les soutient pour comprendre leurs propres comportements et sentiments amoureux ou sexuels. Il est important de créer un climat ouvert à la discussion pour les sujets qui concernent leur sexualité. Cependant, parler de sexualité n'est pas chose facile. Il importe donc de choisir le bon moment et la bonne stratégie afin d'aborder le sujet tout en respectant l'intimité de l'adolescent.

De plus, la société actuelle informe et médiatise davantage la sexualité. Par conséquent, l'adolescent sera dans **une quête identitaire sexuelle** où il devra découvrir, expérimenter et vivre pleinement sa sexualité : hétérosexualité, bisexualité, homosexualité. Cependant, l'adolescence est une période où le moindre écart, la moindre défaillance ou la moindre différence sera vecteur de stigmatisation, d'isolement.

Il sera donc primordial d'accompagner tout adolescent durant cette période afin qu'il puisse se développer et s'affirmer au mieux.

3 La famille

La famille occupe une très grande place au quotidien pour la plupart des individus. La famille et sa représentation est en fonction de chacun, de son éducation et des mœurs. En effet, la famille et sa structuration a beaucoup évolué au fil des années.

Traditionnellement, en Occident, la famille est composée du chef de famille (le père) qui assure l'apport financier du foyer, la mère – occupant plutôt une place d'éducation et d'entretien du logement puis des enfants – avec de préférence un garçon en aîné afin de pourvoir participer au travail du foyer et récupérer l'autorité masculine.

La société et l'évolution des états d'esprits et des mœurs ont amené à repenser autrement la famille et sa structuration :

- le droit de divorce (1792) – aujourd'hui, 46,2 divorces pour 100 mariages en France ;
- l'émancipation des femmes ;
- le concubinage et l'union libre ;
- le PACS (1999) – en 2016, 4 % des PACS ont été conclus entre personnes de même sexe. 20 000 PACS conclus lors de sa création, on en compte 196 000 en 2016 ;
- le droit au mariage pour tous (2013) ;
- l'adoption ;
- l'adoption pour tous (2013) ;
- la monoparentalité ;
- l'homoparentalité.

Les types de familles en 2011

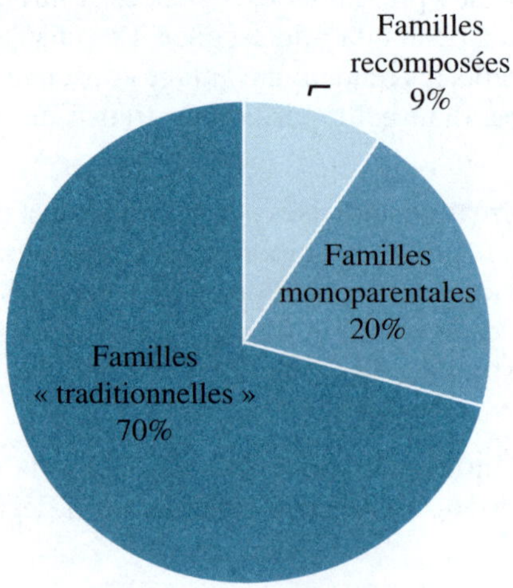

S'ajoute à cette répartition familiale la place des familles homoparentales. Encore difficile à chiffrer à ce jour, les familles homoparentales, d'après l'Insee, sont entre 24 000 et 40 000 dont 80 % sont des couples de femmes et 20 % des couples d'hommes.

La famille s'appuie sur une alliance (union entre deux personnes adultes) et sur des liens de filiation (lien de sang).

La filiation peut être :

- légitime : né de parents mariés ;
- naturelle : né de parents non mariés ;
- adoptive : adoption plénière actée par le TGI.

La famille a pour fonction :

- la reproduction ;
- la socialisation ;
- l'éducation ;
- la protection ;
- l'apprentissage ;
- la transmission.

À la base de toute famille, réside **un couple**.

La famille a longtemps été vécue comme étant basée sur une relation patriacale et sexuée où la femme reste au foyer à s'occuper des enfants et à garantir l'entretien du domicile alors que l'homme a pour fonction de faire vivre sa famille sur les plans économique, publique et culturel.

À mesure que la société et son environnement ont évolué, la famille et le rôle de chacun ont bougé. De ce fait, la parentalité et l'autorité parentale ont également évolué visant non plus l'autorité parentale paternelle uniquement mais belle et bien une coparentalité.

Le rôle du parent dans notre société actuelle est le suivant :

- **la mère :** reconnue comme le personnage central de sa famille, elle a plusieurs rôles comme l'éducation, l'orientation professionnelle et les responsabilités administratives ou encore l'indépendance financière. En situation famille monoparentale (divorce, garde d'enfants, etc.), la mère se trouve dans l'obligation de gérer tout le quotidien ;
- **le père :** il n'est plus reconnu comme le patriarche de la famille. Auparavant chef de famille, il donnait son nom à sa femme et ses enfants tout en les représentant aux yeux de la société. Désormais, la place du père est plus « précaire » car la garde des enfants, en cas de divorce ou de séparation, ne lui est que rarement déléguée.

Quoi qu'il en soit, la notion de parentalité et d'autorité parentale est présente. L'autorité parentale est même reconnue conjointe depuis la loi du 4 mars 2002 relative à l'autorité parentale.

Si l'on parle d'autorité parentale, cela pousse à se soucier de la place qu'a l'enfant dans notre société actuelle.

La place de l'enfant a beaucoup évolué au fils des années au sein de notre société. Tout d'abord vu comme étant un être inutile, sans intérêt et coûteux, l'enfant n'était pas considéré par ses parents mais était plutôt élevé par la famille élargie ou les domestiques. L'enfant était perçu comme un « tube digestif » à remplir sans conscience ni inconscience, ne pouvant éprouver ni douleur ni émotions.

De nos jours, l'enfant occupe une place entière au cœur de sa famille, notamment grâce à Françoise Dolto (1908-1988), psychanalyste française.

Elle a révolutionné la pensée la place de l'enfant. Elle précise « qu'il ne faut plus considérer l'enfant comme un être inutile et uniquement un adulte en devenir mais bien comme une personne à part entière, qu'il faut considérer ».

Pour cela, elle précise que :

- « l'enfant est un sujet à part entière » ;
- « l'enfant est un être de langage » ;
- « il ne faut pas mentir aux enfants » ;
- « le parler vrai » ;
- « l'enfant a conscience de son corps » ;
- « l'enfant a le droit de refuser » ;
- « l'adolescence et le complexe du homard » ;
- « les parents doivent continuer à vivre leur vie d'adulte ».

Ces différentes idées ont fait grand bruit tout au long de sa carrière auprès de ses confrères qui lui ont reproché de faire de l'enfant un « enfant roi ».

En résumé, nous pouvons avancer l'idée que la famille occupe une place plus ou moins importante auprès de chacun d'entre nous. Ceci dépend de la relation entre les différents membres de la famille, de l'éducation, etc.

4 La personne en situation de handicap

Le handicap est une altération, un déficit, une douleur. Il s'agit d'une « situation invalidante ». Pour autant, la personne en situation de handicap garde des possibilités, des capacités.

D'après la **loi du 11 février 2005 pour l'égalité des droits et des chances, la participation et la citoyenneté des personnes handicapées**, il faut trouver un compromis entre les désirs de la personne, de la famille, de l'environnement extérieur et de la structure.

Cette même loi donne une définition précise du handicap comme étant : « toute limitation d'activité ou restriction de participation à la vie en société subie dans son environnement par une personne en raison de l'altération substantielle, durable ou définitive d'une ou plusieurs fonctions physiques, sensorielles, mentales, cognitives ou psychiques, d'un polyhandicap ou trouble de santé invalidant ».

De son côté, l'OMS (Organisation mondiale de la santé) définit le handicap sous trois composantes :

- **déficience :** perte ou altération d'un appareil ou d'une fonction (physiologique ou psychologique) gênant l'activité normale de l'organisme ;
- **incapacité :** elle est la conséquence d'une déficience. Elle correspond à la limitation (qualitative et quantitative) dans l'accomplissement de certaines activités et l'interaction avec l'environnement ;

- **désavantage :** il est la limitation ou l'interdiction d'accomplir un rôle social normal en raison d'une déficience ou d'une incapacité.

Déficience ⟶ Incapacité ⟶ Désavantage

Il n'existe pas un handicap mais plusieurs handicaps :

- **le handicap moteur :** recouvre les troubles qui portent atteinte à la capacité du corps ou d'une partie du corps à se mouvoir, réduisant l'autonomie de la personne ;
- **le handicap sensoriel :** il résulte de l'atteinte d'un ou plusieurs sens. On parle plus généralement de déficience visuelle et de déficience auditive ;
- **le handicap mental :** implique une déficience au niveau du développement intellectuel – en comparaison avec le développement intellectuel « normal ». Il s'agit d'un développement insuffisant des capacités mentales impactant l'apprentissage « normal » et la relation à autrui ;
- **la maladie mentale :** représente une maladie de la pensée ou de la personnalité dont les symptômes sont notamment une profonde souffrance psychique et des troubles comportementaux, rendant l'intégration sociale difficile ;
- **le handicap psychique :** est considéré comme étant la résultante d'une maladie mentale ;
- **le handicap cognitif :** représente l'altération des capacités cognitives de l'individu – perception, attention, mémorisation, langage, représentation temporo-spatiale, etc. ;
- **le polyhandicap :** association d'un handicap moteur et d'un handicap mental ;
- **le plurihandicap :** association de plusieurs handicaps moteurs ou de plusieurs handicaps mentaux ;
- **le surhandicap :** association de plusieurs handicaps avec d'importants troubles de la personnalité ;
- **le handicap social :** difficultés de communication et de compréhension des codes sociaux qui entravent les capacités d'insertion dans la société.

Le handicap peut avoir trois origines :

- **génétique :** la plupart des maladies d'origine génétique sont rares mais elles constituent une cause importante de handicap. On parle de **handicap inné**. Par exemple : la trisomie 21 ;
- **accidentelle :** acquisition d'un handicap par accident. On parle de **handicap acquis**. La plupart des victimes sont des accidentés de la route. D'après l'Insee, « 12 % de l'ensemble des handicaps signalés sont causés par un accident ». Les accidents de travail sont également responsables d'une multitude d'handicaps variés. Selon l'Insee « Le travail est rendu responsable d'un problème de santé sur cinq » ;
- **maladie chronique :** 1 handicap sur 5 est lié au vieillissement. (par exemple la polyarthrite rhumatoïde, touchant 1 % de la population, et pouvant entraîner un handicap moteur sévère, gênant tous les gestes de la vie quotidienne).

Quel que soit le handicap, sa nature et ses manifestations, cela entraîne beaucoup de difficultés pour la personne concernée et son entourage. Ces conséquences peuvent être d'origine physique, psychologique, citoyenne, sociale, etc. La personne en situation de handicap pourra se voir confrontée aux difficultés suivantes :

- choix au quotidien ;
- gestes dans les actes du quotidien ;

- insertion scolaire, professionnelle et sociale ;
- vie amicale, familiale et sexuelle.

Pour accompagner au quotidien les individus en situation de handicap, l'État a mis en place un cadre législatif :

- la loi du 30 juin 1975 portant une orientation en faveur des personnes handicapées ;
- la loi du 2 janvier 2002 qui rénove l'action sociale et médico-sociale ;
- la loi du 11 février 2005 pour l'égalité des droits et des chances, la participation et la citoyenneté des personnes handicapées.

La loi du 11 février 2005 pour l'égalité des droits et des chances, la participation et la citoyenneté des personnes handicapées apporte une définition précise du handicap et participe à l'inclusion des personnes en situation de handicap. Pour cela, elle met en avant six points importants :

- l'augmentation des ressources : AAH (allocation aux adultes handicapés) et AEEH (allocation d'éducation de l'enfant handicapé) ;
- le droit à compensation ;
- l'accessibilité aux ERP (Établissement recevant du public) ;
- l'accessibilité à l'école ;
- l'accessibilité à l'emploi ;
- l'accessibilité à la culture.

Cette loi instaure également la MDPH (maison départementale des personnes handicapées) qui est un guichet ouvert permettant l'accueil, l'orientation et l'aide des personnes en situation de handicap et de leur famille. La MDPH est appelée MDA (maison départementale de l'autonomie) dans certains départements.

Les personnes en situation de handicap ainsi que leur famille peuvent aussi compter sur la présence d'associations qui militent pour leur reconnaissance et leur inclusion, à savoir l'APEI et l'APF.

- L'APEI (Association de parents d'enfants inadaptés), est la première fédération d'associations françaises de représentation et de défense des intérêts des personnes handicapées mentales et de leurs familles. Reconnue d'utilité publique, grande cause nationale en 1990, en 1995 et en 2003, l'Unapei (Union nationale des associations de parents, de personnes handicapées mentales, et de leurs amis) est un mouvement de proximité qui rassemble 550 associations, 71 470 bénévoles, 55 000 familles, 90 000 professionnels et 3 117 établissements et services médico-sociaux qui accompagnement 180 000 personnes handicapées
- L'APF (association des paralysés de France), association nationale de défense et de représentation des personnes en situation de handicap moteur ou de polyhandicap et de leur famille militant pour l'accessibilité, a été créée en 1933. Elle est dotée d'un projet unique d'intérêt général « Pour une société inclusive ! ». Elle rassemble 26 000 adhérents, 30 000 usagers, 25 000 bénévoles et 13 500 salariés.

Entraînements

Cochez la ou les bonne(s) réponse(s).

1. L'APT peut travailler auprès :

❒ **a.** des enfants.
❒ **b.** des personnes en situation de handicap.
❒ **c.** des parents.

2. D'après l'OMS, le handicap se construit comme :

❒ **a.** déficience, incapacité, désavantage.
❒ **b.** incapacité, déficience, désavantage.
❒ **c.** déficience, désavantage, incapacité.

3. Le complexe d'Œdipe s'exprime vers :

❒ **a.** 3 ans. ❒ **b.** 6 ans. ❒ **c.** 9 ans.

4. La puberté arrive vers :

❒ **a.** 8 ans. ❒ **b.** 10 ans. ❒ **c.** 12 ans.

5. Qu'est-ce que l'AEEH ?

❒ **a.** Aide à l'Embauche pour Enfant Handicapé.
❒ **b.** Allocation d'Éducation pour Enfant Handicapé.
❒ **c.** Allocation pour l'Enfant et l'Évolution du Handicap.

6. Le PACS a été créé en :

❒ **a.** 1989. ❒ **b.** 1999. ❒ **c.** 2009.

7. La filiation peut-être :

❒ **a.** simple. ❒ **b.** adoptive. ❒ **c.** légitime.

8. Le handicap peut être d'origine :

❒ **a.** génétique. ❒ **b.** pathologique. ❒ **c.** traumatique.

9. Le polyhandicap est :

❒ **a.** l'association de deux handicaps physiques.
❒ **b.** l'association d'un handicap mental et d'un handicap moteur.
❒ **c.** l'association d'une maladie mentale et d'un handicap social.

10. Le divorce a été autorisé en :

❒ **a.** 1700. ❒ **b.** 1792. ❒ **c.** 1850.

Corrigés

1. a., b., c. **3.** b. **5.** b. **7.** b., c. **9.** b.
2. a. **4.** a. **6.** b. **8.** a., b., c. **10.** b.

Les savoirs indispensables

Les pathologies et les troubles

1 Les addictions

L'Institut nord-américain de lutte contre l'abus des drogues définit l'addiction comme étant une affection cérébrale chronique, récidivante, caractérisée par la recherche et l'usage compulsifs de drogue, malgré la connaissance de ses conséquences nocives.

D'après le ministère des Solidarités et de la Santé, « l'addiction se caractérise par l'impossibilité répétée de contrôler un comportement et la poursuite de ce comportement en dépit de la connaissance de ses conséquences négatives ».

Plus généralement, une addiction peut se définir par une **dépendance** à une substance, un produit ou une activité engendrant de graves conséquences sur la vie quotidienne de l'individu concerné.

Parmi les addictions, nous retrouvons :

- la drogue (cannabis, cocaïne, opiacés, etc.) ;
- l'alcool ;
- le tabac ;
- le jeu ;
- l'argent ;
- la nourriture ;
- le sexe.

Aussi, pour classer un comportement comme étant une addiction, l'association américaine de psychiatrie a défini onze critères :

1. besoin impérieux et irrépressible de consommer la substance, de pratiquer une activité ou de jouer ;
2. perte de contrôle sur la quantité et le temps dédié à la prise de substance, à une activité ou au jeu ;
3. beaucoup de temps consacré à la recherche de substances, à l'activité, ou au jeu ;
4. augmentation de la tolérance au produit addictif ;
5. présence d'un syndrome de sevrage, c'est-à-dire de l'ensemble des symptômes provoqués par l'arrêt brutal de la consommation ou du jeu ;
6. incapacité de remplir des obligations importantes ;
7. usage même lorsqu'il y a un risque physique ;
8. problèmes personnels ou sociaux ;
9. désir ou efforts persistants pour diminuer les doses ou l'activité ;
10. activités réduites au profit de la consommation ou du jeu ;
11. poursuite de la consommation malgré les dégâts physiques ou psychologiques.

Dès lors que deux à trois critères sont identifiés, on parle d'addiction faible. Si quatre à cinq critères, d'addiction modérée puis, dans le cas de six critères ou plus, il s'agit d'addiction sévère.

Les addictions sont la conséquence d'une vulnérabilité génétique mais également d'une perturbation du système de régulation du plaisir et de la souffrance chez l'individu. Aussi, l'apparition d'un fort traumatisme émotionnel et psychologique pourrait expliquer ce comportement et ce dérèglement biologique.

Les addictions ont des conséquences directes et potentiellement mortelles sur l'individu. Elles peuvent engendrer :

- des pathologies respiratoires ;
- des pathologies cardiaques ;
- des cancers ;
- des troubles de la mémoire ;
- des troubles de la vigilance ;
- une perturbation du sommeil ;
- des insuffisances rénales ;
- de la violence et de l'agressivité ;
- des hallucinations ;
- un isolement social et familial ;
- des dettes.

À ce jour, la prise en charge des addictions est pluriprofessionnelle et se réalise par des traitements médicaux et médicamenteux, psychologiques et sociaux. Mais aussi par des thérapies comportementale et cognitive ainsi qu'un travail de motivation et de prévention de rechutes.

2 Les troubles du spectre autistique

À ce jour, l'autisme n'est plus identifié en tant que tel mais plutôt comme TSA (trouble du spectre de l'autisme) ou encore comme TED (trouble envahissant du développement). La notion de spectre renvoie à une échelle de sévérité des troubles de l'autisme allant de l'autisme sévère/profond au syndrome d'Asperger.

L'autisme est une pathologie d'étiologie (= étude des causes et des facteurs d'une maladie) inconnue et il n'existe, à ce jour, aucune cause avérée de l'autisme. Les scientifiques et la médecine parlent plutôt de causes à caractère multifactoriel :

- hypothèses génétiques ;
- hypothèses neuro-développementales ;
- hypothèses psychodynamiques (relations entre réponses et stimuli).

Toutefois, l'autisme peut se définir comme un trouble neuro-développemental, débutant avant l'âge de 3 ans. L'autisme entraîne des perturbations sur les trois domaines suivants, appelés « triade autistique » :

- interaction sociale ;
- communication verbale et non-verbale ;
- comportements restreints et répétitifs.

Les TSA peuvent varier dans l'intensité des troubles mais également dans leurs expressions d'un individu à un autre. Toutefois, l'autisme peut être considéré comme « léger », de « haut niveau » ou encore comme syndrome d'Asperger. Dans ces situations, les capacités intellectuelles sont préservées et le langage est présent. L'individu garde une relative autonomie.

Sinon, l'autisme peut aussi être « sévère ». Par-là, un retard mental, une absence de langage et une dépendance au quotidien seront présents pour l'individu.

Actuellement, les TSA peuvent se classer sous quatre catégories :

- autisme infantile ;
- TED sans précision ;
- autisme atypique ;
- syndrome d'Asperger.

Cette classification dépend de la sévérite des symptômes, de l'âge d'apparition, de l'évolution, des troubles associés puis des capacités cognitives.

L'autisme va entraîner des troubles :

- **cognitifs :** difficultés à conceptualiser, déficit des fonctions exécutives, sur-fonctionnement perceptif ;
- **communicationnels :** difficultés de compréhension, mutisme, écholalie (répétitions de mots), difficultés de gestion des émotions ;
- **sociaux :** difficultés de socialisation, difficultés à maintenir des échanges sociaux, à comprendre et percevoir les règles sociales ;
- **sensoriels :** troubles auditifs, utilisation d'un seul canal sensoriel à la fois.

La pathologie va aussi entraîner de l'anxiété, des difficultés d'adaptation, un retard moteur, des épilepsies, une aggressivité envers lui-même ou les autres, des troubles alimentaires ou encore des troubles du sommeil.

3 Les pathologies liées à la petite enfance

Dès lors qu'un professionnel de la petite enfance, et notamment l'auxiliaire de puériculture, s'occupe d'enfants et surtout d'enfants en bas âge, il se doit de connaître les pathologies liées à ce public. Ces pathologies sont nommées « pathologies infantiles ».

Les pathologies infantiles sont des maladies contractées durant l'enfance et elles sont pour la plupart d'entre elles plutôt bénignes et se soignent naturellement ou bien avec quelques médicaments. Néanmoins, d'autres peuvent être plus graves et engendrer de graves complications chez les tout-petits et les enfants fragilisés.

Ces pathologies, contractées pendant l'enfance, assurent logiquement une immunité à vie. C'est donc pour cette raison qu'il est très rare de développer ces pathologies à l'âge adulte. Si tel est le cas, les conséquences peuvent être plus graves chez les adolescents et les adultes. Elles peuvent entraîner des risques de malformations du fœtus chez une femme enceinte ou encore la stérilité chez l'homme.

Parmi les maladies infantiles, les plus connues sont :

- la varicelle ;
- la rubéole ; } ROR
- les oreillons ; } ROR
- la rougeole ; } ROR
- la roséole ;
- la scarlatine ;
- l'impétigo ;

Quelques pathologies infantiles détaillées

Nom	Origine	Symptômes	Contagion	Transmission	Traitements
Varicelle	Pathologie virale Virus VZV appartenant à la famille des herpès	Fièvre, rougeurs, démangeaisons, éruptions cutanées Complications : Surinfection cutanée, Complications pulmonaires et neurologiques	Vers 5-6 ans Période d'incubation de 10 à 21 jours Transmission 1 à 2 jours avant l'éruption cutanée et 3 à 4 jours après	Par contact direct avec le liquide des vésicules, Par sécrétions respiratoires (éternuements, tous, salive), Intra utérin	Traitements médicamenteux, Hygiène corporelle, Vaccin
Rougeole	Pathologie virale	Fièvre, écoulement nasal, conjonctivite, toux, fatigue, tache blanche dans la bouche,	5 jours avant et 5 jours après l'apparition des symptômes	Par sécrétions respiratoires (éternuements, tous, salive)	Hygiène corporelle, Repos, Vaccin (ROR)
Oreillon	Pathologie virale	Fièvre, Gonflement des glandes parotides, Fatigue, Maux de tête, Difficulté à parler et à manger	21 jours d'incubation, Transmission 3 à 6 jours avant et 10 jours après	Par sécrétions respiratoires (éternuements, tous, salive)	Hygiène corporelle, Repos, Vaccin (ROR)
Rubéole	Pathologie virale	Fièvre, Maux de tête, Malaise, Maux de gorge, Conjonctivite, Taches roses sur le corps	14 à 21 jours d'incubation, 1 semaine avant les premiers symptômes et quelques jours après	Par sécrétions respiratoires (éternuements, tous, salive), Intra utérin	Hygiène corporelle, Repos, Vaccin (ROR)
Roséole	Pathologie virale, Virus appartenant à la famille des herpès	Fièvre, Éruption cutanée, Troubles digestifs, Pharyngite	Vers 1 an, 5 à 15 jours d'incubation, Contagion entre 3 à 5 jours dès la période fiévreuse	Par sécrétions respiratoires (éternuements, tous, salive)	Hydratation, Traitement contre la fièvre, Repos

Pour repères, le calendrier vaccinal d'après le site [mesvaccins.net].

4 Les pathologies liées au handicap

Pouvant être moteur, mental ou encore psychique, le handicap et ses différentes formes sont vastes. Il serait donc difficile d'en établir une liste exhaustive. Certains handicaps sont cependant couramment rencontrés par les auxiliaires de puériculture.

a. Les handicaps moteurs

Paraplégie et tétraplégie

En France, on dénombre environ 25 000 à 30 000 cas de paralysie dont 1 500 nouveaux par an.

La paraplégie et la tétraplégie sont tous deux des handicaps acquis, survenus lors d'accidents tels que des AVP (accidents de la voie publique). Ces handicaps vont engendrer pour le porteur une rééducation. Cette dernière va lui permettre, dans un délai plus ou moins long (6 à 18 mois selon le niveau de lésion médullaire), d'acquérir une autonomie adaptée à son handicap et une reprise de sa vie.

La paralysie et la tétraplégie sont engendrées par lésion médullaire, une lésion de la moelle épinière, due à l'environnement de vie de l'individu, à un moment donné, ou un accident de la vie.

La moelle épinière, partie intégrante du système nerveux, est le fil conducteur de l'influx nerveux. Elle est située dans la colonne vertébrale. Elle est le prolongement du cerveau et a deux fonctions principales :

- conduire les informations descendantes (en provenance) et ascendantes (en direction) du cerveau ;
- traiter l'information sensorielle qui permet le déclenchement des réflexes.

En fonction du niveau de lésion, différents organes seront touchés. Plus l'atteinte est haute, plus les conséquences physiques et physiologiques sont importantes. La transmission de l'influx nerveux ne pouvant plus se réaliser à cause de la lésion, l'usager perdra les fonctions en conséquence.

La **paralysie** se caractérise par une lésion médullaire au niveau des vertèbres lombaires ou dorsales.

La **tétraplégie** se caractérise, elle, par une lésion au niveau des vertèbres cervicales.

La paraplégie et la tétraplégie engendrent différents troubles :

- troubles moteurs : réduction de la motricité, syndrome du membre mort, perte des réflexes ;
- troubles ou absences sensitifs : variation selon l'importance de la lésion ou de la sensibilité à l'anesthésie ;
- troubles sphinctériens ;
- troubles neuro-végétatifs : céphalée, hyperthermie, hypothermie ;
- hyperesthésie : douleur et mécanisme réactif non contrôlé ;
- troubles ou absences de la sphère génito-sexuelle ;
- troubles respiratoire : perturbation de la fonction musculaire ;
- troubles de la thermorégulation.

Schéma de la colonne vertébrale

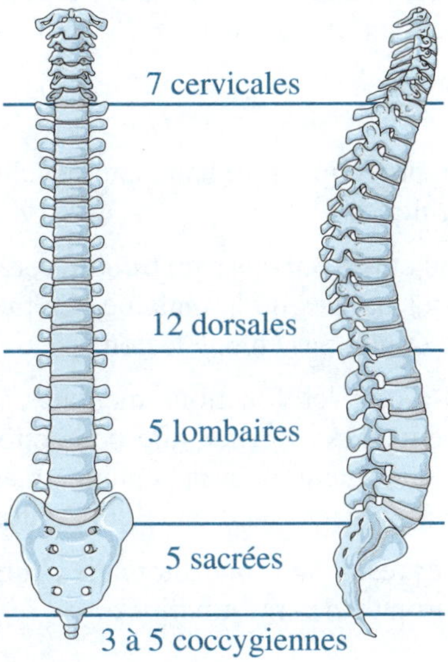

Schéma de la moelle épinière et des lésions médulaires

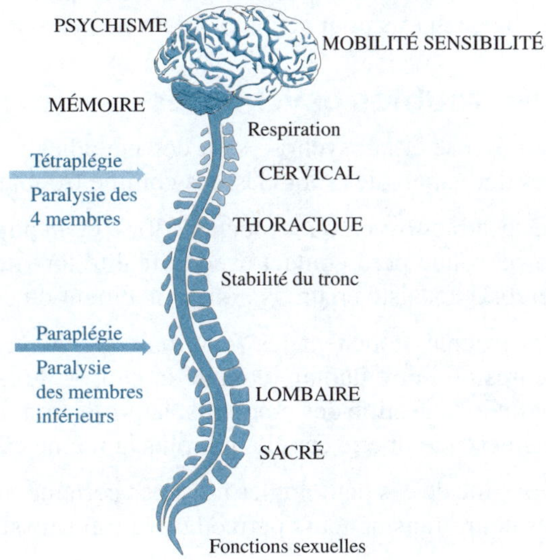

IMC (infirmité motrice cérébrale)

L'IMC est une lésion fixe qui n'évolue pas dans le temps, localisée au niveau cérébral qui se crée en période périnatale (période autour de la naissance). La lésion cérébrale est engendrée par une ischémie ou une hémorragie résultant d'un trouble de la circulation sanguine.

Le plus souvent, l'IMC peut être consécutive à une naissance prématurée (avant 8 mois de grossesse). Elle peut être également due à une infection, une méningite en post-natal ou encore à une souffrance du bébé durant l'accouchement.

Les signes de l'IMC sont les suivants :

- paralysie ;
- affection cognitive (retard mental) ;
- troubles de la vue ;
- spasticité (raideur musculaire) ;
- difficulté à la représentation temporo-spatiale ;
- troubles moteurs ;
- difficulté à compter, en mathématiques et en calcul ;
- difficulté de représentations (images mentales) ;
- hypersensibilité : sensibilité aux perturbations, affects, habiletés émotionnelles ;
- immaturité affective ;
- troubles du langage ;
- difficulté de déglutition ;
- épilepsie.

Les troubles engendrés par la lésion sont fixes, donc non évolutifs. En revanche, l'usager peut perdre certaines facultés au cours de sa vie. Par conséquent, une aide dans les actes de la vie quotidienne, certaines formes d'apprentissage ainsi que du matériel adapté pourront être nécessaires pour accompagner une personne présentant ce handicap.

b. Les troubles psychiques

La névrose et la psychose sont des maladies mentales provoquant un handicap psychique. Ces deux maladies sont classées comme troubles psychiques.

Les troubles psychiques touchent 30 % de la population et ils sont dus à un trouble cérébral. La personne perd contact avec la réalité lors des phases actives de la maladie. Ce trouble cérébral consiste en un dysfonctionnement du cerveau et non pas en une lésion.

Ces troubles touchent les fonctions cognitives, c'est-à-dire les fonctions mentales supérieures de l'être humain comme la pensée, le raisonnement, le jugement, la perception, la logique, la gestion des émotions, la projection, etc. Ils entraînent, pour la personne malade, une perte de liberté car elle n'a plus la même capacité à s'adapter au monde qui l'entoure.

L'origine de ces pathologies n'est pas certaine mais elles résultent d'une anomalie chimique des neurotransmetteurs permettant la transmission neuronale des informations.

La névrose

Les symptômes de la névrose sont l'expression d'un conflit psychique trouvant ses racines dans l'histoire de la vie du sujet. Elle se construit lors de la non-résolution du complexe d'Œdipe. Plusieurs symptômes sont présents :

- une angoisse de castration et la peur de perdre quelque chose ;
- le refoulement comme mécanisme de défense : c'est la fonction de rejeter et maintenir hors de la conscience ;
- l'individu garde le principe de réalité.

Le névrosé va éviter l'angoisse par la somatisation ou par des rites obsessionnels. Il va aussi pouvoir développer d'autres troubles : troubles alimentaires, dépression, etc. La personne a conscience de ses troubles.

La névrose représente une famille de pathologies dans laquelle, on peut retrouver :

- la névrose obsessionnelle : idées obsédantes surgissant toujours de façon inopinée et qui parasitent la vie psychique ;
- la phobie : notion de peur intense liée à une situation, à une personne ou à un objet que le sujet cherche à éviter.

La psychose

La psychose se construit souvent avant les 3 ans de l'individu. Le sujet perd toute familiarité avec le réel. La personne est terrorisée par la réalité et lutte contre des angoisses de morcellement qui le poussent à sa propre réalité. Cette réalité est appelée « néo-réalité ». C'est la création de sa propre théorie de réalité pouvant le conduire aux délires.

La psychose est une pathologie grave qui entrave l'adaptation à la vie quotidienne, altère le rapport à la réalité, perturbe le sentiment d'identité et génère de l'angoisse.

La psychose est, comme la névrose, une famille de pathologie dans laquelle on retrouve :

- la schizophrénie : c'est la dislocation de la vie psychique de l'individu ;
- la bipolarité ou psychose maniaco-dépressive : perturbation cyclique de l'humeur de l'individu entre alternance d'épisodes dépressifs et d'excitation ;
- la paranoïa : délire systématisé, construit sans dissociation psychique avec des pensées cohérentes ;
- la BDA (bouffée délirante aiguë) : émergence soudaine et transitoire d'idées délirantes avec beaucoup d'hallucinations, d'automatismes mentaux et de variations d'humeur rapides.

c. Les handicaps sensoriels

Lorsque l'on évoque le handicap sensoriel, on parle plus généralement de cécité visuelle et de cécité auditive.

La cécité visuelle

La cécité visuelle est un trouble de la vision. Elle se caractérise par une déficience visuelle et donc une baisse de l'acuité visuelle. La cécité visuelle varie de la malvoyance à la cécité absolue.

L'OMS (Organisation mondiale de la santé) définit la cécité visuelle comme suit :

	Champ visuel	Acuité visuelle
Malvoyance	Inférieur à 20°.	De 3/10 à 1/20.
Cécité	Entre 10° et 5°.	De 1/20 à la perception lumineuse.

Le champ visuel d'un œil est l'ensemble de tous les points de l'espace vus par cet œil alors qu'il regarde un point droit devant lui (sans bouger l'œil ou la tête). Le champ binoculaire est la capacité à voir avec les deux yeux permettant un champ visuel de 180 .

L'acuité visuelle est la capacité de discernement des informations apportées au cerveau par la vue et détermine la qualité de la vue. Une acuité normale est de 10/10e.

La déficience visuelle touche majoritairement les plus de 50 ans avec une certaine prévalence chez les femmes et dans les milieux défavorisés. Aussi, on compte 1 700 000 déficients visuels, 70 000 non-voyants et 250 000 malvoyants en France.

La cécité auditive

Tout comme la cécité visuelle, la cécité auditive correspond à une déficience auditive et donc une baisse de l'acuité auditive de l'individu. En cas de cécité auditive, on parle plus généralement de surdité. Celle-ci varie de légère à profonde et irréversible.

La surdité se définit sous 3 stades :

1er stade	Surdité légère.	Le sujet ne se rend pas compte de sa perte auditive car les fréquences de la parole sont peu touchées.
2e stade	Surdité moyenne.	Les fréquences aiguës de la conversation sont touchées, le sujet devient « dur d'oreille » et ne comprend plus distinctement ce qui se dit.
3e stade	Surdité profonde et irréversible.	Le sujet n'entend plus, ou très peu, ce qui se dit.

Au-delà de la surdité, un individu peut être sujet à une fatigue auditive. Cette fatigue auditive peut être engendrée par une exposition plus ou moins longue à un son. Le cas échéant, la personne pourra développer des acouphènes (sifflements et bourdonnements dans l'oreille) ou une hypoacousie (dysfonctionnement de l'audition qui occasionne une hyper fragilité de l'ouïe).

5 Handicap et petite enfance

Source : rapport 5 juillet 2018 « Accueillir et scolariser les enfants en situation de handicap de la naissance à 6 ans et accompagner leur famille ».

a. Contexte

Un droit fondamental

L'accueil des enfants en situation de handicap ou atteint de maladie chronique est spécifié comme une mission des structures d'accueil petite enfance depuis le décret d'août 2000. Depuis, la loi du 11 février 2005 pour l'égalité des droits et des chances, la participation et la citoyenneté des personnes handicapées est venue réaffirmer ce droit fondamental.

En 2017, suite à une demande du ministre des Solidarités et de la Santé et du secrétaire d'État chargé des personnes handicapées, un rapport a été remis en 2018 au Haut Conseil de la famille, l'enfance et l'âge (HCFEA). Ce rapport a été ensuite adopté par consensus le 5 juillet 2018 par le Conseil de l'enfance *: « Accueillir et scolariser les enfants en situation de handicap de la naissance à 6 ans et accompagner leur famille* ».

Il présente 42 propositions rassemblées autour de 6 grands axes prioritaires :

1. avant trois ans, ouvrir davantage les modes d'accueil individuels et collectifs aux enfants en situation de handicap ;
2. compléter et améliorer la scolarisation en école maternelle ;
3. faciliter la vie des familles dans leur rapport aux services petite enfance et handicap sur le chemin d'un éventuel diagnostic ;
4. développer l'appui aux professionnels et le travail en réseau au service des enfants ;
5. prendre en considération et améliorer la vie des fratries ;
6. aider les parents, soutenir leur parentalité et leur faciliter l'articulation avec le travail.

Important

Le droit à l'éducation dans un lieu éducatif complémentaire à celui de la famille pour tous les enfants est l'un des fondements mêmes d'une politique d'inclusion qui fait place à toute la diversité des familles en situation de handicap, de précarité, ainsi que les familles monoparentales, homoparentales.

La socialisation précoce

Ce rapport souligne l'importance d'une socialisation précoce des enfants en situation de handicap, bénéfique pour tous les enfants et leurs parents. Il affirme le processus d'égalisation des chances dès la prime enfance en démontrant que le rapport de familiarité et non d'étrangéité constitue le socle d'une société inclusive.

Un certain nombre de dispositions réglementaires concernant l'accueil des enfants de moins de 6 ans ont un caractère incitatif en direction des organismes gestionnaires. Le décret n° 2010-613 du 7 juin 2010 précise : « Les établissements et les services d'accueil non permanent d'enfants […] concourent à l'intégration des enfants présentant un handicap ou atteints d'une maladie chronique qu'ils accueillent. » Le décret n° 2010-613 du 7 juin 2010 fait notamment référence au projet d'accueil individualisé (PAI).

Cependant, contrairement à l'obligation scolaire, l'obligation d'accueil des enfants en situation de handicap ne s'impose pas aux gestionnaires. Pour autant, trois principes sont opposables : la non-discrimination, l'égalité de traitement devant le service public, l'accessibilité des lieux recevant du public.

L'accueil des enfants en situation de handicap dans les établissements d'accueil du jeune enfant (EAJE) constitue une priorité de la nouvelle Convention d'objectifs et de gestion (COG) de la branche Famille de la Sécurité sociale 2018-2022, signée mi-juillet avec l'État. Réuni le 2 octobre 2018, le conseil d'administration de la Caisse nationale des allocations familiales (CNAF) a ainsi adopté les modalités de mise en œuvre d'un dispositif national de prévention.

À noter

À compter du 1er janvier 2019, la CNAF accordera des bonus « inclusion handicap » aux établissements d'accueil du jeune enfant développant des projets d'accueil spécifique.

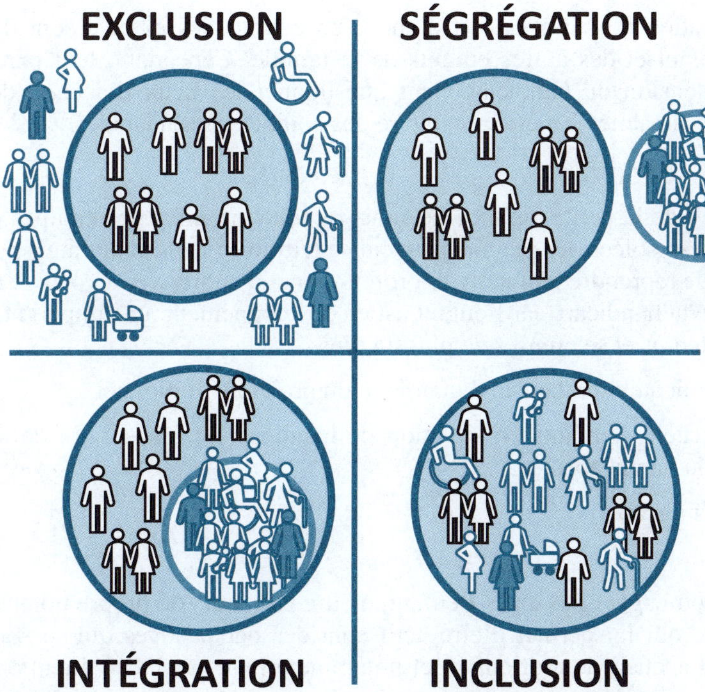

b. Un accueil au plus près des besoins des enfants et des familles

Un enfant, des enfants, une famille, des familles

Les premières années de la vie façonnent les sphères de la santé, des apprentissages, du développement du potentiel et du bien-être de tous les enfants. D'où l'importance de soutenir les compétences de chaque enfant quelles que soient ses caractéristiques et dans tous les lieux de vie qu'il fréquente. L'enfant en situation de handicap, s'il a des besoins particuliers, est avant tout un enfant comme les autres qui se construit dans sa singularité et qui éprouve les mêmes émotions : joie, plaisir, peur, tristesse, colère, désir de plaire, satisfaction devant le succès.

En pratique

Quels sont les enfants de la naissance à 6 ans concernés ? Qu'est-ce que le handicap à cet âge ? Que signifie « être en situation de handicap » pour un jeune enfant ?

La question du handicap en petite enfance oscille entre la nécessité des repérages précoces des difficultés et la prudence à poser très précocement des diagnostics. D'une part, le jeune enfant est un être en développement, dont les capacités et les besoins sont par définition évolutifs. D'autre part, selon les cas, les troubles peuvent être avérés dès la période périnatale ou se déclarer et être repérés bien plus tard.

Un enfant en situation de handicap est d'abord un enfant. Ses parents sont d'abord des parents, de cet enfant et des autres enfants de la famille. Cependant, leur parentalité est éprouvée. La dimension du handicap vient questionner les lieux d'accueil de la petite enfance dans leurs capacités à mettre en œuvre des compétences adaptées.

Conditions d'accueil

Les lieux d'accueil de la petite enfance ne sont pas toujours prêts, les équipes peuvent se sentir mal préparées, isolées, les parents peuvent se retrouver seuls et démunis pour trouver une solution afin de reprendre leur activité professionnelle ou trouver un peu de répit. Il y a aussi l'incertitude du handicap, car l'enfant est en développement, un simple retard peut se renforcer dans le temps et se creuser de plus en plus.

D'autres écueils sont à éviter dans la dynamique du projet institutionnel :

- penser que l'accueil d'enfants en situation de handicap est une affaire de spécialistes (« spécialistes du handicap ») ;
- ne voir que le handicap ;
- nier le handicap.

Au quotidien, accompagner pas à pas l'enfant, mettre en relief son propre potentiel et trouver et favoriser ce qui lui permet d'être actif sont des perspectives qui se sont révélées fructueuses pour l'accueil de tout enfant et notamment pour orienter l'attention donnée à un enfant.

En pratique

Qu'en est-il de cette réalité au quotidien pour les professionnels, les enfants et les familles : Comment réagir au regard des autres parents ? Comment maintenir une qualité d'accueil satisfaisante pour l'enfant lui-même et pour les autres enfants ? Comment favoriser sa rencontre avec les autres ? De quel soutien les professionnels ont-ils besoin ? Quel partenariat avec ses parents ?

Un enjeu : travailler avec l'altérité

Quelle que soit la nature du handicap, la confrontation à la différence est au cœur des résistances et des évitements. Il convient de réfléchir sur les conditions nécessaires afin que cet accueil soit bénéfique pour l'enfant en situation de handicap et/ou avec des besoins spécifiques, et qu'il soit une expérience professionnelle riche pour l'enfant, sa famille, les professionnels.

La notion de besoins éducatifs particuliers porte attention non plus au manque par rapport à une norme de développement mais aux différences d'apprentissage quelles que soient les causes possibles : déficiences, maladie, milieu social.

Remarque

Le rapport 2015 du Défenseur des droits avait déjà donné l'alerte en signalant que la proportion d'enfants en situation de handicap parmi les enfants pris en charge par les services de la protection de l'enfance est sept fois plus importante que dans la population générale. L'enjeu de prévention précoce des souffrances familiales, et d'une inclusion précoce avec un accompagnement des familles dès la petite enfance prend ici tout son sens.

L'enjeu est l'évolution du questionnement : ce n'est plus le temps de se poser la question de « Pourquoi accueillir… ? » mais celle de « Comment accueillir… ? ».

La prise en compte des situations de handicap nécessite d'engager une réflexion et de permettre l'acquisition de compétences pour accueillir les jeunes enfants et leurs familles dans les meilleures conditions possibles en tenant compte de : l'accessibilité, des pratiques, des relations avec les autres enfants et parents, des partenariats envisagés.

c. Un réseau au service des enfants

« L'intégration d'un enfant handicapé ne peut être l'affaire d'une personne, c'est obligatoirement la tâche d'une équipe. »

S. Korff-Sausse, 1999.

Parcours de parents

De la naissance à l'annonce d'un diagnostic, les familles sont confrontées à un parcours sinueux. Parfois ce sont les parents qui s'inquiètent en premier et qui manquent d'appui pour être accompagnés y compris dans leurs besoins d'accéder à des services de droit commun de la petite enfance, d'autres fois ce sont les professionnels de la petite enfance (personnel des modes d'accueil, pédiatre, médecin…) qui vont sensibiliser les parents. Au fil de ce parcours, les parents rencontreront des acteurs différents.

Principaux partenaires

L'ensemble des protections maternelles infantiles (PMI) disposent des compétences nécessaires pour accompagner les familles dès l'annonce du handicap de leur enfant. Cet accompagnement peut s'organiser par des visites au domicile, des temps d'échange et d'écoute, la rencontre de la famille avec des professionnels, la recherche de structures d'accueil ou une aide aux démarches administratives. Certaines PMI ont développé des actions « Petite enfance et handicap »

Les centres d'action médico-sociale précoce (CAMSP) sont des établissements médico-sociaux en charge d'intervenir dans les problématiques de handicap auprès des enfants de 0 à 6 ans, en visant prévention, dépistage, prise en charge. En 2018, 343 CAMSP étaient présents sur le territoire, répartis en 13 délégations régionales.

La Caisse d'allocations familiales (CAF) a vocation à accompagner l'ensemble des familles ayant des enfants par une offre de service combinant le versement de prestations, l'accompagnement social des familles vulnérables et le financement de services pour l'ensemble des familles. Les interventions de la CAF visent à favoriser la conciliation de la vie familiale, professionnelle et sociale.

Les acteurs de l'accueil de l'enfant en situation de handicap

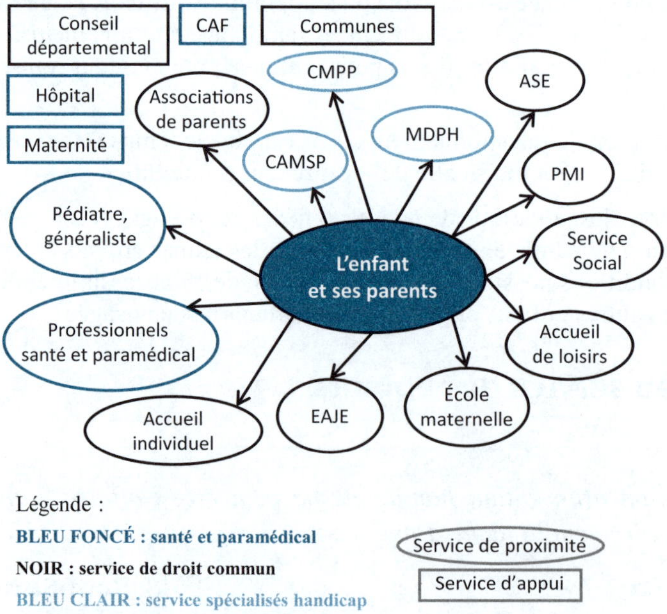

Légende :

BLEU FONCÉ : santé et paramédical

NOIR : service de droit commun

BLEU CLAIR : service spécialisés handicap

Glossaire :

ASE : Aide Sociale à l'Enfance

MDPH : Maison Départementale des Personnes Handicapées

CMPP : Centre Médico Psycho-Pédagogique

Schéma issu du rapport HCFEA.

d. Accompagner des transformations de regards sur le handicap

Formations

Afin que les professionnels se sentent en capacité d'accueillir des jeunes enfants en situation de handicap et le soient réellement, les formations spécifiques liées à l'approche de la diversité constituent un dispositif incontournable pour mobiliser :

- un travail autour des représentations de chacun vis-à-vis du handicap afin de comprendre ce qui génère les freins suscités par l'accueil d'enfants en situation de handicap ;
- les ressources et les outils à mobiliser pour tendre vers l'élaboration de propositions innovantes.

À retenir

L'observation du jeune enfant est l'un des outils de base du professionnel de l'accueil du jeune enfant, qui permet un accueil personnalisé de tous les enfants et de la relation avec les familles. Les enfants présentant des difficultés plus marquées en bénéficient donc.

Des pratiques professionnelles évolutives

La dimension du handicap dans la petite enfance nécessite de clarifier et contextualiser des objectifs au sein des projets éducatifs :

- développer une approche spécifique : prendre en compte les besoins particuliers des enfants tout en répondant aux autres besoins et droits de tout enfant ou tout parent ;
- reconnaître les parents comme les partenaires incontournables en vue de construire une qualité d'accueil pour tous les enfants et leurs familles ;
- s'appuyer sur une pédagogie diversifiée par une individualisation ajustée associée à une inclusion positive dans le collectif ;
- reconnaître le travail des professionnels de la petite enfance et mobiliser les ressources supplémentaires (personnes, matériel, temps) ;
- soutenir le quotidien des structures en mobilisant les partenariats sur les territoires.

Témoignages

« Lorsque j'ai vu mon enfant avec d'autres enfants enfin admis en crèche, pour la première fois, j'ai eu le sentiment d'être reconnu comme parent d'un enfant et non pas uniquement d'un enfant handicapé. Pour la première fois, moi-même, je l'ai vu comme un enfant, et non pas comme un enfant handicapé. Il faisait partie de la société. La société l'acceptait, la société m'acceptait. C'était comme un rite de passage. »

« Accueillir des enfants en situation de handicap nous a obligé à requestionner nos pratiques, notre fonctionnement, notre manière d'appréhender chaque enfant, de s'adapter à ce qu'il est. Nous avons beaucoup plus individualisé, inventé parfois des solutions inédites. Finalement tous les enfants ont gagné car nous avons beaucoup travaillé sur la qualité et nous sommes devenus bien plus créatifs. »

Extrait d'un document ACCEPP.

Entraînements

Cochez la ou les bonne(s) réponse(s).

1. Qu'est-ce que la paraplégie ?

❐ **a.** Une pathologie infantile.

❐ **b.** Une addiction.

❐ **c.** Un handicap moteur.

2. ROR signifie :

❐ **a.** Rougeole Oreillon Roséole.

❐ **b.** Rubéole Oreillon Roséole.

❐ **c.** Rougeole Oreillon Rubéole.

3. TSA est :

❐ **a.** un Trouble de Santé Auditive.

❐ **b.** un Trouble du Spectre Autistique.

❐ **c.** un Trouble de la Santé dû à l'Air.

4. Qu'est-ce que la cécité auditive ?

❐ **a.** La difficulté à entendre.

❐ **b.** La difficulté à s'exprimer.

❐ **c.** La difficulté à voir.

5. L'addiction peut être liée :

❐ **a.** à l'alcool.

❐ **b.** à la drogue.

❐ **c.** aux jeux.

6. Les oreillons provoquent :

❐ **a.** des douleurs aux oreilles.

❐ **b.** des troubles de la déglutition.

❐ **c.** des taches blanches dans la bouche.

7. L'addiction est :

❐ **a.** une pathologie.

❐ **b.** une dépendance.

❐ **c.** un choix.

8. La tétraplégie est :

❐ **a.** un handicap moteur.

❐ **b.** la perte de la motricité des bras.

❐ **c.** la perte de l'usage des 4 membres.

Corrigés

1. c.
2. c.
3. b.
4. a.
5. a., b., c.
6. a., b.
7. a., b.
8. c.

Connaissances

5 Les valeurs de l'auxiliaire de puériculture

1 L'éthique et la déontologie

Il est impératif que l'auxiliaire de puériculture respecte des valeurs morales dans l'exercice de son métier : cela implique donc un positionnement éthique et déontologique.

Les points importants à respecter sont :

- les droits fondamentaux de la personne aidée ;
- ses biens et son intimité ;
- sa culture, sa religion, ses choix de vie ;
- ses choix éducatifs.

Pour cela, l'auxiliaire de puériculture pourra s'appuyer sur deux notions fortes : l'éthique et la déontologie.

a. L'éthique

Le mot éthique vient du grec *ethikos* qui signifie « ce qui se rapporte aux mœurs de quelqu'un ». Il trouve sa racine également dans le latin *ethos* qui renvoie à « l'ensemble des habitudes et des caractères communs d'un groupe issu d'un même peuple ».

D'après la définition du dictionnaire Larousse, l'éthique est une « partie de la philosophie qui envisage les fondements de la morale ». Elle se définit également comme étant un « ensemble des principes moraux qui sont à la base de la conduite de quelqu'un ».

La notion d'éthique renvoie donc à une conscience morale que tout individu construit, porte et partage. L'éthique s'étaye par l'éducation, les représentations et les normes mais aussi par les limites, les valeurs et la personnalité de chacun. L'éthique, qui peut être personnelle comme sociétale, se bâtit par notre environnement.

Il s'agit de valeurs et de sentiments qu'une personne va porter à titre individuel mais aussi collectif. En effet, l'éthique et nos valeurs notamment sont influencées de près ou de loin par la société, la vie en communauté et ses règles, ses lois.

Concrètement, l'éthique peut se résumer à ce que tout individu peut penser, faire, réaliser en fonction de qui il est, de ses valeurs et d'une situation. L'éthique doit être parfois nuancée face à une situation spécifique. Néanmoins, la base éthique de tout invididu n'en reste pas moins présente.

L'éthique, c'est aussi admettre ce que l'individu ne peut pas faire ou ne veut pas faire par acceptation de ses limites personnelles mais aussi par respects des limites imposées par la société, la bienséance ou encore la bonne conduite, les lois et les règles.

Pour illustrer la notion d'éthique, voici quelques exemples.

Éthiquement, il est admis en société que :

- il est interdit de tuer, de violenter un individu ;
- il est possible de mentir pour le bien-être de quelqu'un (présence du Père Noël, passage de la petite souris, etc.) mais pas pour duper, tricher, usurper ;

- il est interdit de voler ;
- il est bon de partager ;
- tout individu se doit de connaître les règles de politesse et les appliquer (bonjour, merci, au-revoir, etc.) ;
- on se doit de respecter autrui dans son intimité, de respecter son corps.

Au-delà de l'éthique personnelle ou sociétale, il existe aussi **l'éthique professionnelle**. L'éthique professionnelle renvoie aux règles et aux valeurs dégagées par une entreprise, une structure, un service. Cette éthique est propre à un règlement et à un fonctionnement. Elle peut compléter l'éthique personnelle comme elle peut aller à son encontre. L'éthique professionnelle peut ne pas totalement correspondre aux valeurs portées et prônées par un individu. Le cas échéant, les valeurs de ce dernier pourront être amenées à évoluer ou si cela est trop difficile, l'individu pourra faire le choix de quitter son emploi. Dans ce cadre, cela amène l'individu mais aussi le salarié à se questionner sur ses propres valeurs et sa propre personne. On parle alors de **métamorale**. La métamorale étant le fait de se questionner sur sa propre morale, sur ses propres valeurs.

Par ailleurs, l'éthique peut aussi venir « bousculer » la morale et les mœurs de la population française à travers des recherches et des avancées médicales notamment. On parle alors de la **bioéthique**.

La bioéthique fait donc référence à l'étude des problèmes éthiques et moraux par l'avancée de la recherche de la médecine, de la biologie, de la génétique et de leur mise en application dans le respect de la dignité humaine.

La bioéthique questionne et interpelle régulièrement la société française (Gouvernement, citoyens, médecins, psychologues, sociologues, etc.) car elle vient réveiller et révéler des notions éthiques propres à l'être humain et à sa dignité. Elle vient en effet perturber les représentations de chacune et chacun sur ce qu'est l'humanité, ses droits et ses limites. Elle questionne le fait de pouvoir venir médicalement et génétiquement modifier « l'ordre des choses », la nature de la vie humaine et sa réalisation. On entend par là de pouvoir :

- légaliser ou non l'euthanasie car cela renvoie à pouvoir « donner la mort quand un individu le souhaite » et les dérives que cela peut engendrer ;
- autoriser ou non la GPA (gestation pour autrui) avec la peur d'une commercialisation du corps de la femme ;
- permettre ou non le clonage humain ;
- laisser ou non la possibilité de la sélection génétique chez l'embryon ;
- etc.

La bioéthique touche de très près à des sujets épineux et sensibles qui ne manque pas de faire réagir la population française, d'où des réflexions longues et sérieuses bordées par des décrets et des lois afin de garantir au maximum une bienveillance et une dignité de l'espèce humaine.

b. La déontologie

La déontologie vient du grec *deon, deontos* qui fait référence à ce qu'il faut faire.

Le dictionnaire Larousse définit la déontologie comme étant « l'ensemble des règles et des devoirs qui régissent une profession, la conduite de ceux qui l'exercent, les rapports entre ceux-ci et leurs clients et le public ».

La déontologie est très souvent associée à l'éthique. Ils peuvent par ailleurs être synonymes tout en ayant quelques différences. En effet, l'éthique renvoie davantage aux valeurs personnelles et à la morale alors que la déontologie, elle, fait plutôt référence aux bonnes conduites relatives à une profession.

Le plus ancien code déontologique est celui dont les médecins prêtaient serment, à savoir le serment d'Hippocrate qui date du ive siècle avant Jésus-Christ. Il existe également d'autres codes déontologiques inhérents à certaines professions comme le code déontologique des psychologues ou encore celui des assistants de services sociaux par exemple.

La déontologie fait donc référence aux bonnes conduites, aux règles d'un secteur d'activité et plus particulièrmenet d'une profession. Dès lors, les professionnels concernés par le code déontologique de leur profession devront y répondre et s'y référer avant de mener à bien leurs missions. L'auxiliaire de puériculture peut se référer à un certain nombre de documents pour accompagner au mieux les personnes accompagnées dont il a la responsabilité à travers la réalisation de ses missions.

La déontologie est aussi régie par le Gouvernement à travers des décrets et des lois qui viennent clarifier le secteur professionnel concerné, les possibilités et les limites des professionnels y travaillant. En effet, des outils sont mis en place par les pouvoirs publics afin de renforcer et de réaffirmer les droits et les devoirs des salariés des secteurs social, médico-social et sanitaire mais aussi et surtout ceux des personnes accompagnées.

Pour cela, la **loi du 4 mars 2002** a instauré un code déontologique pour les professionnels de santé : « elle s'applique à tous les établissements et les professionnels de santé quel que soit leur mode d'exercice ». Une liste précise des professionnels concernés est inscrite dans la loi.

Le Gouvernement a également mis en place des chartes que tout professionnel de l'accompagnement se doit de respecter. Une charte est comme un guide des bonnes conduites à respecter auprès des personnes accompagnées. Ces documents permettent à tout professionnel de connaître les droits et libertés des publics accueillis et donc de les accompagner dans le respect des points nommés. Il en existe plusieurs : la charte de la personne âgée dépendante, la charte de la personne accueillie, la charte de l'enfant hospitalisé, la charte européenne ou encore la charte du patient hospitalisé en psychiatrie.

L'éthique et la déontologie sont donc des notions fortes et très présentes dans le quotidien de tout un chacun que ce soit à titre individuel, collectif ou professionnel. Aussi, tout professionnel de l'accompagnement et de la santé et donc notamment l'auxiliaire de puériculture se doit de réfléchir à son positionnement éthique et bioéthique tout en se référant et s'appuyant sur sa déontologie.

2 La bientraitance et la maltraitance

Loin d'être nouvelles dans les secteurs de l'aide à la personne et de l'accompagnement, les notions de bientraitance et de maltraitance sont encore aujourd'hui très actuelles. Relayées par les médias aussi bien à la télévision que dans la presse écrite, la maltraitance est plutôt répandue et interpelle les professionnels mais aussi les personnes accompagnées, leurs familles et plus généralement, la société.

a. La maltraitance

Les facteurs

Sans en dresser une liste exhaustive, il est tout de même possible de proposer un certain nombre de facteurs pouvant favoriser la maltraitance :

- la fatigue psychologique et physique des professionnels, le burn-out ;
- les conditions de travail et le manque de moyens ;
- le manque de reconnaissance, la lassitude professionnelle ;
- l'agressivité de certaines personnes accompagnées, engendrée par les pathologies ;
- le manque de formation de certains professionnels ;
- le manque d'analyse et de remise en question…

Qu'est-ce que la maltraitance ?

Définition

Selon l'OMS (Organisation mondiale de la santé), la MALTRAITANCE est un acte unique ou répété, ou une absence d'intervention appropriée, dans le cadre d'une relation censée être une relation de confiance, qui entraîne des blessures ou une détresse morale pour la personne qui en est victime.

Selon le dictionnaire Larousse, la maltraitance correspond à de mauvais traitements envers une catégorie de personnes : enfants, personnes âgées, personnes en situation de handicap, etc.

La maltraitance peut prendre six formes différentes :

- **violence physique :** il s'agit de porter des coups (taper, frapper, cracher, gifler, etc.) à une personne ou de ne pas répondre à la satisfaction de ses besoins physiologiques ;
- **violence verbale :** c'est agresser et porter violence verbalement à une personne par des insultes, des injures ;
- **violence psychologique ou morale :** elle correspond à l'abus d'autorité, à l'infantilisation et au non-respect de l'intimité ;
- **violence médicale ou médicamenteuse :** représente le manque de soins et/ou d'explications données lors des soins. Elle correspond également à la pose d'une contention sans prescription médicale ;
- **violence matérielle et financière :** c'est le vol de matériel, d'argent et/ou la déterioration de biens ;
- **violence sexuelle :** ce n'est pas uniquement le viol, c'est aussi porter atteinte à l'intimité, au sexe et à la sexualité d'un individu (gestes obscènes et déplacés, mots vulgaires, obligation de rapports sexuels, etc.).

Il existe deux types de négligences :

- **négligence active :** c'est la prise de risque lors de la réalisation de soins et d'accompagnement, la privation, la nuisibilité. La négligence active est volontaire ;
- **négligence passive :** elle correspond à l'ignorance, à la négligence de faire, etc. : privation de loi, privation d'exercices des droits civique, conflit d'intérêt. La néglicence passive, elle, n'est pas volontaire.

Il est à noter que toutes ces formes de maltraitance peuvent être retrouvées aussi bien en institution qu'au domicile des personnes accompagnées. Qu'elle soit réalisée dans l'un ou l'autre de ces deux lieux, la maltraitance peut être provoquée par les professionnels de l'accompagnement (soignants, travailleurs, sociaux, etc.) mais aussi par les proches de la personne accompagnée, à savoir les parents, les enfants, la famille ou encore les amis et les voisins.

La maltraitance institutionnelle

La maltraitance peut provenir des professionnels ou des proches mais pas seulement : elle peut également être institutionnelle.

La maltraitance institutionnelle est une maltraitance qui se retrouve au sein des structures sanitaires, sociales et médico-sociales et notamment sur les centres hospitaliers ou encore les EHPAD. Cette maltraitance n'est pas volontaire de la part des professionnels car elle résulte d'actes réalisés par rapidité ou par erreurs. Ces actes sont eux-mêmes le fruit d'une intense charge de travail et d'un manque de moyens tant humains que matériels. Ici, il s'agit donc de situations entraînant les professionnels vers la maltraitance.

Définition

Stanislaw Tomkiewicz, psychiatre, définit, dans son ouvrage « L'enfant maltraité », la **MALTRAITANCE INSTITUTIONNELLE** comme « une violence commise par des personnes ayant autorité sur des personnes particulièrement vulnérables. Il s'agit de toute action commise dans ou par une institution, ou toute absence d'action, qui cause à l'enfant une souffrance physique ou psychologique inutile et/ou qui entrave son évolution ultérieure ».

La maltraitance faite aux enfants

L'auxiliaire de puériculture, à travers ses missions et ses fonctions, pourra être à même d'accompagner des enfants et des adolescents victimes de maltraitance familiale.

Définition

L'OMS définit la **MALTRAITANCE FAITE AUX ENFANTS** comme suit : « L'abus ou la maltraitance à enfant consiste dans toutes les formes de mauvais traitement physique, émotionnel ou sexuel, la négligence ou le traitement négligent, ou les formes d'exploitation, dont commerciales, résultant en une atteinte effective ou potentielle à la santé de l'enfant, à sa survie, à son développement ou sa dignité dans le contexte d'une relation de responsabilité, confiance ou pouvoir. »

Il est donc intéressant à souligner que la maltraitance faite aux enfants peut se retrouver dans tous les lieux de vie de l'enfant concerné, à savoir son domicile bien sûr mais également son école, son quartier, son club de sport ou de loisirs, etc.

De plus, elle peut être réalisée par différents acteurs comme des membres de la famille et les proches (parents, grands-parents, fratrie mais aussi oncles, tantes, cousins et cousines, voisins), des professionnels (enseignants, entraîneurs, etc.), ou encore d'autres enfants (camarades de classe, les relations à travers les réseaux sociaux).

La maltraitance des enfants peut revêtir plusieurs formes et notamment la violence physique, la violence psychologique et la violence sexuelle. En termes de statistiques :

- 14 % des Français déclarent avoir été victimes de maltraitance ;
- 45 % des Français suspectent au moins un cas de maltraitance dans leur environnement immédiat ;
- chaque jour, 2 enfants décèdent victimes de maltraitance (source : Inserm 2010) ;

- 2 millions de Français, soit 3 % de la population, déclarent avoir été victimes d'inceste (enquête Ipsos pour l'Association internationale des victimes de l'inceste, AIVI) ;
- 86,8 % des maltraitances sont intrafamiliales (source : ONED 2006).

La maltraitance des enfants est punie par la loi et engendre chez les victimes de graves conséquences physiques et mentales, entraînant parfois la mort de l'individu. Elle peut également être responsable de conséquences lourdes sur le développement de l'enfant comme des retards dans ses apprentissages, un manque d'estime de soi, une carence affective ou encore des troubles du caractère et du comportement notamment.

Dans le cadre de maltraitance avérée sur enfants, l'auxiliaire de puériculture se doit d'en avertir les autorités compétentes à travers un signalement. Cet acte peut se réaliser auprès de la gendarmerie, des services de la protection de l'enfance du département, du numéro de téléphone 119, du procureur de la République. En cas de non-signalement, la personne s'expose à une peine de 3 ans d'emprisonnement et de 45 000 € d'amende.

b. La bientraitance

La bientraitance est le fait de pouvoir laisser à l'usager, à la personne accompagnée, la possibilité de se positionner quant à un choix, un acte, une pensée et ce malgré sa dépendance, sa pathologie ou son handicap mais aussi quel que soit son âge et ses capacités. C'est également pouvoir le laisser demander, décider, et être acteur de sa vie et de son quotidien. La bientraitance renvoie également au fait de laisser se révéler l'autonomie de la personne accompagnée aussi infime soit-elle.

La bientraitance correspond aussi au respect des droits et libertés des personnes. C'est respecter l'individu tel qu'il est tant dans son intimité, sa dignité, sa vie privée mais aussi dans son intégrité, sa sécurité et son humanité.

Pour l'auxiliaire de puériculture, la bientraitance est à porter au quotidien.

Les mots clefs de la bientraitance

- respect ;
- dignité ;
- accueil ;
- accompagnement ;
- bienveillance ;
- entraide ;
- écoute ;
- participation ;
- liberté ;
- valeurs ;
- confiance ;
- etc.

De plus, pour qu'un professionnel soit bien traitant, il lui faudra :

- avoir conscience de son rôle, de ses possibilités, de ses limites ;
- avoir connaissance et pratiquer les gestes adaptés à la situation de la personne accompagnée ;
- se référer à la déontologie ;
- respecter la dignité, l'autonomie, les souhaits et les capacités de la personne accompagnée ;
- porter une réflexion sur sa pratique, celle de son équipe et de sa structure en y apportant un sens ;
- savoir se remettre en question ;
- faire preuve d'empathie.

Il est important de souligner que la limite entre la bientraitance et la maltraitance peut être fine et délicate. Il s'agit donc d'une veille de chaque instant de la part de l'auxiliaire de puériculture, afin d'accompagner au mieux les personnes fragilisées dans le cadre de ses fonctions de travailleur social.

3 L'accompagnement

La notion d'accompagnement est aujourd'hui utilisée très régulièrement dans tous les secteurs d'activités. Parfois, le sens propre du terme se perd. Qu'est-ce que l'accompagnement pour l'auxiliaire de puériculture ?

Le terme « accompagnement » trouve sa racine dans le latin et signifie *ad* (mouvement) et *cum panis* (avec pain) : celui qui mange le pain avec.

Présent dans le langage du travail social depuis les années 1990, la notion d'accompagnement a cependant toujours existée mais sous d'autres termes. On parlait plutôt d'assistance, d'aide ou de protection ou encore de prise en charge puis de prise en soin. Désormais, le terme accompagnement est reconnu et pleinement mobilisé.

Le terme « accompagnement » a tout d'abord été utilisé par le secteur sanitaire qui accompagne le patient, le malade à travers ses soins et ce jusqu'à sa fin de vie. Puis, ce terme est mobilisé par le secteur de l'enseignement et les sciences de l'éducation. On parle alors d'accompagnement pédagogique ou, à défaut, de tutorat, de soutien.

L'accompagnement peut se définir comme étant la possibilité de laisser l'autre évoluer à travers ses choix, son positionnement, son affirmation de soi tout en le respectant dans son intégrité. C'est aussi l'aider dans son processus d'autonomisation et de prise de responsabilités. Il ne s'agit pas de « faire à la place de » ni de contraindre mais bel et bien « d'aider à faire ».

Accompagner, c'est aussi croire aux capacités et aux possibilités de la personne accompagnée sans trop idéaliser ni restreindre. Il s'agit aussi de connaître le potentiel et les limites de la personne afin de ne pas la mettre dans une situation inconfortable ou en échec.

Accompagner, c'est également travailler conjointement vers la réalisation d'un acte, d'une tâche, d'un projet et permettant à l'un et à l'autre de s'exprimer et de réaliser. C'est pouvoir respecter et se respecter tout en usant d'empathie, de bienveillance et de respect.

L'accompagnement peut s'appuyer sur différents axes :

- l'aide aux gestes de la vie quotidienne (soins d'hygiène, repas, entretien du logement, etc.) ;
- l'aide aux apprentissages ;
- l'aide à l'inclusion (inclusion par le travail, inclusion scolaire, inclusion en société) ;
- l'aide aux formalités administratives ;
- l'aide à la réalisation de projets (projet d'accompagnement personnalisé, projet personnalisé de scolarité, etc.).

La notion d'accompagnement fait directement référence à une mission et une fonction de l'auxiliaire de puériculture. Elle implique :

- une présence et une proximité à la personne accompagnée ;
- une participation de la personne accompagnée ;

- une individualisation en fonction des situations et des capacités de chacun ;
- une durée car l'accompagnement ne peut être définitif.

La notion d'accompagnement est essentielle aux fonctions et au rôle d'un professionnel exerçant dans le champ du travail social car il permet d'apporter une écoute, une aide et un soutien aux personnes fragilisées, en difficultés et ce en fonction de qui elles sont.

4 La discrétion et le secret professionnel

Pour assurer un accompagnement digne envers les personnes accompagnées, des informations quant à l'état de santé doivent transiter. Cependant, cela ne veut pas dire que toutes les informations doivent obligatoirement être transmises et surtout pas à n'importe qui.

En France, la teneur et la transmission d'informations quant à l'état de santé des patients sont encadrées par la loi. Il s'agit du secret professionnel. Au-delà du secret professionnel, il existe également le secret médical partagé et la discrétion professionnelle.

a. La discrétion professionnelle

L'obligation de discrétion professionnelle protège plus particulièrement l'ordre interne à l'institution en interdisant la révélation de toute information indiscrète par les salariés. Il s'agit de l'interdiction de révéler des éléments sur le fonctionnement et l'organisation de l'établissement (du service) dans lequel le professionnel exerce. Cela correspond tant aux documents administratifs qu'aux faits et éléments détenus dans le cadre de ses missions et de sa fonction.

Selon l'article 26 de la loi du 13 juillet 1983 inscrite au Code pénal :

- la discrétion professionnelle est de règle pour tous les faits, informations et documents dont les salariés ont connaissance dans le cadre de leur fonction ;
- l'indiscrétion professionnelle est une faute disciplinaire susceptible d'entraîner une sanction disciplinaire ;
- l'obligation de réserve professionnelle concerne l'opinion personnelle que peut avoir un employé sur l'établissement qui l'emploie et sur ses collègues de travail et le fait qu'il manifeste ouvertement cette opinion dans le cadre de son travail : cette opinion pouvant porter atteinte à l'image de marque de l'établissement.

Toutefois, l'interdiction de révéler de telles informations peut être levée en cas de demande expresse de la part de l'autorité hiérarchique.

b. Le secret professionnel

Le secret professionnel date du serment d'Hippocrate soit au ive siècle avant Jésus-Christ.

L'article 226 du Code pénal précise que « le secret professionnel est l'interdiction faite à celui qui y est soumis de divulguer les informations dont il a été dépositaire ».

Le secret professionnel est donc une obligation à laquelle est soumis le professionnel, et non un droit ou une « protection » dont il pourrait user à son initiative ou dans son intérêt. Le secret ne peut être levé que dans des conditions restrictives et précises prévues par un texte de loi.

Les textes qui régissent le secret médical sont les suivants :

- **la loi du 4 mars 2002 : article L. 1110-4 du Code de la santé publique :** « Toute personne prise en charge par un professionnel, un établissement, un réseau de santé ou tout autre organisme participant à la prévention et aux soins a droit au respect de sa vie privée et du secret des informations la concernant » ;
- **la charte du patient hospitalisé, article 9 :** le respect de la vie privée est garanti à toute personne ainsi que la confidentialité des informations personnelles, administratives, médicales et sociales qui la concernent ;
- **le Code de déontologie médicale, article 4, alinéa 1 :** « Le secret professionnel, institué dans l'intérêt des malades, s'impose à tout médecin dans les conditions établies par la loi » ;
- **le Code de la santé publique, article 72, alinéa 1 : «** Le médecin doit veiller à ce que les personnes qui l'assistent dans son exercice soient instruites de leurs obligations en matière de secret professionnel et s'y conforment » ;
- **le Code de la santé publique, article 73, alinéa 1 :** « Le médecin doit protéger contre toute indiscrétion les documents médicaux concernant les personnes qu'il a soignées ou examinées, quels que soient le contenu et le support de ces documents » ;
- **le Code pénal, article 226-13 :** « La révélation d'une information à caractère secret par une personne qui en est dépositaire soit par son état ou sa profession, soit en raison d'une fonction ou d'une mission temporaire, est punie d'un an d'emprisonnement et de 150 000 € d'amende ».

Être soumis au secret professionnel confère à chaque travailleur social de grandes responsabilités :

- morale (engagement envers la personne) ;
- déontologique (engagement envers la personne et sa profession) ;
- professionnelle (passible de sanctions disciplinaires) ;
- civile (passible de dommages et intérêts) ;
- pénale (passible d'amende et emprisonnement : 1 an de prison et 15 000 € d'amende).

Le secret professionnel ne s'impose pas à tout le monde ni à toutes les professions. Selon l'article 226-13 du Code pénal, les personnes sont soumises au secret professionnel quand elles sont dépositaires d'une information, soit par état ou par profession, soit en raison d'une fonction ou d'une mission temporaire. Sont soumises au secret professionnel :

- les professions dites d'État ;
- les professions rattachées au ministre du culte : évêques, prêtres, pasteurs, rabbins, imams ;
- les catégories de profession : assistant de service social, infirmier, médecin, sage-femme, pharmacien, avocat, policier et gendarme ;
- des catégories par mission ou fonction. Il s'agit de professionnels dont les missions amènent à recueillir des informations confidentielles. Les professionnels qui exercent dans le cadre des missions ou fonctions suivantes sont « astreints au secret professionnel par mission » :
  - mission d'aide sociale à l'enfance (ASE) ;
  - mission protection maternelle et infantile (PMI) ;
  - mission revenu de solidarité active (RSA) ;

Les savoirs indispensables

– services pénitentiaires de probation ;
– centres d'hébergement et de réinsertion sociale (CHRS) ;
– services de soin (hôpital, centre d'addictologie, etc.) ;
– enquêtes et instructions judiciaires ;
– Service national d'accueil téléphonique pour l'enfance en danger (SNATED) ;
– protection judiciaire de la jeunesse (PJJ) ;
– médiateurs et délégués du procureur ;
– membres des CCAS et CIAS ;
– personnels de l'assurance maladie.

La loi impose des sanctions pour toute divulgation non autorisée d'informations détenues dans le cadre de l'exercice de ses fonctions.

Toutefois, dans certaines situations et sous certaines conditions, le secret professionnel peut être levé. Ceci peut être effectif dans les situations suivantes :

- de l'information des autorités judiciaires, médicales ou administratives de sévices ou de privations dont il a eu connaissance et qui ont été infligés à un mineur de quinze ans ou moins ou à une personne qui n'est pas en mesure de se protéger en raison de son âge ou de son état physique ou psychique ;
- du médecin qui, avec l'accord de la victime, porte à la connaissance du procureur de la République des sévices qu'il a constatés et qui lui permettent de présumer que des violences sexuelles ont été commises.

Les dérogations au secret sont prévues par l'article 226-14 du Code pénal. La loi impose (révélation obligatoire) ou autorise (révélation facultative) la levée du secret si un intérêt primordial de la société a paru l'emporter sur la nécessité du secret, les hypothèses sont toutefois limitées.

La divulgation imposée par la loi répond à plusieurs objectifs dont protéger la santé publique ou préserver l'intérêt du patient.

Pour les révélations facultatives, le praticien a une certaine liberté pour révéler ou non l'information. Aussi, pour assurer sa propre défense devant les tribunaux, le médecin peut déroger au secret médical. Mais la divulgation doit être limitée à ce qui est strictement nécessaire à sa défense.

c. Le secret médical partagé

La loi du 4 mars 2002, relative aux droits des malades et à la qualité du système de santé précise que « ce secret couvre l'ensemble des informations concernant la personne venues à la connaissance du professionnel de santé, de tout membre du personnel de ces établissements ou organismes et de toute autre personne en relation, de par ses activités, avec ces établissements ou organismes ».

Le secret médical porte sur les faits parvenus à la connaissance du médecin et les personnes qui l'assistent dans l'exercice de leur profession (secret médical partagé). En dehors de ce cadre professionnel, ils sont également tenus à une certaine discrétion. En principe, le secret médical est absolu. Il existe toutefois de nombreuses dérogations

Le secret médical concerne donc tous les professionnels de santé : personnel soignant, personnel non médical qui assiste le médecin dans l'exercice de sa fonction.

Il peut être partagé par une équipe, pour assurer la continuité des soins sous conditions de non opposition de la personne.

Entraînements

Cochez la ou les bonne(s) réponse(s).

1. Accompagner, c'est :

❒ **a.** faire à la place.
❒ **b.** faire avec.
❒ **c.** laisser faire.

2. La violence peut être :

❒ **a.** physique.
❒ **b.** morale.
❒ **c.** intime.

3. Le secret professionnel est :

❒ **a.** obligatoire pour tous professionnels de santé.
❒ **b.** passible de peine de prison en cas de non-respect.
❒ **c.** l'interdiction de révéler des informations confidentielles sur ses collègues.

4. La déontologie correspond :

❒ **a.** à une charte.
❒ **b.** à un positionnement et des conduites professionnelles.
❒ **c.** aux obligations personnelles.

5. La bientraitance, c'est :

❒ **a.** respecter, écouter, accompagner.
❒ **b.** respecter, accueillir, laisser participer.
❒ **c.** respecter, entraider, laisser la liberté.

6. La maltraitance peut se décliner en négligence :

❒ **a.** active.
❒ **b.** inactive.
❒ **c.** passive.

7. L'éthique fait référence :

❒ **a.** aux mœurs.
❒ **b.** aux obligations professionnelles.
❒ **c.** à notre individualité.

Les savoirs indispensables

Corrigés

1. b. c.
2. a., b.
3. b.
4. b.
5. a., b., c.
6. c.
7. a., c.

6 Connaissances
La société et ses actualités

1 L'État français

a. Composition

La France ou État français est juridiquement reconnu comme étant une personne morale et non une personne physique. Il est la représentation du peuple français.

Au 1er janvier 2018, la France compte 67,2 millions d'habitants avec une croissance de 0,33 % sur une année soit une augmentation de 233 000 personnes malgré une natalité en légère baisse.

L'espérance de vie d'une française est à ce jour de 85,3 ans contre 79,5 pour les hommes.

L'État français est actuellement composé de 18 régions : 13 régions métropolitaines et 5 DROM (départements et régions d'outre-mer). Il est également composé de 101 départements dont 96 départements répartis sur la France métropolitaine et 5 DROM.

Carte des régions

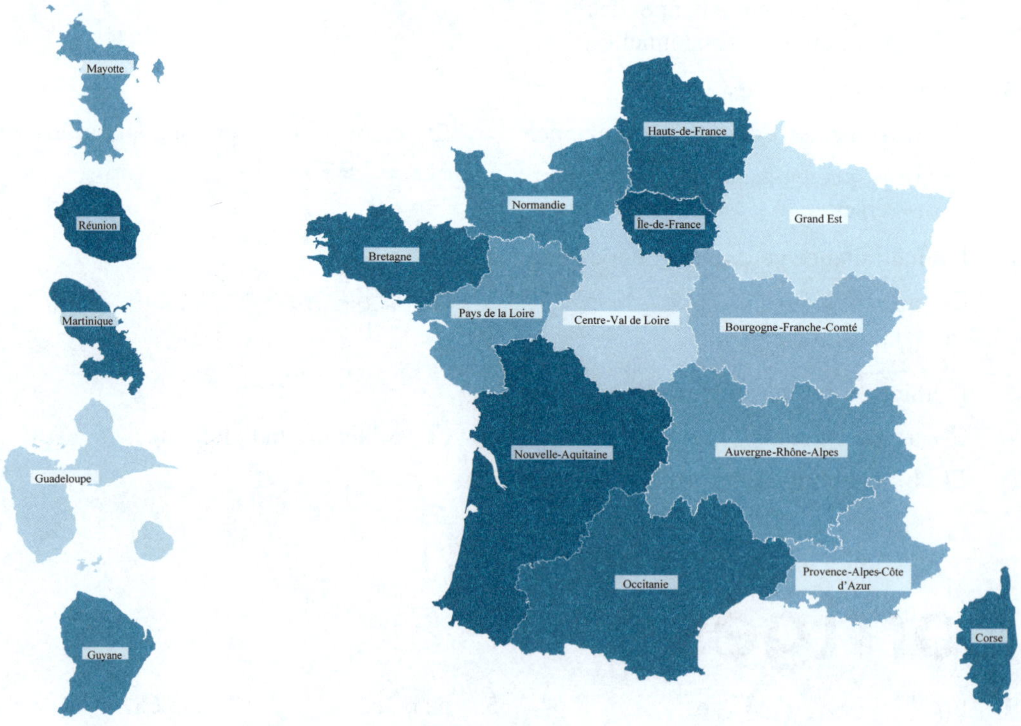

Carte des départements

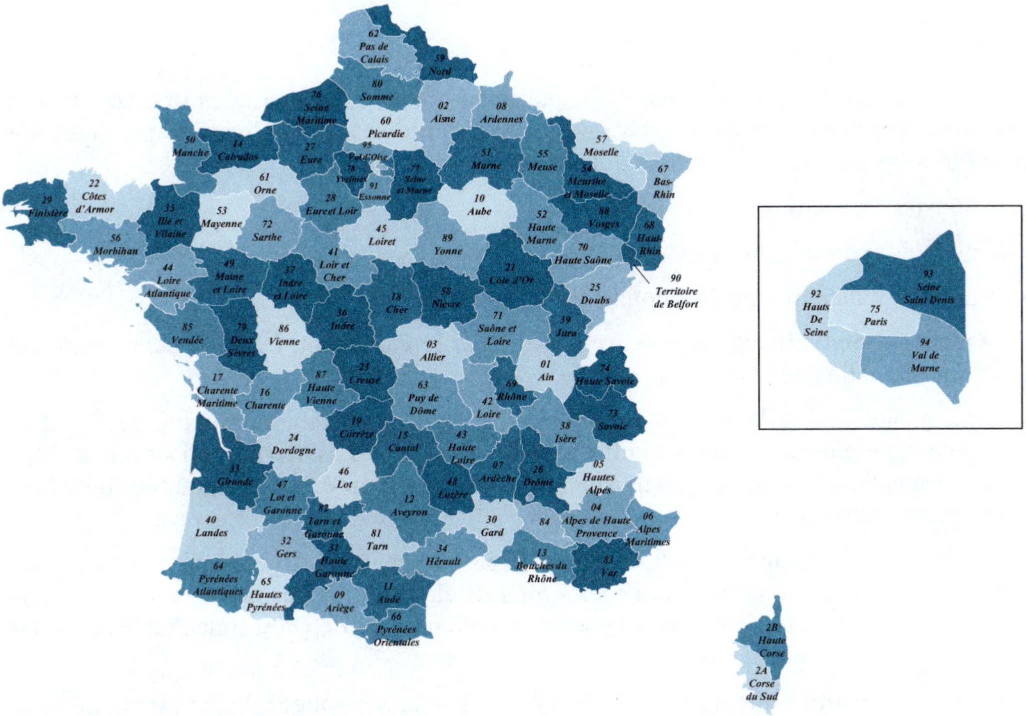

L'État français ne se limite pas à la France métropole : ses frontières sont bien plus larges. La France est répartie à travers la planète sur 5 DROM : Guadeloupe, Martinique, Guyane, Réunion, Mayotte et 8 COM (collectivités d'outre-mer) : Saint-Pierre-et-Miquelon, Saint-Barthélémy, Saint-Martin, Terres australes et antarctiques françaises, Polynésie française, Nouvelle-Calédonie, Wallis-et-Futuna, Clipperton.

Les DROM-COM représentent 15 % du territoire français et 4 % de sa population.

b. Le Gouvernement

L'État français est une République représentée par un président de la République qui dirige un Gouvernement composé d'un Premier ministre, de plusieurs ministères, ministres et de secrétaires d'État.

Le président de la République française est élu par le peuple, lors des élections présidentielles sur le mode du scrutin universel direct pour une durée de 5 ans, appelée quinquennat. Le mandat du président de la République peut être renouvelé une seule fois. Pour être élu, le candidat aux élections présidentielles doit avoir obtenu la majorité absolue des suffrages (des votes) exprimés. Si aucun candidat n'est élu dès le premier tour de scrutin, les deux candidats arrivés en tête sont autorisés à se présenter au second tour qui intervient deux semaines après. À la suite de ce second tour, le candidat ayant récolté le plus de voix est élu président de la République.

Les savoirs indispensables

C'est alors peu après sa prise de fonctions que le président de la République nommera le Premier ministre et son Gouvernement.

c. Les trois pouvoirs

L'État français est reconnu comme État puisqu'il répond à trois critères le définissant, à savoir représenter une Nation, avoir un territoire défini et avoir un pouvoir politique. Ce pouvoir politique se réparti en trois domaines :

- le pouvoir législatif (qui vote les lois) ;
- le pouvoir exécutif (qui exécute les lois) ;
- le pouvoir judiciaire (qui sanctionne les infractions).

En France, **le pouvoir législatif** est représenté par le Parlement. Le Parlement comprend l'Assemblée nationale et le Sénat.

- L'Assemblée nationale est représentée par les députés. Ils sont au nombre de 577. Les députés sont élus pour 5 ans en suffrage universel direct. Les députés qui siègent à l'Assemblée nationale sont chargés de voter les lois après avoir échangé autour des projets et des propositions de lois
- Le Sénat est représenté par 348 sénateurs. Contrairement aux députés, les sénateurs sont élus pour une durée de 6 ans par les « grands électeurs ». Ces derniers sont des élus locaux, municipaux, régionaux. Les sénateurs, comme les députés, sont chargés de voter les lois et les amendements.

Le pouvoir exécutif est représenté par le président de la République, le Premier ministre et son Gouvernement.

Le président de la République, aussi appelé chef de l'État, possède deux pouvoirs :

- le **pouvoir traditionnel** : il s'agit du pouvoir que le président exerce au quotidien ;
- le **pouvoir exceptionnel** est le pouvoir que le Président mobilise en cas de circonstances graves ou importantes (il s'agit de permettre au président de la République d'avoir les pleins pouvoirs en forte période de crise).

Il est également le chef des armées et préside le Conseil des ministres. Le président de la République promulgue les lois et signe les décrets et ordonnances décidés lors du Conseil des ministres. De plus, il veille au respect de la Constitution et des différents traités internationaux.

Le Premier ministre est donc nommé par le président de la République et nomme les ministres sur avis du président. Le Premier ministre conduit la politique du pays et assure son bon fonctionnement administratif.

Le pouvoir judiciaire est représenté par deux juridictions :

- la **juridiction judiciaire** qui traite des atteintes aux lois et conflits entre citoyens : TGI (Tribunal de grande instance), tribunal de police, cour d'appel, Cour de cassation ;
- la **juridiction administrative** qui traite les litiges liés aux activités de l'administration : tribunal administratif, cour administrative d'appel, conseil d'État.

2 L'immigration

Le terme « immigration » trouve ses racines étymologiques dans le latin *immigrare* qui signifie « passer dans, s'introduire dans ».

Définition

D'après la définition du dictionnaire Larousse, l'IMMIGRATION désigne « l'installation dans un pays d'un individu ou groupe d'individus originaires d'un autre pays. L'immigration est le plus souvent motivée par la recherche d'un emploi et la perspective d'une meilleure qualité de vie ».

Le verbe « immigrer » signifie « entrer de manière temporaire ou définitive dans un pays dont on n'a pas la nationalité ».

Un immigrant, aussi appelé migrant, est l'individu qui est en train d'immigrer ou qui vient d'immigrer. Un immigré quant à lui, est une personne qui est établie dans un pays par voie d'immigration.

L'immigration est donc l'action d'immigrer, de séjourner de manière durable ou définitive dans un pays étranger.

Le Haut Conseil à l'intégration définit l'immigration comme un « phénomène désignant des mouvements de population d'un territoire vers un autre. Somme théorique, à un moment donné, des flux d'immigrés et des "stocks" de personnes immigrées depuis un temps déterminé sur le territoire ».

Pour l'Insee, « pour être comptabilisé comme immigré, il faut être né à l'étranger, sans avoir la nationalité française, et résider en France. La situation d'immigré est permanente, même si l'on acquiert la nationalité française. En outre, c'est le pays de naissance qui définit l'origine géographique d'un immigré et non sa nationalité de naissance ».

L'ONU (Organisation des Nations unies), quant à elle, définit une personne immigrée comme un individu né dans un autre pays que celui où il réside.

Dès lors que l'on parle d'immigration, il peut être intéressant de s'intéresser aux causes. Il existe plusieurs critères de motivation à l'immigration :

- professionnelle : il s'agit notamment de répondre à un besoin de main d'œuvre dans certains secteurs économiques où le recrutement se base sur l'international ;
- études ;
- politique ;
- sécuritaire : c'est quitter un pays en guerre pour assurer sa sécurité ;
- économique : pour trouver une qualité de vie meilleure ;
- personnelle ;
- familiale : cela correspond entre autres au rapprochement familial, au rapprochement d'un conjoint ou d'enfants mutés ou travaillant à l'étranger ;
- fiscale : les avantages fiscaux de certains pays attirent les plus fortunés.

Pour le pays accueillant, l'intérêt de l'immigration peut être de deux types :

- réguler sa démographie en faisant face à la baisse de la natalité et l'augmentation du vieillissement ;
- avoir recours à des salariés, à une main d'œuvre qualifiée ou des salariés présents en nombre.

Selon les Nations unies, la proportion des immigrés en 2010 était de 11 % en France, 70 % aux Émirats arabes unis, 21 % au Canada, 14 % pour l'Espagne, 13 % aux États-Unis et en Allemagne, 10 % pour le Royaume-Uni, 9 % en Belgique et 7 % en Italie.

En 2013, l'Insee estime à 5,7 millions d'immigrés présents sur le sol français soit 8,9 % de la population. Parmi ces 5,7 millions d'immigrés, la plupart est d'origine africaine.

Origine géographique des immigrés, en pourcentages

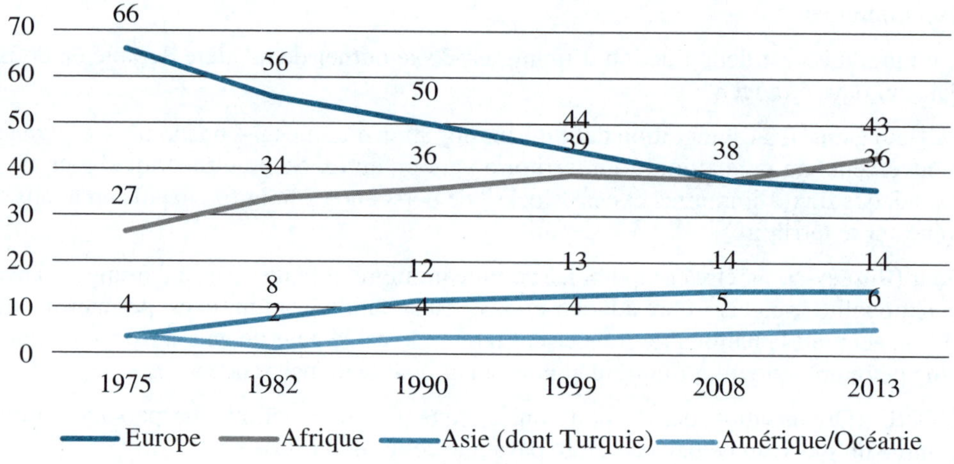

D'après l'Insee.

La France accueille chaque année environ 200 000 immigrés.

Pour encadrer l'immigration sur son territoire, le Gouvernement français a voté la loi n° 2018-778 du 10 septembre 2018 pour une immigration maîtrisée, un droit d'asile effectif et une intégration réussie dite la loi asile et immigration.

Cette loi fixe essentiellement trois objectifs :

- la réduction des délais d'instruction de la demande d'asile ;
- le renforcement de la lutte contre l'immigration irrégulière ;
- l'amélioration de l'accueil des étrangers admis au séjour pour leurs compétences et leurs talents.

Au-delà de l'immigration internationale, il ne faut pas oublier que l'immigration peut également être interne ou régionale. Elle correspond, le cas échéant, aux déplacements de la population à l'intérieur d'un même pays.

Il est donc important de souligner que l'immigration ne doit pas seulement être vue comme l'arrivée massive et clandestine d'étrangers africains, pénétrant sur le sol français par bateaux ou autres embarcations de fortune. L'immigration est bien plus large que cela et correspond aux déplacements des populations, et ce à différents niveaux et pour différentes motivations.

3 La précarité et la pauvreté

a. la précarité

Le terme « précarité » trouve son origine dans la langue latine par *precarius* qui signifie prière, obtenu par prière. Cette origine renvoie à l'idée que la précarité est due à une situation incertaine, situation sur laquelle nous ne pouvons pas pleinement nous appuyer.

D'après le dictionnaire Larousse, la précarité renvoie à un état, un caractère de ce qui est précaire. La notion « précaire » se définit comme quelque chose qui n'offre aucune garantie de durée, de stabilité, qui peut toujours être remis en cause.

La précarité peut donc se résumer comme ce qui revêt un caractère d'instabilité, de fragilité, ce qui est éphémère et passager. La précarité est le fruit d'une situation précaire qui elle-même est une chose dont l'existence n'est pas assurée, qui peut être remise en cause.

Sur un axe économique, la précarité s'est développée plus précisément après les Trente Glorieuses (1946-1975) avec l'arrivée successive des chocs pétroliers et de leurs conséquences économiques sur la société française. Ce n'est que dans les années 2000 que la notion de précarité a été étudiée plus en détail par les sciences sociales, et ce parallèlement à la notion de pauvreté.

La précarité touche l'ensemble de la population ainsi que toutes les classes sociales ou presque. La précarité n'est pas uniquement rattachée à la pauvreté. La précarité est bien plus large que cela. Elle est présente dans plusieurs champs de la vie quotidienne. On parle alors de :

- **précarité des étudiants :** difficultés à financer les études supérieures, la vie quotidienne et à organiser la prise d'autonomie ; difficultés à cumuler exigences universitaires et emploi professionnel bien souvent à temps partiel ;
- **précarité scolaire :** accès à la scolarité parfois complexe en termes de transports, de niveau ou de capacités à la suite des déficiences ou des pathologies ;
- **précarité professionnelle :** accumulation de contrats à durée déterminée (CDD), temps de travail partiel, travail par intérim, etc. ;
- **précarité énergétique :** difficultés à se chauffer dignement et correctement dans des tarifs raisonnables ; difficultés à trouver un logement salubre et lutter contre les « marchands du sommeil » ;
- **précarité des personnes en situation de handicap :** précarité financière quant aux frais engagés au regard du handicap et des aides dispensées ; précarité aux soins, au logement, aux loisirs ;
- **précarité des personnes âgées :** précarité également financière dès lors que le vieillissement se fait trop ressentir ou que les pathologies apparaissent ; besoin d'aide au quotidien. Baisse des revenus par la retraite.

Les savoirs indispensables

Au-delà de cette catégorisation de la précarité, elle peut aussi se classer sur trois niveaux :

- **la précarité haute :** il s'agit d'individu vivant dans une précarité extrême, ne possédant ni logement, ni travail, ni famille ; la précarité haute se caractérise par le fait de vivre dans la rue avec une lutte permanente pour survivre ;
- **la précarité moyenne :** l'individu est à l'abri et possède un toit mais sa vie n'a aucun sens. Il est isolé, sans vie sociale ni engouement et est victime d'une routine perpétuelle et vide. En précarité moyenne, l'individu, pour lui, « n'existe pas », c'est-à-dire qu'il ne trouvera aucun sens à sa propre vie. Il « s'oubliera » en tant qu'individu propre. Sans vie sociale, projets ou envies, l'individu sera apathique ;
- **la précarité basse :** renvoie à l'idée qu'une situation est fragile, non pérenne et peut basculer à tout moment. L'individu vit dans la crainte quotidienne de perdre son emploi, son logement, sa situation au regard de facteurs instables.

La précarité fait souvent écho à la pauvreté… Alors, qu'est-ce que la pauvreté ?

b. La pauvreté

Statistiques de la pauvreté

Le terme « pauvreté » date du XIIe siècle, sous le mot « povertez » qui signifiait « état de misère, d'insuffisance de biens matériels ». Ce n'est qu'au xvie siècle que l'adjectif « povertez » deviendra « pauvreté ».

La pauvreté peut toucher toute personne qui ne perçoit pas de revenus décents, corrects, soit des revenus inférieurs au seuil de pauvreté. Ce seuil de pauvreté équivaut à 50 % voire 60 % du revenu médian : 1 797 €. Cela correspond donc à un revenu net mensuel inférieur compris entre 855 € et 1 000 €. En 2013, le seuil de pauvreté pour une personne seule était de 981 € par mois.

Évolution des seuils de pauvreté mensuels

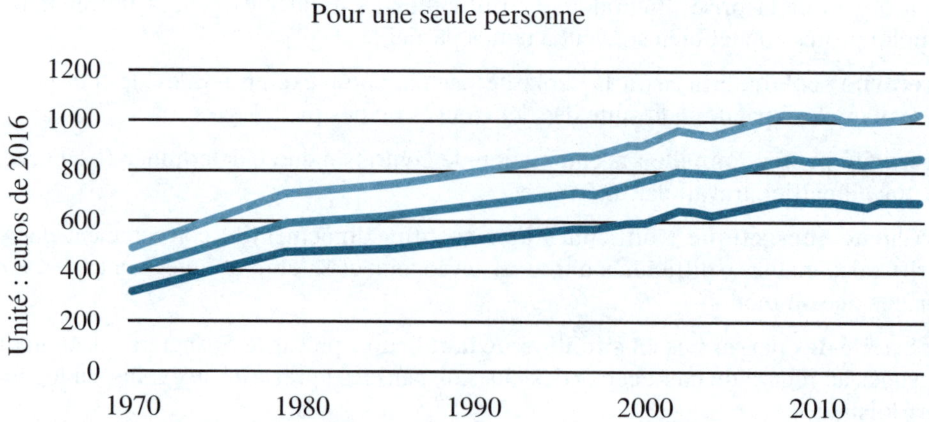

Ces données tiennent compte de l'inflation. France métropolitaine. D'après l'Insee.

Plus de 14 % de pauvres en France

NOMBRE DE PERSONNES PAUVRES
EN MILLIONS
Sous le seuil de pauvreté fixé à 60 %
du revenu médian des Français

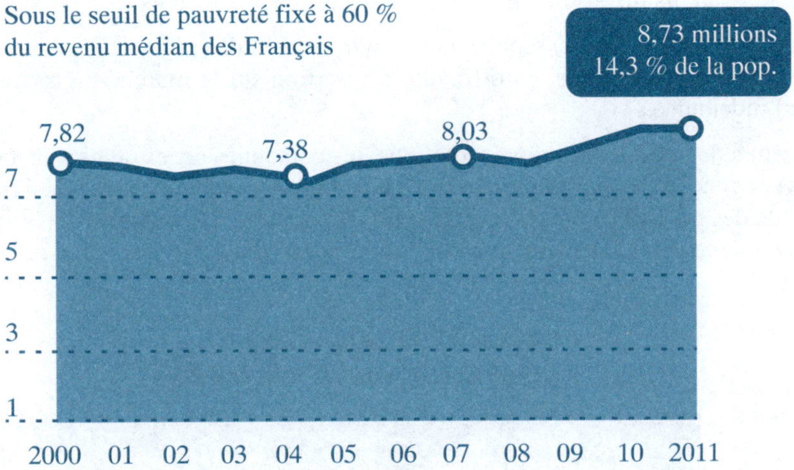

Source : Insee

Sont considérés comme pauvres

Les ménages dont les ressources ne dépassent pas :

2 052 euros
pour un couple
avec deux enfants

1 466 euros
pour un couple
sans enfants

1 270 euros
pour une famille
monoparentale

À ce jour, la France comptabilise environ 5 millions de personnes pauvres dont 2 millions vivant avec un revenu mensuel net inférieur à 684 €. Sur ces 5 millions, 1,8 million sont des enfants et des adolescents. Ils représentent donc un gros tiers de l'ensemble des personnes pauvres. Cependant, il paraît important à souligner que ces enfants sont dans cette situation parce que leurs parents disposent eux-mêmes de revenus insuffisants.

Les jeunes adultes (20 à 29 ans) représentent environ 17 % des personnes pauvres. Il s'agit souvent de jeunes peu qualifiés, en difficulté d'insertion sur le marché du travail, au chômage et mal indemnisés.

Contrairement à de nombreuses représentations, les personnes âgées de plus de 60 ans sont moins souvent concernées par la pauvreté. Cette population représente au total un dixième de l'ensemble des personnes vivant sous le seuil de pauvreté. La situation de ces personnes n'est tout de même pas à banaliser car un certain nombre d'entre eux vit avec de très bas revenus.

La pauvreté selon l'âge
Seuil à 50 % du niveau de vie médian

	Nombre d'individus pauvres en milliers	Taux de pauvreté en %	Part de la population pauvre en %
Moins de 10 ans	856	11,0	17,0
De 10 à 19 ans	938	12,5	18,6
De 20 à 29 ans	854	12,2	17,0
De 30 à 39 ans	533	6,8	10,6
De 40 à 49 ans	702	8,1	14,0
De 50 à 59 ans	634	7,6	12,6
De 60 à 69 ans	284	3,8	5,6
De 70 à 79 ans	100	2,3	2,0
80 ans et plus	131	4,0	2,6
Ensemble	5 032	8,1	100

Lecture : parmi la population pauvre, 17 % sont des enfants de moins de 10 ans. 11 % des enfants de moins de dix ans sont pauvres. Source : Insee - Données 2014 - © Observatoire des inégalités.

La pauvreté se vit d'abord en famille car les deux tiers des personnes pauvres vivent dans un ménage avec des enfants, 40 % sont en couple et 25 % vivent dans une famille monoparentale.

La pauvreté selon le type de ménage

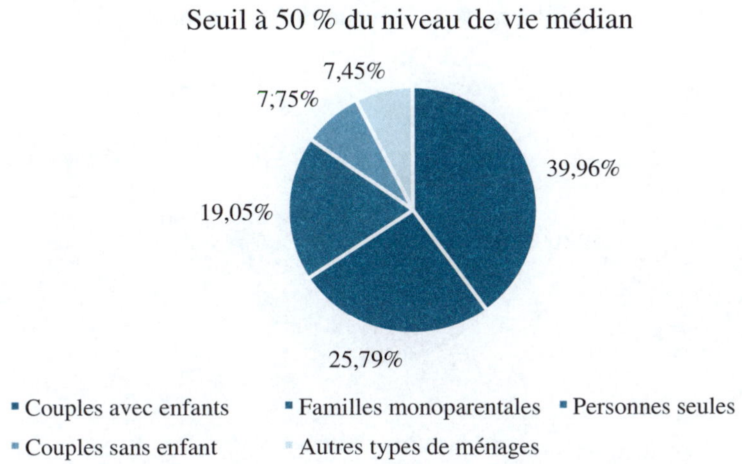

D'après l'Insee.

La pauvreté peut également être reliée au niveau de qualification des individus car 34 % des personnes pauvres sont sans diplôme et 33 % ont un niveau de qualification inférieur au niveau Bac (données cumulées Brevet et BEP/CAP).

La pauvreté selon le niveau de diplôme

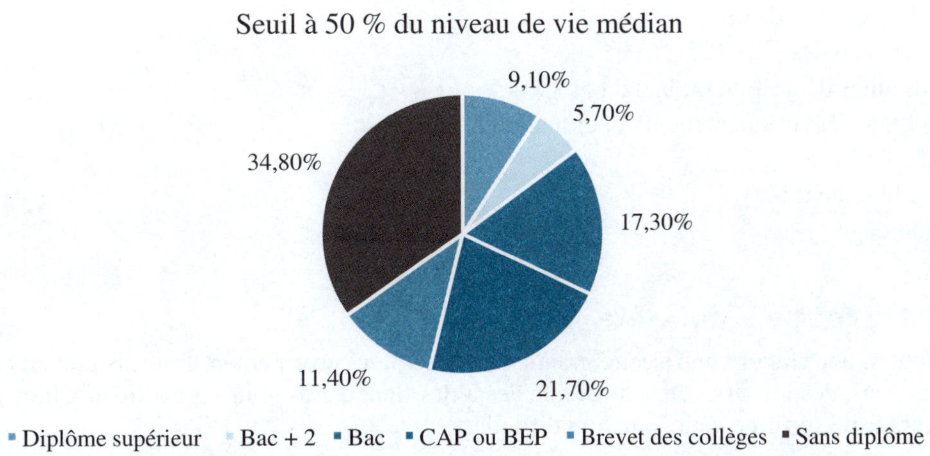

D'après l'Insee.

Il est intéressant de souligner que la pauvreté affecte les deux sexes. En effet, que l'on soit une femme ou un homme, le pourcentage d'individus en situation de pauvreté est presque identique avec 52 % pour les femmes et 47 % pour les hommes. Cette légère différence peut s'expliquer notamment par l'arrêt de l'activité ou la réduction du temps de travail chez les femmes dès lors qu'elle se voit devenir mère de famille.

La pauvreté selon le sexe

Seuil à 50 % du niveau de vie médian

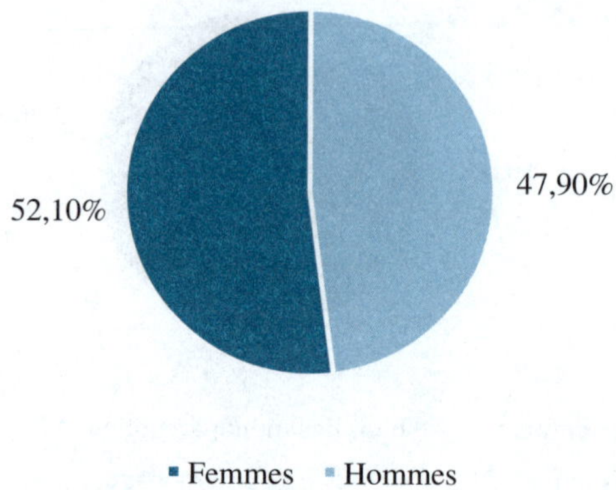

D'après l'Insee.

Au regard de tous ces éléments, il paraît important de préciser les origines possibles de la pauvreté au sein de la société française mais aussi à travers le monde :

- évolution de l'économie du pays ;
- divorce ;
- manque de qualifications professionnelles ;
- maladies invalidantes ;
- guerres civiles ;
- difficultés de gestion du budget ;
- problème environnementaux et climatiques ;
- surpopulation ;
- vieillissement ;
- handicap ;
- etc.

La lutte contre la pauvreté

Toutefois, pour lutter contre cette grande pauvreté, le Gouvernement français met en place des actions, des lois et décrets ainsi que des aides financières pour permettre aux individus concernés de sortir de cette situation difficile :

- RSA (revenu de solidarité active) ;
- CMU (couverture maladie universelle) ;
- indemnisation chômage ;
- limiter le recours aux contrats de travail précaires ;
- faciliter l'accès à la formation ;
- prime d'activité ;
- etc.

Le « plan pauvreté »

Pour lutter contre cette pauvreté, un « plan pauvreté » a été voté et mis en place durant l'année 2018. Par ce plan, le gouvernement veut « s'attaquer aux nouveaux visages de la pauvreté » et « fonder l'État providence du XXIe siècle ».

Le gouvernement veut « prévenir la pauvreté en agissant dès la petite enfance pour empêcher qu'un enfant pauvre aujourd'hui ne devienne un adulte pauvre demain », faire de « l'égalité des chances dès les premiers pas » et « rompre la reproduction de la pauvreté ». Afin de se donner les moyens de réussir, le gouvernement déclenchera 8 milliards d'euros sur 4 ans.

Par ce plan pauvreté, le gouvernement s'appuie sur 5 engagements :

1. L'égalité des chances dès les premiers pas pour rompre la reproduction de la pauvreté. Empêcher qu'un enfant pauvre aujourd'hui ne devienne un adulte pauvre demain.
2. Garantir au quotidien les droits fondamentaux des enfants. Lutter contre la présence d'enfants à la rue et diviser par 2, d'ici 2022, le taux de privation matérielle des enfants pauvres.
3. Un parcours de formation garanti pour tous les jeunes. Investir massivement dans la formation de la jeunesse et instaurer une obligation de formation pour tous les jeunes jusqu'à 18 ans.
4. Vers des droits sociaux plus accessibles, plus équitables et plus incitatifs à l'activité. Décomplexifier le système des minima sociaux.
5. Investir pour l'accompagnement de tous vers l'emploi. Encadrer les allocataires du RSA et simplifier les démarches d'insertion professionnelle

Pour traduire ces 5 engagements, le « plan pauvreté » du gouvernement s'organise également autour de 4 axes avec un ancrage fort vers la petite enfance :

1. **La petite enfance.** Il s'agit de poursuivre les démarches préalablement engagées comme le dédoublement des classes de CP et CE1/CE2 ainsi que l'instruction obligatoire dès 3 ans. Il s'agit maintenant aussi de permettre aux familles défavorisées d'avoir accès à un mode de garde (création de 1 000 nouveaux RAM – Relais Assistants Maternels) et aux crèches (création de 30 000 nouvelles places), permettant ainsi une recherche active d'emploi. Ce plan favorise aussi la gratuité de petits-déjeuners à l'école dans des zones défavorisées ainsi que l'instauration de tarifs sociaux pour la cantine notamment. Le plan pauvreté-petite enfance permet également d'améliorer l'accessibilité des modes d'accueil en simplifiant le paiement et la prise en charge financière. Il accompagne aussi mieux les familles par un parcours de santé-accueil-éducation (0-6 ans) et la création de nouveaux centres sociaux et LAEP – Lieux Accueil Enfants Parents. Un renforcement des qualités d'accompagnements, de soins et pédagogiques des professionnels de la petite enfance est engagé par la formation professionnelle continue et un référentiel pédagogique modifié (passage du CAP Petite Enfance au CAP Accompagnement Éducatif Petite Enfance) ainsi qu'une présence forte des ATSEM – Agent Territorial Spécialisé des Écoles Maternelles.
2. **L'emploi.** Par cet axe, le gouvernement souhaite accompagner les jeunes et les bénéficiaires du RSA vers l'emploi en développant la « Garantie jeunes » pour les 16-25 ans. C'est également rendre obligatoire la formation jusqu'à l'âge de 18 ans afin d'éviter un grand nombre d'adolescents et jeunes adultes de quitter le système scolaire sans

qualification. Puis, pour les bénéficiaires du RSA, un suivi individualisé et rapproché sera de rigueur afin de leur permettre une insertion professionnelle facilitée.

3. **L'aide sociale.** Sous ce point, le gouvernement veut travailler sur 2 volets, à savoir la simplification du système d'aide sociale et l'amélioration d'accès aux soins. Pour ce faire, le gouvernement renforce les aides actuelles comme la CMU (Couverture Maladie Universelle) et la ACS (Aide au paiement d'une Complémentaire Santé) et simplifie les démarches administratives en cas de renouvellement, télétransmissions et autres paiements.
4. **Le logement.** Sous cet axe, le gouvernement veut réduire les situations de mal logement et d'exclusion à l'hébergement. Il va donc ordonner la création de nouvelles structures d'hébergement pour les familles tout en développant grandement l'organisation de maraudes auprès d'enfants et de familles à la rue afin de les accompagner vers un abri.

4 Le mariage pour tous

a. Historique du mariage

Le mariage trouve ses racines dans la langue latine par *mari* qui signifie « mâle » et *gere* signifiant « faire acte, agir ». Le mariage peut donc être etymologiquement défini comme étant un acte réalisé avec un homme.

Le mariage est présent historiquement depuis l'Antiquité. Il s'agissait alors d'unir deux familles, deux clans afin de posséder des terres, des biens et une protection.

Par la suite, l'Église prend davantage sa place et investit le mariage au Moyen Âge avec des valeurs et des morales. Le mariage s'officialise et le consentement entre époux apparaît.

Puis, en 1792, le mariage devient civil et le divorce est légalisé par la loi du 20 septembre de cette même année. En 1975, le Code civil admet le divorce par consentement mutuel ainsi que par rupture de la vie commune.

Jusqu'alors, le mariage est codifié et organisé par l'Église et/ou l'État pour des couples hétérosexuels.

Le mariage se définit, d'après le dictionnaire Larousse, comme étant un « acte solennel par lequel un homme et une femme (ou, dans certains pays, deux personnes de même sexe) établissent entre eux une union dont les conditions, les effets et la dissolution sont régis par le Code civil *(mariage civil)* ou par les lois religieuses *(mariage religieux) ;* union ainsi établie ».

Par cette union et cette reconnaissance, le mariage donne plein droit aux époux à la procréation et la constitution familiale mais aussi à avoir recours à la PMA (procréation médicalement assistée) en cas de difficultés naturelles ainsi qu'à l'adoption nationale et internationale auprès de l'ASE (aide sociale à l'enfance).

b. le PACS

Au fur et à mesure de l'évolution de la société, des mœurs et de nos pays voisins, la France a commencé à se poser la question de la reconnaissance des couples de mêmes sexes. Faisant débat à l'époque, la France ne parle pas de mariage homosexuel car cela ne semble pas adapté au regard de la citoyenneté et de l'Église française. C'est alors que la France crée, vote et applique le PACS (pacte civil de solidarité) en 1999. Cette forme d'union est possible pour les couples homosexuels et hétérosexuels et est organisée au sein du TGI (Tribunal de grande instance).

Le PACS est alors un premier pas administratif et civil pour reconnaître les couples de même sexe et leur attribuer des droits. Cependant, l'État français se rend très rapidement compte que la majorité des PACS conclus et enregistrés au sein des TGI ne sont pas destinés aux couples homosexuels mais plutôt aux couples hétérosexuels. En effet, les couples hétérosexuels voient à travers le PACS un bon moyen de s'unir et de se reconnaître en tant que couple sans engager la démarche mariage et l'engagement qu'il peut représenter aux yeux de tout un chacun.

D'après la revue *Sciences Humaines* d'août-septembre 2018, 4 % des PACS enregistrés en 2016 ont été conclus par des couples de même sexe.

Depuis sa création, le nombre de PACS conclus chaque année a été multiplié par 10, passant de 20 000 en 2000 à 192 000 en 2016. Parallèlement à cela, le mariage a diminué passant de 298 000 à 220 000.

c. Vers le « mariage pour tous »

Malgré cette baisse du nombre de mariages, ce dernier reste une « institution » dans la société française. Par ailleurs, le mariage est souvent synonyme d'amour, de bonheur, de joie et donne un but, un sens dans la vie du couple qui le vit et l'espère.

Une étude révélée par la revue *Sciences Humaines* met en avant les raisons qui poussent les couples à se marier actuellement en France. L'on y retrouve :

- l'amour pour 88 % ;
- la cérémonie et la fête à 37 % ;
- les enfants à 37 % ;
- la sécurité pour 36 % ;
- la famille pour 33 % ;
- ensuite, des raisons financières et fiscales mais aussi religieuses sont présentes entre 15 et 26 %.

Le projet de loi « mariage pour tous », porté par Christiane Taubira, alors ministre de la Justice, date du 7 novembre 2012, puis est adopté le 23 avril 2013 et promulguée le 17 mai 2013. Le premier mariage homosexuel est célébré le 29 mai 2013.

Par l'adoption de cette loi, la France devient, en 2013, le 9e pays européen et le 14e pays mondial à autoriser le mariage par des couples de même sexe.

En 2017, le mariage homosexuel est présent :

Le mariage homosexuel en Europe

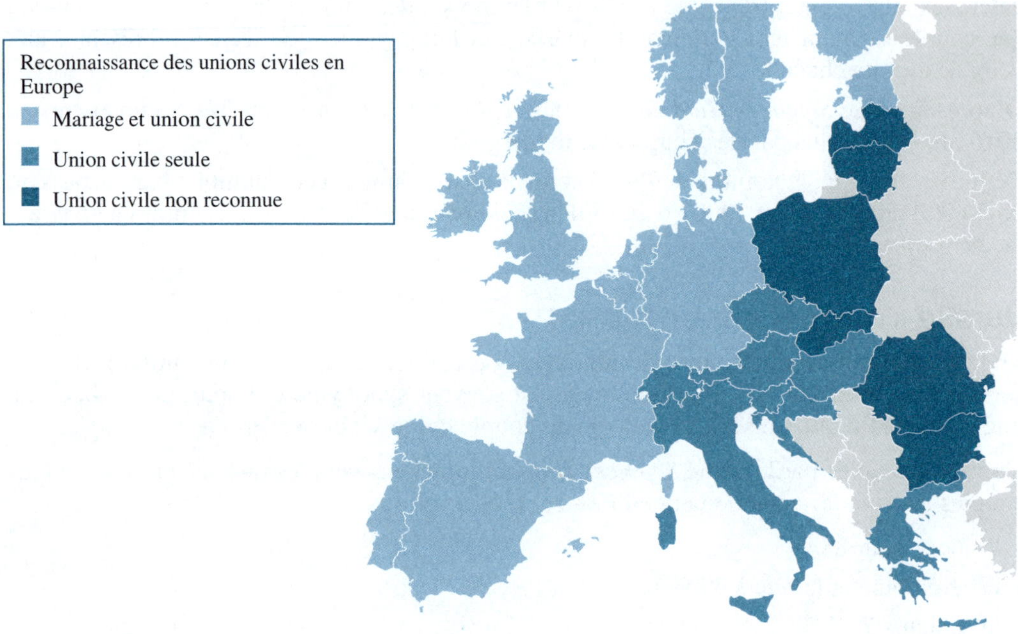

À l'heure actuelle, le mariage homosexuel n'est donc pas reconnu ni célébré sur l'ensemble de la planète. Par ailleurs, l'homosexualité reste même un délit passible d'emprisonnement voire de peine de mort dans nombre de pays.

Il est d'ailleurs à souligner que l'homosexualité a été classée maladie mentale par l'OMS en 1968 et qu'elle n'est plus officiellement reconnue ainsi depuis 1981. Toutefois, ce n'est qu'en 1993 que l'OMS retire l'homosexualité de sa liste des maladies mentales.

Le mariage est donc autorisé par les couples de même sexe en mai 2013 pour la France après plusieurs manifestations pour et contre cette loi.

Ces manifestations étaient réparties en deux camps, d'un côté les pro « mariage pour tous » et de l'autre les contre. Chacun ayant des arguments légitimes à leurs yeux.

- D'après les contre « mariage pour tous », il s'agissait alors de renier l'origine religieuse du mariage par l'union d'un homme et d'une femme. Ils affirmaient également que la parentalité homosexuelle provoquerait un déséquilibre pour l'éducation et l'éveil des enfants.
- Pour les pro « mariage pour tous », c'était l'occasion de célébrer l'amour entre deux êtres quel que soit le sexe et l'orientation sexuelle. Il s'agissait là de donner un statut à tous et que chacun puisse être reconnu pour ce qu'il est, en tant que citoyen. C'était aussi permettre une reconnaissance de ces couples et l'obtention des mêmes droits que les couples hétérosexuels et assurer la transmission, le lègue et la sécurité en cas de décès de l'un ou l'autre. Il s'agissait aussi de reconnaître la famille comme pouvant être composée d'un père et d'une mère ou de deux pères, de deux mères ou de l'un ou l'autre afin de garantir une éducation aux enfants.

d. L'adoption homoparentale et la procréation médicalement assistée (PMA)

La manifestation s'est élargie à la question de l'autorisation de l'adoption par les couples de même sexe alors mariés jusqu'alors interdit. A aussi été discuté le sujet de la légalisation de la PMA pour les couples homosexuels ainsi qu'une déviance et un amalgame avec la GPA (gestation pour autrui).

L'adoption a finalement été autorisée, mais pas la PMA pour les femmes homosexuelles qui reste encore en débat.

Le projet de loi et les manisfestations qui l'ont accompagné ont touchés de très près les mœurs et les valeurs de la population française avec un axe éthique et bioéthique fort quant à la conception et la représentation de l'amour et de la famille pour chacun.

De nos jours, même si la loi pour le mariage pour tous est rentrée dans les mœurs et que nombre de mariages homosexuels sont célébrés, il n'en reste pas moins que l'homosexualité en tant que telle fait encore et toujours débat.

5 Les gilets jaunes

La France connaît depuis plusieurs mois une « crise citoyenne » luttant contre les discours, les décisions et autres idées portés par le Gouvernement d'Emmanuel Macron et de son Premier ministre Édouard Philippe. Cette « crise » a vu naître un mouvement, le mouvement des gilets jaunes au dernier trimestre de l'année 2018, courant octobre.

Ce mouvement est né de manifestations, de colères et de mésententes du peuple français à l'égard des réformes, projets de loi et de la gouvernance engagés par le président de la République française et son parti politique.

Les premières manifestations ont été organisées à l'initiative de deux chauffeurs routiers tout d'abord, contestant la hausse des prix du carburant. Leur message de lutte contre le Gouvernement ainsi que leur mécontentement face à la baisse du pouvoir d'achat ont été relayés par un nombre important de citoyens français grâce, notamment, aux réseaux sociaux et leur fort pouvoir de communication.

La première action de manifestation a été organisée par des comités locaux le samedi 17 novembre 2018. Cette première manifestation a vu défiler dans la rue des citoyens porteurs d'un gilet jaune. Ce gilet jaune, synonyme de sécurité routière, est choisi pour sa référence à la sécurité au sens large. Il est porté par les citoyens manifestants ou déposé derrière les pare-brise des véhicules craignant une insécurité quotidienne quant à différents axes de la vie quotidienne.

Les principales sources de mécontentement du mouvement des gilets jaunes sont alors :

- la baisse du pouvoir d'achat ;
- l'augmentation du prix du carburant ;
- l'augmentation des taxes.

Pour pouvoir manifester et faire entendre clairement ses messages, le mouvement des gilets jaunes a choisi de se mobiliser chaque samedi depuis mi-novembre 2018 afin de « paralyser » la France et son économie à la veille des préparatifs des fêtes de fin d'année. Pour ce faire, les gilets jaunes vont manifester dans les centres-villes, occuper les ronds-points, rendre « gratuites » les autoroutes par l'arrêt des péage, etc. Par cette mobilisation, le mouvement veut faire passer un message fort. Organisée sur plusieurs grandes et moyennes villes du pays, la mobilisation du mouvement s'est poursuivie malgré les fêtes de fin d'année.

Dès lors, le mouvement des gilets jaunes gagne en amplitude ainsi qu'en revendications. La hausse des taxes et du prix des carburants ne sont plus ses seuls arguments. Le mouvement voit naître des revendications sociales plus larges comme le passage à 80 km/h sur les routes françaises, le prix des péages ou encore les modifications liées au contrôle technique.

Par ces revendications, certains y voient un « ras-le-bol » général et mobilisé de la population quand d'autres y observent une perte de sens, de dynamique et de cohérence.

Néanmoins, la mobilisation du mouvement des gilets jaunes se poursuit et ce, avec dommages collatéraux. En effet, se joignent à ses manifestations, plusieurs groupes de « casseurs » et « anti-système » trouvant par cette organisation le bon moyen de casser les commerces, vandaliser les architectures et les symboles de la République tout en violentant les forces de l'ordre. Certains parlent alors d'un nouveau « Mai 68 », de chaos et de guerre civile.

Sur les trois premières manifestations organisées par le mouvement, à savoir les samedis 17 novembre, 24 novembre et 1er décembre, l'AFP (Agence France-Presse) dénombre 570 personnes blessées et 4 morts. Aussi, ce mouvement aurait rassemblé 584 000 manifestants à travers tout le pays sur ces trois mêmes dates.

Pour cadrer ces manifestations et lutter contre la dégradation et la violence engendrées lors de ces différentes mobilisations, le Gouvernement – par le ministère de l'Intérieur – s'organise par la présence et le renforcement des forces de l'ordre. Dès lors, ceci permet une augmentation des interpellations, atteignant par ailleurs un niveau record de 1939 sur la 4e manifestation, organisée le samedi 8 décembre contre une moyenne de 300 sur l'ensemble des autres journées.

Parallèlement à ces manifestations, le Gouvernement tente de mesurer l'impact du mouvement et annonce certaines réformes et autres mesures :

- une adaptation de la fiscalité des carburants ;
- une suspension pour 6 mois de la hausse de la fiscalité sur le carburant ;
- une augmentation du SMIC ;
- une revalorisation des salaires des policiers ;
- une loi « anticasseur » ;
- un débat national.

Aussi, certains partis politiques voient en ce mouvement citoyen la possibilité de s'exprimer et de se positionner quant à la gouvernance et aux directions prises par le président de la République et son gouvernement.

Selon un sondage BFM TV du 13 février 2019, environ 56 % des Français souhaitent que les manifestations et la mobilisation cessent contre 43 % pour le maintien du mouvement, et 64 % disent ne plus se reconnaître dans les revendications exprimées. Ceci a pu être est renforcé par l'absence de porte-parole, de représentant du mouvement à certains moments, ne permettant pas une cohérence et des échanges pertinents auprès du Gouvernement et des représentants de l'État.

Entraînements

Cochez la ou les bonne(s) réponse(s).

1. En quelle année le gouvernement français a-t-il légalisé le mariage pour les couples de mêmes sexes ?

❒ **a.** 2012. ❒ **b.** 2013. ❒ **c.** 2014.

2. Qu'est-ce que l'immigration ?

❒ **a.** L'entrée sur un territoire dont on n'est pas originaire pour s'y établir.

❒ **b.** La sortie de son territoire.

❒ **c.** L'entrée sur un territoire dont on n'est pas originaire pour y passer des vacances.

3. Quels sont les trois pouvoirs sur lesquels l'État français s'organise ?

❒ **a.** Exécutif, judiciaire, législatif.

❒ **b.** Judiciaire, sénatorial, présidentiel.

❒ **c.** Exécutif, législatif, démocratique.

4. Qu'est-ce qu'est le mouvement « gilets jaunes » ?

❒ **a.** Un mouvement contre le mariage pour tous.

❒ **b.** Un mouvement contre la hausse des prix.

❒ **c.** Un mouvement contre l'immigration.

5. Le revenu médian en France est de :

❒ **a.** 1 236 €. ❒ **b.** 1 797 €. ❒ **c.** 2 002 €.

6. Qui est le la Président de la République française actuellement ?

❒ **a.** François Hollande

❒ **b.** Édouard Philippe

❒ **c.** Emmanuel Macron

7. Le sigle GPA signifie :

❒ **a.** Gestion de la Parentalité par Adoption.

❒ **b.** Gestation, Procréation Assistée.

❒ **c.** Gestation Pour Autrui.

8. Qu'est-ce qui peut être à l'origine de la pauvreté ?

❒ **a.** Le handicap. ❒ **b.** Le divorce. ❒ **c.** La retraite.

9. Le PACS a été créé en :

❒ **a.** 1989. ❒ **b.** 1999. ❒ **c.** 2009.

10. La précarité peut-être :

❒ **a.** financière. ❒ **b.** professionnelle. ❒ **c.** matérielle.

Corrigés

1. b.
2. a.
3. c.
4. b.
5. b.
6. c.
7. c.
8. a., b., c.
9. b.
10. a., b., c.

Cours & Méthode

3

Au cœur du métier : savoirs, savoir-faire, savoir-être

- Répondre aux besoins
- Le développement global de l'enfant
- Prendre soin
- Le jeu : un en-jeu professionnel
- Accueillir et accompagner les familles
- Travailler en équipe
- Politique publique au service des usagers
- Éléments de réponse des analyses de situation professionnelle

1 Cours & Méthode
Répondre aux besoins

1 Éléments de contexte

Ce chapitre s'appuie sur la « Démarche de consensus sur les besoins fondamentaux de l'enfant en protection de l'enfance » (Rapport remis par le Dr Marie-Paule Martin-Blachais à Laurence Rossignol, ministre des Familles, de l'Enfance et des Droits des femmes, février 2017).

Cette démarche intègre la diversité d'approches concernant les besoins de l'enfant nécessaires à son bon développement et vise à la satisfaction de ces besoins en prenant en compte l'environnement de l'enfant dans sa globalité.

Les principes de développement, prévention et soutien de l'enfant sont énoncés dans la Convention Internationale des Droits de l'enfant (CIDE, ratifiée par la France le 7 août 1990) : « L'intérêt supérieur de l'enfant doit être une considération primordiale » article 3-1. Cet intérêt supérieur de l'enfant se traduit par la satisfaction de ses besoins fondamentaux au service de son développement et dans le respect de ses droits.

L'accueil de l'enfant est initialement lié aux besoins diversifiés de ses parents (place d'accueil, priorité d'accès, écoute personnalisée, être accompagné dans sa parentalité, coopérer, être rassuré…).

Pour que cet accueil devienne bénéfique pour l'enfant, identifier ses besoins et réunir les conditions pour y répondre constituent les missions principales des auxiliaires de puériculture territoriales.

Au regard des lieux d'exercice des auxiliaires de puériculture dans la fonction publique territoriale, les notions ci-après se recentrent plus particulièrement sur l'enfant de 0 à 6 ans.

2 Les besoins fondamentaux

La notion de « besoins fondamentaux de l'enfant » renvoie à la question essentielle de ce qui est nécessaire pour l'enfant.

Ces besoins communs et universels sont reconnus fondamentaux, dans le sens où leur satisfaction permet à l'enfant :

- de se construire dans la plénitude de ses potentialités, le respect de ses droits ;
- de préserver son bon développement en ayant progressivement accès à l'autonomie et à la socialisation.

Par sa vulnérabilité due à sa dépendance à l'égard des adultes qui ont en charge sa protection et son éducation, il importe de pouvoir garantir à tout mineur un environnement bienveillant et soucieux de son bien-être.

La carte des besoins fondamentaux universels de l'enfant

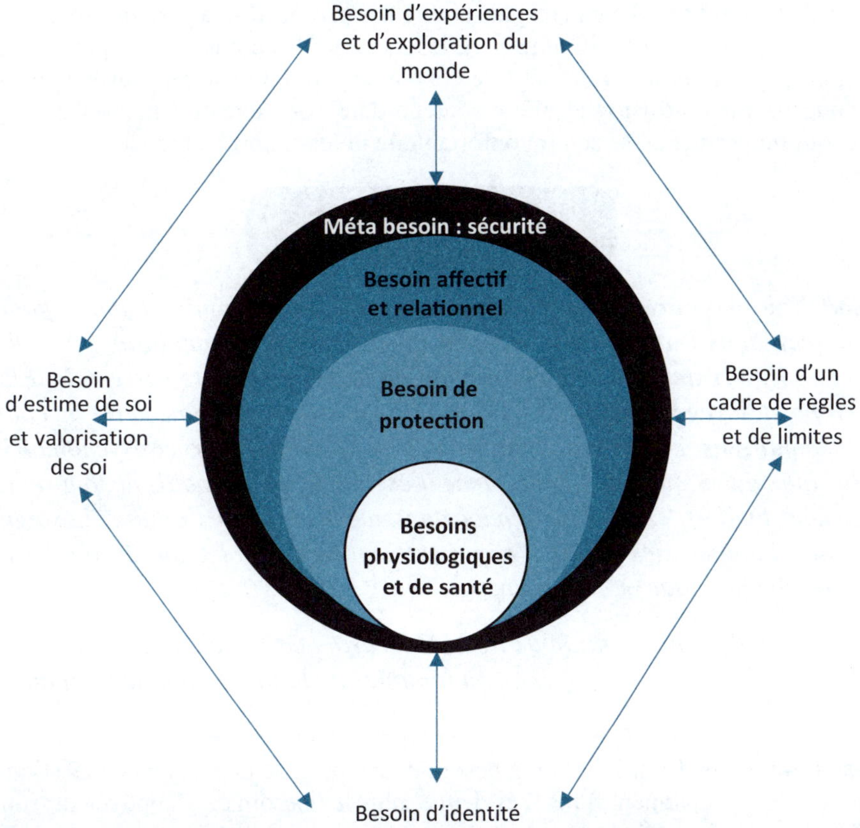

L'enfance est caractérisée par des rythmes et des étapes différentes, avec une capacité d'expression et un niveau de discernement en évolution constante. Les besoins de l'enfant tout en restant de mêmes types globalement, s'expriment de manières différentes selon les âges et les singularités de chaque individu. Chez le tout-petit les besoins fondamentaux sont très en lien avec son environnement humain, les personnes qui le soignent, et l'environnement matériel dans lequel il vit.

3 Le besoin de sécurité affective : un méta-besoin

Le préfixe *meta* (du grec signifiant « au-delà », avant et après) est une marque de supériorité.

Définir le besoin de sécurité affective comme un méta-besoin, c'est affirmer que ce besoin est en effet intimement lié à la satisfaction d'autres besoins fondamentaux ; c'est-à-dire que la satisfaction d'autres besoins fondamentaux va nourrir la sécurité affective de l'enfant, sans laquelle, il ne peut pas se construire.

a. Quels sont ces besoins ?

- **Les besoins primaires**, les besoins physiologiques, de santé, l'alimentation, le sommeil, les soins corporels intimement reliés à la relation avec l'adulte, etc. L'enjeu est le maintien du corps en vie et en santé, afin que des problématiques de santé ou de handicap ne constituent pas une entrave au développement des capacités et habiletés de l'enfant.

La santé de l'enfant relève de la responsabilité des parents d'une part, des soignants (dont l'auxiliaire de puériculture) d'autre part, lesquels ont les compétences pour informer et accompagner les familles. Tout petit, le bébé a besoin d'être soigné sur le plan corporel avec douceur, sans intrusion et d'être soutenu dans son développement, par un portage adapté, qui lui permet de se sentir confortablement tenu, porté, et regardé.

Le besoin de portage

« Pendant la vie intra-utérine, le bébé baigne dans un liquide amniotique et il est contenu dans l'utérus maternel, dès qu'il reçoit une stimulation, très vite il se met en hyperextension. La contraction du muscle utérin le rassemble. Elle le met en positon regroupé. Alors qu'il a déjà construit toute une série de coordinations multisensorielles qui va lui permettre de développer sa psychomotricité par la suite, au moment de la naissance il est écrasé par le poids de la gravité. À ce moment-là, il est extrêmement important que les bras de l'adulte, du soignant puissent lui donner des points d'appui suffisamment stables au niveau des articulations, de la nuque et du bassin. »

Extrait de l'intervention de Rosa Mascaro, pédopsychiatre, 11e assises nationales de la protection de l'enfance.

- **Le besoin de protection**. L'enfant a besoin d'être protégé des dangers, des stimulations nocives de l'environnement. Plus il est jeune, plus il a besoin de s'appuyer sur son parent ou soignant pour le protéger de tout excès qu'il ne peut gérer lui-même.
- **Les besoins affectifs**. Dès sa naissance, le bébé a besoin d'être câliné, touché, regardé, valorisé, mais il a aussi besoin d'empathie, c'est-à-dire d'un adulte capable d'identifier les moments de détresse, de souffrance du bébé, et du coup de comprendre cette détresse et de la traiter.
- **Le besoin de relation**. Lorsque le bébé est en alerte, qu'il est stressé, il a un intense besoin de proximité. Dès sa naissance, il ressent une détresse psychophysiologique liée à ses nouvelles sensations de perte de contact, de faim, de froid, de sommeil, etc. Le bébé a un besoin vital d'être porté, nourri, soigné, porté, pensé, il a un besoin vital de relation à autrui. Il active alors des comportements d'attachement innés, il pleure, crie, appelle pour rétablir sa sécurité de base. Il a besoin d'établir des relations régulières et continues avec des personnes chaleureuses, attentives qui vont devenir des figures d'attachement. Les neuf premiers mois de sa vie, l'enfant a besoin d'établir une relation de confiance avec un adulte qui va répondre de façon répétitive, fréquente et cohérente à ses besoins fondamentaux. Cette personne (le plus souvent un parent) devient sa figure principale d'attachement. Plus tard, au fur et à mesure qu'il grandit, il aura besoin de limites ; ce sont ces limites qui vont lui donner des contenances : un enfant ne peut pas décider sur tout, il n'en a pas la capacité, il n'est pas suffisamment développé pour le faire. Il a besoin qu'à certains moments, ses figures d'attachement primaires et secondaires puissent le faire pour lui.

b. La théorie de l'attachement

La théorie de l'attachement (issue des travaux de John Bowlby) a contribué à transformer profondément le regard sur le nouveau-né, en montrant que très précocement, le bébé mobilise un certain nombre de comportements réflexes pour chercher à rapprocher les personnes dont sa survie dépend. En cas d'appel, quand le bébé peut compter sur la présence réconfortante de l'adulte, il développe un sentiment de sécurité interne, l'autorisant à s'éloigner pour déployer ses comportements d'exploration.

Sous l'angle de la théorie de l'attachement aussi, le développement humain est toujours d'abord un développement d'ordre relationnel.

Les premières années de l'enfant comptent particulièrement, parce que ce sont les années de la plasticité cérébrale maximale, 700 nouvelles connexions neuronales se forment à chaque seconde dans le cerveau du tout-petit au travers de ses interactions dans son environnement. Ce sont ces connexions qui construisent l'architecture cérébrale – fondations dont dépendront les apprentissages, le comportement et la santé de l'enfant. Ainsi l'exposition précoce au stress chronique pèse sur les capacités cérébrales de régulation de la colère, de l'anxiété, de l'impulsivité et de l'agression.

Au regard de ces apports théoriques, il apparaît que chaque enfant a un besoin fondamental d'un adulte qui s'engage dans des interactions avec lui.

Un engagement sans se limiter aux injonctions relatives à la vie quotidienne, mais en considérant l'enfant comme un partenaire qui a quelque chose à exprimer, en lui posant des questions ouvertes et en écoutant ce qu'il a à dire. En résumé, en considérant l'enfant dès sa naissance comme un être de dialogue.

c. La recherche de proximité

Par son répertoire comportemental (pleurs, cris, sourires, vocalises, agrippement…) l'enfant sollicite l'attention et le soutien de l'adulte. Cette recherche de proximité est intense. À partir de la deuxième année, l'enfant a besoin de sentir la disponibilité plus que la recherche de proximité. Autour de trois-quatre ans, le jeune enfant a besoin de connaître la possibilité d'accessibilité de l'adulte plus que la disponibilité.

Tout éloignement ou inaccessibilité de la figure d'attachement au-delà de ce que l'enfant peut supporter à ce moment-là déclenche automatiquement les comportements de recherche de proximité.

d. L'exploration

À partir de ses six mois, la maîtrise progressive de son développement psychomoteur et cognitif associée à une curiosité innée pousse le bébé à explorer plus activement son environnement.

Un enfant n'est pas plus ou moins attaché. C'est un besoin de proximité plus ou moins urgent qu'il manifeste. La distance de sécurité s'élabore entre la recherche de proximité et le besoin d'exploration.

e. Répondre au méta-besoin de sécurité

Le méta-besoin est désigné plus concrètement comme « le besoin de disposer d'au moins un adulte investi du souci de l'enfant et de ses besoins »,

En milieu collectif, dans le cadre d'une séparation temporaire, ponctuelle, ou dans le cadre de la protection de l'enfance, le très jeune enfant a toujours besoin que les liens avec ses parents continuent d'exister. Il a besoin que ses propres besoins soient bien différenciés de ceux des adultes qui le soignent.

Il est donc important d'assurer une continuité de la relation du soin, de l'environnement chez tout enfant et en particulier chez les tout-petits. Toute discontinuité dans l'environnement est vécue par eux comme une menace vis-à-vis du sentiment de sécurité interne.

La qualité de présence se traduit par trois exigences :

1. la disponibilité en lien avec l'attention soutenue ;
2. la stabilité en lien avec le rythme ;
3. la prévisibilité en lien avec les repères.

> *« Pour un enfant petit, sentir les mêmes odeurs, le même lit, le même espace, c'est très important. Ou manger dans les bras de l'auxiliaire, toujours dans les bras, et pas une fois dans les bras, une fois à table, tout ça chez un tout petit a beaucoup d'importance. La cohérence, parfois la multiplicité des interventions soignantes éducatives est nécessaire, mais il est essentiel qu'elles soient coordonnées afin de sauvegarder au mieux ce vécu de continuité interne chez les bébés et de respecter une cohérence des réponses qu'il reçoit.*
>
> *La prévisibilité, la répétition des événements et actes de la vie quotidienne permettent à l'enfant de mémoriser les invariants de sa vie quotidienne, d'anticiper avec sécurité le déroulement des événements de sa journée, de sentir qu'il peut, dans une certaine mesure, maîtriser le cours des événements, d'en percevoir la succession stable et de mieux les comprendre. »*
>
> *Extrait intervention Rosa Mascaro, pédopsychiatre,*
> *11e assises nationales de la protection de l'enfance.*

Par ailleurs, le nouveau-né est un partenaire actif car il peut activement développer ses compétences. La proximité physique entre le bébé et ses figures d'attachement n'a pas seulement une valeur affective, mais correspond aussi à une « nécessité technique ». H. Montagner, spécialiste de la psychologie développementale, recense cinq compétences principales à l'œuvre dès la naissance :

1. l'attention visuelle soutenue
2. l'élan à l'interaction
3. les comportements affiliatifs

4. l'organisation structurée et ciblée du geste
5. l'imitation – qu'il qualifie de « socle »

C'est donc en actualisant cet équipement de compétences de base, que le bébé suffisamment sécurisé va pouvoir s'engager dans une dynamique de développement exponentielle, l'amenant à la coordination de ses sens, de ses gestes et de sa capacité à donner du sens, et donc au langage, à la régulation émotionnelle et la socialisation.

Le rôle de l'auxiliaire de puériculture

L'auxiliaire de puériculture qui s'occupe d'un bébé et devient progressivement sa figure d'attachement secondaire s'appuie sur une sensibilité relationnelle particulière : par la qualité du lien, elle interprète les expressions non verbales et verbales dans une disponibilité émotionnelle pour réconforter, apaiser, consoler et donc sécuriser. L'ajustement des réponses faites à l'enfant passe par une observation fine de l'enfant afin de décoder son langage : l'enfant montre corporellement que ce qui est fait pour lui, lui convient ou pas (voir chapitre « Prendre soin »).

Remarque

L'enfant *est* son corps, au sens où c'est à travers le corps sensible qu'il développe progressivement sa conscience de lui-même. Cette conscience progressive de soi ne se fait pas directement, mais par l'intermédiaire d'un autre, particulièrement proche, mettant toutes ses ressources, physiques et psychiques, à la disposition du bébé. Le bébé peut penser et se penser uniquement parce qu'il l'apprend en s'appuyant sur un autre qui pense et qui le pense.

La satisfaction du méta-besoin de sécurité affective est cruciale et se traduit, outre cette qualité de relation entre l'enfant et sa figure d'attachement, par la prise en compte des autres besoins fondamentaux universels de l'enfant.

4 Le besoin d'expériences et d'exploration du monde

a. Enjeu

L'enjeu est le développement des compétences motrices, réflexives, expressives et ludiques de l'enfant. Il ne s'agit pas ici de promouvoir la surstimulation de l'enfant dans l'idée de l'obtention de « résultats » (recherche de performance ou d'excellence), mais de veiller à ce que l'enfant ait suffisamment d'expériences lui permettant de connaître, de comprendre et de participer à son environnement, de se découvrir des intérêts et des goûts et de développer ses compétences et ses talents quel que soit son âge, son niveau scolaire ou ses conditions de vie.

- **Expériences corporelles et physiques :** besoin de bouger et d'agir pour développer sa musculature, ses habiletés, sa motricité fine et globale, son endurance, sa coordination, son adresse, puis dans l'enfance acquérir le sens de l'engagement, des règles et du jeu en équipe dans le cadre d'une activité sportive ou théâtrale, etc.
- **Expériences ludiques et créatives :** besoin d'explorer, de manipuler, d'assembler, de construire, de « faire comme si » - à partir de tous types de supports (matériels, culturels, plein air, etc.).

- **Expériences expressives et langagières :** besoin d'être immergé et d'acquérir le sens des mots, d'imaginer, d'entendre des histoires et d'en raconter, d'explorer et de jouer avec les gestes les sentiments, les relations, les mots, besoin d'être interrogé et de s'adresser à, d'être écouté et compris, etc.
- **Expériences cognitives et réflexives :** besoin d'être immergé et d'acquérir le sens des formes et des couleurs, des mesures, des nombres, de l'espace, de calculer, de faire des liens, de comparer, de catégoriser, de s'interroger, de raisonner, de proposer des solutions, de résoudre des problèmes, etc.

« Liberté de mouvement veut dire pour l'enfant : la possibilité en disposant de conditions matérielles adéquates, de découvrir, d'expérimenter, de perfectionner et de vivre à chaque phase de son développement ses propres postures et mouvement. Il a besoin pour cela d'espace en fonction des mouvements exercés, de vêtements sans entraves, d'un sol ferme et de jouets pour le motiver. »

Repères pour des pratiques d'accueil de qualité (0-3 ans), ouvrage collectif, Office de la Naissance et de l'Enfance, Belgique.

Le rôle de l'auxiliaire de puériculture

Une bonne partie de ces expériences peuvent être introduites dans la vie de l'enfant très précocement par d'autres acteurs que les parents : espace d'accueil en PMI, halte-jeux, crèche puis, dès 3 ans, par l'accueil en maternelle, puis à l'école et dans le cadre de l'accueil péri- et extrascolaire (centre de loisirs, centres d'animation socioculturelle, associations sportives et culturelles, etc.). Quels que soient les moyens socio-économiques des familles, il apparaît fécond de travailler à l'ouverture des enfants sur l'extérieur, y compris en informant et en invitant les familles à participer aux activités de leur quartier. Et dans le cas où les parents auraient des difficultés à accompagner leurs enfants, de trouver ou d'assurer des relais de sorte que les enfants puissent en bénéficier.

5 Le besoin d'un cadre de règles et de limites

a. Enjeu

Le but de toute éducation est d'aider l'enfant à devenir le sujet de sa propre existence, en se dégageant de ce qui pourrait être la toute-puissance des adultes ou la sienne propre. Au fil des années, des cadres, plus ou moins contenants, plus ou moins structurants vont être proposés à l'enfant, personne en construction.

C'est dans la recherche de limites corporelles que le très jeune enfant accède à une conscience progressive. Cette fonction contenante s'appuie sur :

- une fonction d'apaisement pour protéger, accueillir et réduire les tensions et excitations ;
- une fonction d'adossement pour favoriser la structuration, la mise en lien de ces états et de son environnement ;

- une fonction d'encadrement pour limiter et délimiter, transformer et symboliser, lier, unifier, structurer ;

Pour le bébé, l'enjeu est de lui procurer une contenance pour rassembler ses états émotionnels puissants.

« Esther Bick dit que le nouveau-né est comme "un cosmonaute lâché dans l'espace". Il se sent tomber, flotter, éclater. Il a besoin d'être contenu, porté, enveloppé. Il a besoin de sentir la chaleur de sa mère, son odeur. S'il ne se sent pas contenu, le bébé tente de se rassembler par différents systèmes de défense. Par exemple il fixe son regard sur un objet et se fige, se construisant une carapace pour se protéger d'une perception catastrophique. »

Extrait de l'article FRAJE « La fonction contenante dans le développement de l'enfant », Mireille Pauluis, psychologue.

Pour le très jeune enfant animé dans son exploration (18 mois-3 ans), l'enjeu est la capacité de l'enfant à se réguler sur le plan émotionnel et comportemental. Dans cette exploration, dans ces découvertes, au travers de son opposition, l'enfant se confronte à la réalité qui peut devenir un frein à son plaisir. Il a besoin d'un cadre sécurisant à l'intérieur duquel il est intéressant de grandir, même si cela comporte la frustration de certains désirs. Les limites sous forme d'une fermeté bienveillante lui donnent des repères.

« Le tout jeune enfant n'est pas encore prêt à établir et gérer une véritable relation avec autrui. Les interactions entre bébés bien que fugitives au début peuvent être constructives, ainsi que les échanges entre plus grands si l'adulte gère attentivement les besoins de chacun : aménager un environnement qui protège des intrusions et agressions, réduire la taille des groupes, intervenir lorsque l'interaction n'est plus constructive, limiter le nombre d'interdits, formuler des règles simples et les répéter... Bref, prendre très sérieusement en compte l'immaturité sociale du jeune enfant. »

Repères pour des pratiques d'accueil de qualité (0-3 ans), ouvrage collectif, Office de la naissance et de l'enfance, Belgique.

Entre 3 et 5 ans, l'enfant commence à intégrer le sens des règles, puis autour de 6 ans, il devient capable de construire son point de vue sur ce qui est bon ou mauvais pour lui ou pour les autres. Il a besoin que l'adulte fasse appel à son sens des responsabilités. L'enjeu est l'intériorisation par l'enfant d'un ensemble de codes et de valeurs sociales au service de son adaptation et de son insertion sociale.

> *« Par ailleurs, poser une limite implique d'intervenir lorsqu'elle n'est pas respectée. Ce coup d'arrêt à son action provoque parfois chez l'enfant des réactions hostiles que les adultes redoutent. Il n'est donc pas toujours facile de dire « non » même si c'est un acte éducatif nécessaire. Pour être structurantes, les limites impliquent que les adultes soient persévérants et cohérents [...] Or, pour se construire, l'enfant a besoin d'adultes référents, sur lesquels il peut s'appuyer, et de repères stables, pour savoir jusqu'où il peut aller. L'apprentissage de la limite est un impératif de la construction sociale. »*
>
> *À la rencontre des enfants 3-12 ans,*
> *Office de la Naissance et de l'Enfance, Belgique*

Tout cadre éducatif est nécessairement un cadre souple, au sens où il assure la sécurité de l'enfant, tout en lui laissant la marge de manœuvre nécessaire à ce qu'il puisse expérimenter – par tâtonnement, c'est-à-dire essai/erreur – sa capacité à savoir s'orienter et user de sa liberté, dans le respect des autres et de lui-même. Une absence de cadre ou au contraire un cadre excessivement rigide ou surprotecteur n'est pas compatible avec l'apprentissage de l'autonomie par l'enfant ou plus tard le jeune.

L'enfant a en effet besoin de :

- sentir ses émotions accueillies, reconnues et d'être accompagné par l'adulte ;
- pouvoir modéliser son comportement sur celui de l'adulte au sens où l'enfant apprend davantage de ce qu'il voit faire que de ce qu'il s'entend dire (rôle des neurones miroir) ;
- éprouver de la confiance en constatant qu'il parvient à respecter les règles tout en affirmant son individualité et que ça lui permet de s'engager dans des relations positives avec les autres ;
- pouvoir compter sur une guidance constante et appropriée de règles de comportement.

6 Le besoin d'identité

La notion d'identité évolue dans le temps, mais aussi selon ses expériences et ses groupes d'appartenance. L'identité est un processus dynamique, car elle consiste à la fois en l'identité que l'individu se crée et en l'identité que les autres lui attribuent.

Le sentiment d'identité se relie à la connaissance de soi. Pour le très jeune enfant on parle de « l'émergence du soi ».

Entre les âges de 2 et 6 ans, les enfants accèdent à l'expression symbolique de leur rapport au monde extérieur. Il s'agit d'une période d'affirmation intense qui s'opère à travers le refus, l'exigence, l'expression de soi par tous les moyens, les jeux de construction et les jeux symboliques.

Entre les âges de 6 et 10 ans, les enfants découvrent des contextes de plus en plus variés qui les éloignent petit à petit du noyau familial. Ces contextes leur donnent l'occasion de découvrir leurs capacités, d'enrichir leur vécu et d'explorer leurs champs d'intérêt en relation avec d'autres. Par le biais du jeu, des expériences et de la poursuite de leurs aspirations, les enfants se créent et se donnent des images de ce qu'ils sont et de ce qu'ils peuvent faire. L'environnement social des pairs devient central.

« "Bonjour Bonhomme ! – Je ne suis pas un bonhomme, je suis Adrien." Adrien, deux ans et deux mois, n'aime pas qu'on le définisse. Depuis quelques jours, il revendique son prénom. Quand pour jouer, j'approche son assiette en lui disant : "Monsieur est servi", il répond : "Je ne suis pas monsieur, je suis Adrien". Adrien existe. Il affirme son identité, son individualité, sa vie à lui en exprimant ce qu'il veut et ne veut pas, ce qu'il ressent, ce qu'il vit. »

Repères pour des pratiques d'accueil de qualité (0-3 ans), ouvrage collectif, Office de la naissance et de l'enfance, Belgique.

L'enfant rappelle à l'adulte son besoin d'être reconnu dans sa singularité par son prénom, premier marqueur social dans son histoire.

7 Le besoin d'estime de soi et de valorisation de soi

L'enfant a besoin d'avoir une image positive de soi pour pouvoir se faire confiance, corrélée au sentiment de compétences et à la capacité d'affirmer des préférences, des choix.

L'estime de soi se constitue à partir de quatre composantes :

1. le sentiment de sécurité à partir du besoin inné et précoce d'attachement ;
2. le sentiment de réussite : la reconnaissance de ses essais et la valorisation de ses erreurs favorisent l'expérience du succès qui engendre la motivation, ce qui permet de mobiliser la persévérance devant la difficulté ;
3. le sentiment d'appartenance : l'enfant prend conscience de sa valeur à partir d'un vécu commun, au travers du regard des autres enfants et des interactions positives dans un groupe ;
4. le sentiment d'identité : peu à peu, l'enfant prend conscience de ses points forts et de ses points faibles, de ses différences, de sa singularité, il se découvre comme un être unique.

L'enfant a besoin d'être accepté inconditionnellement et estimé pour ce qu'il est, dans ses difficultés comme dans ses progrès. Cette expérience relationnelle est le fondement de l'estime de soi.

8 Les besoins particuliers

a. La situation de handicap

Repérage

L'enfant en situation de handicap est un enfant avec les mêmes besoins fondamentaux que les autres enfants, il a besoin de :

- sécurité (méta-besoin) ;
- expériences et exploration ;
- cadre ;
- identité ;
- estime de soi.

Important

Accueillir un enfant en situation de handicap, c'est connaître et reconnaître ses besoins spécifiques : sa différence, ses compétences, sa singularité, ses potentialités, son rythme propre de développement, son mode de communication.

Cela nécessite des ajustements :

- un temps d'adaptation parfois plus long pour pouvoir mieux le connaître, et connaître ses parents ;
- une plus grande souplesse pour s'adapter à ses besoins et aux choix éducatifs de ses parents ;
- un temps d'accueil qui doit se conjuguer avec les soins ;
- un temps d'accueil qui peut se prolonger jusqu'à ses 5 ans révolus.

C'est élaborer un PAI (un Projet d'Accueil Individualisé) :

- préparer sa venue au sein du groupe d'enfants et de parents ;
- adapter l'environnement à ses besoins, rendre les activités accessibles ;
- évaluer régulièrement, avec les parents, les professionnels de l'équipe et les partenaires de soins, la réponse à ses besoins et les adaptations mises en œuvre ;
- prévoir des temps de concertation et d'adaptation avec l'école ou l'établissement spécialisé.

Afin de répondre à la mission de service public garante de la bienveillance, de la bientraitance des enfants accueillis, enfants vulnérables par nature et d'autant plus car empêchés par une incapacité, les institutions mobilisent des pratiques d'observation, de réflexion, des réunions internes ou externes avec des partenaires afin de construire ensemble un projet spécifique pour chacun de ces enfants. Les modalités de ce projet s'intègrent dans le projet de l'établissement. Pour cette démarche, les professionnels de la petite enfance ont à adapter leurs compétences, leurs connaissances, à transposer leurs savoir-être et savoir-faire au bénéfice des besoins différents de tous les enfants.

Le rôle de l'auxiliaire de puériculture

L'auxiliaire de puériculture sécurise l'enfant par un maternage et des soins quotidiens qui s'adaptent à son rythme de développement propre : un binôme de référence est préférable pour assurer une continuité dans la prise en charge de l'enfant et de sa famille en évitant l'épuisement et l'isolement d'un professionnel. Ses observations sont partagées pour mesurer les progrès, les difficultés qui vont permettre l'adaptation du PAI. L'auxiliaire de puériculture communique régulièrement avec la famille sur l'évolution de l'enfant en s'essayant à un juste équilibre entre compétences et déficiences pour ne pas accabler ou leurrer les parents.

b. Prévention en petite enfance

Repérage

La notion d'intérêt supérieur de l'enfant ou de meilleur intérêt de l'enfant peut permettre d'arbitrer entre plusieurs besoins fondamentaux de l'enfant dans l'hypothèse où ces derniers ne pourraient pas être tous satisfaits.

Les professionnels de la petite enfance représentent un maillon central dans l'importance de pouvoir identifier les situations de vulnérabilité et d'adversité auxquelles les enfants sont exposés dès le plus jeune âge, afin de compenser le risque de perte de chance le plus précocement par des mesures de prévention, de promotion, de soutien à la parentalité.

Il existe des situations où le cadre relationnel de « qualité suffisante » ne se construit pas, ou pas suffisamment, parce que les adultes sont aux prises avec des difficultés de vie, ou de nature à leur poser des problèmes dans l'exercice de leur parentalité en influant négativement sur leur sensibilité et leur disponibilité.

Procéder à un repérage de qualité, c'est avoir pour objectif d'analyser la qualité « suffisamment bonne » des réponses aux besoins de l'enfant. Ce repérage doit mettre à jour la conscience qu'a la personne des difficultés qu'elle rencontre, de même que les ressources qu'elle peut trouver dans son entourage familial et amical et son environnement (aide des professionnels et services). La question est alors de voir comment ses actes montrent qu'il lui reste (ou pas) un espace psychique pour une « théorie implicite des besoins » de son enfant. Et c'est bien le but du repérage de définir et proposer des mesures de soutien précoce pour préserver, accompagner, voire pallier les difficultés, avant qu'elles ne causent un préjudice trop lourd à l'enfant.

Rôle de l'auxiliaire de puériculture

La démarche de consensus sur les besoins fondamentaux de l'enfant en protection de l'enfance fédère l'ensemble des acteurs autour d'une préoccupation partagée : l'observation de la satisfaction des besoins fondamentaux de l'enfant.

L'approche par les besoins fondamentaux de l'enfant a vocation à s'appliquer universellement et suppose une attention soutenue à l'enfant dans son environnement. Il s'agit en effet de développer, en proximité avec l'enfant et ses parents, une vision des besoins de l'enfant, en lien avec une évaluation de son développement, dans ses différentes dimensions. Les compétences en communication des professionnels pour maintenir le dialogue, leurs compétences d'observation des capacités parentales en situation apparaissent résolument indispensables.

En effet, les neurosciences permettent d'éclairer ce que les théoriciens de l'attachement ont observé, en montrant à quel point l'absence de relation avec un adulte sensible et fiable met l'enfant dans un état de mal-être physique et émotionnel qu'il vit comme menaçant. Cette menace est associée à une sécrétion de cortisol et d'adrénaline entraînant une augmentation des flux sanguin et respiratoire. Quand l'absence de réponse de l'adulte est persistante, le stress mobilise chroniquement l'organisme qui s'épuise, avec des effets péjorant sur la santé en perturbant le développement cérébral, notamment dans le traitement de l'information, augmentant le risque de désordres de l'attention, des émotions, de la cognition et du comportement.

C'est en portant une attention soutenue à tout ce que manifeste l'enfant dans le non verbal, dans son corps et ses manifestations physiologiques que l'auxiliaire de puériculture peut identifier des besoins particuliers.

9 Analyse de situation professionnelle

a. Illustration

Exemple

« Bruno, soucieux, va vers le pêle-mêle où se trouvent différentes photos des enfants et de leur famille. Il s'y arrête, le regarde intensément, regarde vers Patricia, l'auxiliaire de puériculture qui s'occupe de lui. Celle-ci vient vers lui, s'accroupit et regarde avec lui. Il pointe du doigt la photo de son papa. Patricia dit : "Tu montres la photo de ton papa ?" Elle le regarde, il pointe à nouveau et touche la photo avec toute la main. "Il est parti en voyage, il travaille, il a pris l'avion. Et ce soir, il te téléphone. C'est ce que ta maman nous a dit ce matin, tu te souviens ?" Bruno écoute, regarde tour à tour la photo et Patricia. Éloïse s'approche. Bruno sourit, regarde Éloïse et dit : "Papa Bruno… parti… avion". »

Extrait de *Repères pour des pratiques d'accueil de qualité (0-3 ans)*, ouvrage collectif, Office de la naissance et de l'enfance, Belgique.

b. Réflexions sur les savoirs, savoir-être, savoir-faire

Je fais le point

Que pouvez-vous dire de la posture de la professionnelle ?

Comment intervient-elle ? Pourquoi ?

Cours & Méthode

2 Le développement global de l'enfant

1 Introduction

> *« Les sphères du développement du petit enfant, physique, cognitif, affectif, social, sont inséparables. Chaque sphère de son développement interagit sur les autres selon une dynamique en spirale entre affectivité et acquisitions, entre éducation et soin, entre corps et cognition, entre socialité et construction du soi. Pour lui tout est langage, corps, jeu, expérience. »*
>
> *Extrait du Rapport Giampino, mai 2016.*

Les connaissances scientifiques tout comme les pratiques éducatives s'accordent aujourd'hui pour parler de développement global composé de différentes dimensions : neurologique, psychomotrice, socioaffective, cognitive et langagière. Les dimensions s'interinfluencent. Selon Pelletier (2001) « le développement global est un processus progressif et continu de croissance simultanée de toutes les dimensions de la personne. Il sous-entend l'acquisition de connaissances, la maîtrise d'habiletés et le développement d'attitudes sur les plans cognitif, psychomoteur, social, affectif et moral ». Ainsi, une même activité sollicite toutes les dimensions du développement.

Cas pratique

Mila, 2 ans, dépose des bouts de pâte à modeler dans un gobelet. Mila exerce sa motricité fine, agit sur le plan sensoriel et moteur, affirme sa personnalité en partageant son intérêt, adapte ses actions et mène son projet en imitant, en se concentrant, développe son répertoire langagier en communiquant ses intentions.

Au regard des lieux d'exercice de l'auxiliaire de puériculture territoriale, les données ci-après du développement concernent principalement les enfants de 0 à 6 ans.

2 Le développement neurologique

Le développement neurologique est à la base de tout le développement. La maturation du cerveau est un processus long, organisé et complexe. C'est en utilisant ses fonctions sensorielles et motrices, cognitives, sociales et affectives que l'enfant fait fonctionner et croître son système nerveux.

Le nouveau-né observe ce qui l'entoure, puis contrôle progressivement sa musculature et agit sur son environnement proche en manipulant, en rampant, en parlant… Ce qui favorise et construit le développement de comportements futurs comme faire de la bicyclette, construire une maquette, suivre les règles d'un jeu sportif collectif à 6 ans et plus.

Repères

Plasticité cérébrale

La construction du cerveau de l'enfant ne dépend pas uniquement de facteurs génétiques mais aussi de l'interaction entre les facteurs génétiques et les influences de l'environnement, c'est-à-dire les stimulations reçues par son entourage. On parle de malléabilité et de sensibilité aux expériences.

« Quand les expériences vécues sont répétées, les connexions et les circuits cérébraux sont consolidés en cinq ou six mois. » dit Dr Catherine Guéguen, pédiatre, spécialiste en neurosciences affectives et sociales.

Périodes sensibles

Maria Montessori avait au début du XXe siècle mis en évidence des « périodes sensibles » dans l'apprentissage de l'enfant. Les neurosciences confirment l'existence de ces moments propices pendant lesquels le cerveau est particulièrement réceptif pour acquérir une information ou a besoin de cette information pour continuer à se développer.

Points de vigilance

Le sommeil : un facteur d'influence

Déterminant pour la maturation du cerveau, le développement et l'apprentissage, le sommeil facilite l'encodage des expériences, la consolidation des acquis de la mémoire.

La sieste est un temps nécessaire et bénéfique pour la santé qui permet de maintenir l'activité cérébrale pour consolider les apprentissages.

Les effets dits « souterrains »

Le très jeune enfant est particulièrement sensible à ce qui se passe autour de lui, sans forcément en témoigner, tout en établissant les bases de ses fonctions cognitives. Ces effets peuvent être qualifiés de « souterrains » ou dormants car des adultes peuvent parfois croire que l'enfant ne « fait rien d'intéressant ».

Rôle de l'auxiliaire de puériculture

Le cerveau est construit pour bénéficier de l'expérience. Lorsque l'auxiliaire de puériculture parle à Thomas, bébé de 4 mois, dont elle est référente, elle prépare son cerveau au langage. La stabilité des évènements, leur inscription dans l'espace et le temps, les rituels sont autant d'occasions pour l'enfant de faire des liens entre ce qu'il vit et ce qu'il comprend.

Ainsi, l'auxiliaire de puériculture proposant un environnement stimulant, sécurisant, un climat chaleureux et positif, un aménagement soutenant les sens et l'action, respecte les périodes sensibles et contribue au développement neurologique.

Exercice

Un matin à l'accueil. Le papa de Louis, 30 mois, semble contrarié. Il souhaite que son enfant ne fasse plus la sieste. Depuis plusieurs jours, Louis a des difficultés à s'endormir.

Comment répondre au père de Louis ? Pourquoi ?

Corrigé

Dans les premières années de l'enfant, la sieste est un moment indispensable de la journée pour réguler l'énergie. L'activité cérébrale pendant le sommeil est indispensable pour la maturation du cerveau et pour l'assimilation des apprentissages.

Afin de répondre aux préoccupations du père de Louis, certaines questions peuvent orienter la réflexion.

Les besoins en sommeil évoluent, quel est son rythme dans le lieu d'accueil ? Quels apprentissages de Louis peuvent perturber ce rythme en ce moment ? Y a-t-il eu des changements dans son rituel du coucher le soir ? Est-ce que Louis vit une situation particulière pouvant affecter son sommeil ?

3 Le mouvement

Le jeune enfant a besoin de bouger, sa persévérance lui permet de développer ses habiletés motrices, son autonomie, la découverte de son environnement.

La motricité englobe les fonctions anatomiques, physiologiques, neurologiques, psychologiques qui assurent les mouvements (Paoletti 1999). Sa taille et son poids augmentent, l'enfant va adapter ses actions au contexte dans lequel il vit, dans sa motricité globale et dans sa motricité fine (manuelle). La motricité est toujours associée à la sensation. C'est pourquoi on parle de développement sensorimoteur : la vue pour se déplacer, le toucher pour manipuler, la proprioception pour se situer dans l'espace…

Repères

Facteurs qui influencent la motricité de l'enfant

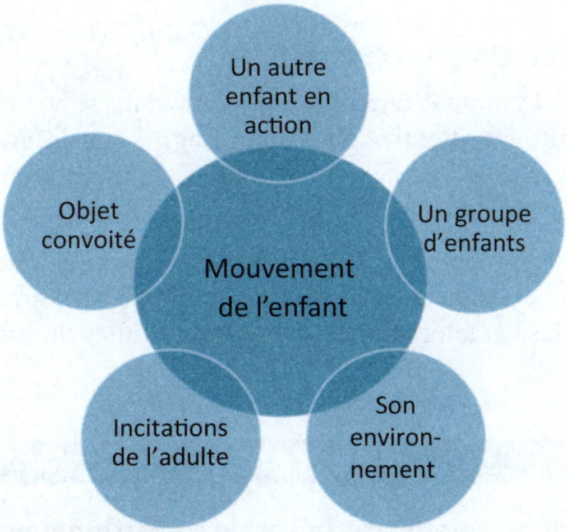

Évolution du développement psychomoteur

Les premières semaines de vie : je bouge et je ressens

Activités réflexes → Mouvements spontanés →

- Sensations extéroceptives : ce qui se passe dans mon environnement
- Sensations proprioceptives : ce qui se passe dans mon corps

La 1re année : je découvre et je m'améliore

- Je me redresse
- J'utilise mes mains

→

- Je me lève
- J'attrape un objet

→

- Je me déplace
- Je saisis plus délicatement

→

Je découvre

J'explore

De 2 à 6 ans : je diversifie mes habiletés en motricité globale et en motricité fine

- Je recherche l'équilibre
- J'agis avec mes 2 mains

→

- J'agis avec précision
- Je me coordonne

→

- J'agis selon le contexte
- J'agis dans l'espace et dans le temps

Points de vigilance

Un retard léger, une lenteur, des difficultés de coordination peuvent apparaître et susciter des inquiétudes chez les parents. L'auxiliaire de puériculture par ses observations au quotidien peut déceler si les difficultés sont en décalage marqué avec les possibilités motrices attendues selon l'âge chronologique. Il s'agit toujours d'être attentive aux actions et aux tentatives des enfants, d'être à l'écoute des parents, et de savoir passer le relais si nécessaire.

Rôle de l'auxiliaire de puériculture

Être plus habile permet à l'enfant d'être plus autonome dans sa vie quotidienne. Cependant l'auxiliaire de puériculture est attentive au plaisir d'agir : courir, grimper, sauter, dessiner, danser… Le plaisir d'agir et la variété d'expériences adaptées viennent alors soutenir les ajustements successifs, les maladresses à maîtriser, la motivation à persévérer.

Le développement psychomoteur se construit à partir des liens que fait l'enfant entre ce qu'il voit, ce qu'il entend et ce qu'il touche. L'ensemble de ces stimulations va permettre à l'enfant de comprendre les caractéristiques spatio-temporelles de son environnement.

Exercice

Parmi vos interventions, quelles activités de transition peuvent être l'occasion de développer la psychomotricité des enfants ? Comment ?

Corrigé

Les temps de transition comme les déplacements peuvent être l'occasion de situations motrices variées : marcher sur une ligne, avancer en posant les pieds sur des marques au sol, etc.

Chaque moment est une occasion de stimuler son développement global notamment l'habillage, l'hygiène corporelle, la préparation des repas, etc. L'habillage avant de sortir peut devenir une activité psychomotrice en lui accordant suffisamment de temps, des supports variés inédits modifiant l'expérience graphique, se laisser poursuivre par le groupe d'enfants créé une émulation bénéfique…

L'intervention en psychomotricité ne se réduit pas à la mise en place de parcours avec du matériel spécialisé. L'imagination de l'adulte et l'enthousiasme de l'enfant sont prétextes à une quantité infinie de propositions.

4 Le développement socioaffectif

Dès sa naissance, l'enfant entre en interaction avec autrui, puis apprend à se distinguer. Le développement socioaffectif est le résultat de l'interaction entre l'enfant et les milieux dans lequel il vit.

Repères

Tempérament : prédisposition à des réactions comportementales et émotionnelles qui sont innées et se manifestent dès la naissance. À partir du tempérament, et au fil des expériences personnelles et sociales, la personnalité va se construire peu à peu.

La façon dont un enfant réagit à son environnement a un impact sur le comportement des adultes qui en prennent soin. Les enfants qui sont plus négatifs sur le plan émotionnel suscitent des réactions plus négatives chez les adultes qui s'en occupent, ce qui influence le développement de la relation d'attachement (voir chapitre 1 : « Répondre aux besoins »).

Mordre, pousser, griffer… les comportements agressifs sont un mode de communication privilégié chez les 2-3 ans. La plupart des enfants vont progressivement contrôler et inhiber leurs gestes, notamment lorsque l'enfant est en mesure de s'exprimer avec des mots. La période entre 2 et 5 ans est le meilleur moment pour les aider à réguler leurs émotions négatives et contrôler leur agressivité physique.

Points de vigilance

Il est important pour l'adulte qui s'occupe d'un jeune enfant d'être conscient des réactions que suscite le tempérament de cet enfant, et de repérer que son propre tempérament influe sur ses relations avec les enfants dont ils s'occupent. Dans le cas contraire, il en résulte des agacements et des impatiences de l'adulte envers l'enfant.

Rôle de l'auxiliaire de puériculture

En étant disponible physiquement et émotionnellement, l'auxiliaire de puériculture se montre sensible aux besoins différents de chaque enfant et tient compte du tempérament dans la relation.

Le développement de relations interpersonnelles harmonieuses passe par des interactions adulte-enfant positives et une structuration des lieux et des activités, notamment en petits groupes.

Exercice

1. Kenza, 11 mois, est assise près de Daniel, 12 mois. Kenza attrape une mèche de cheveux de Daniel, tire fortement jusqu'à faire basculer Daniel sur le côté qui se met à pleurer et crier. Comment intervenez-vous et pourquoi ?
2. Ana, 30 mois, s'empare du tricycle sur lequel était installée Jeannette, 36 mois. Ana pousse à terre Jeannette, s'assoit et pédale très vite en s'éloignant. Jeannette reste à terre et pleure. Comment intervenez-vous et pourquoi ?

Corrigé

1. De 6 mois à 1 an l'exploration manuelle est au centre de l'activité de l'enfant : secouer, cogner, écraser, agripper, presser… Il a besoin de se créer des situations pour manipuler et développer sa perception multisensorielle. Dans la situation, Kenza est dans cette phase d'exploration et cherche à poursuivre sa découverte au détriment de Daniel. En effet, Kenza ne peut pas adopter un autre point de vue que le sien.

L'aménagement de l'espace de vie influe non seulement sur l'activité des enfants, mais aussi sur les relations entre eux et avec les adultes.

Une intervention calme et empathique est requise pour mettre de la distance physique entre Kenza et Daniel, les rassurer : mettre des mots pour chacun sur ce qui vient de se passer, favoriser les échanges réciproques en introduisant un nouveau jeu, proposer une variété d'objets à manipuler.

2. Les habiletés sociales vont s'acquérir graduellement au contact des autres et avec le soutien de l'adulte. Ana a besoin de trouver une autre façon d'agir lorsqu'elle a très envie du tricycle. Jeannette a besoin d'être reconnue dans son émotion. Une intervention positive place l'enfant au cœur de ses apprentissages et l'aide à résoudre les conflits qui émaillent la rencontre : par exemple, inviter Ana à décrire le problème et à trouver une autre solution, et nommer l'émotion pour Jeannette.

Les comportements agressifs atteignent leur maximum en collectivité entre 2 et 3 ans. L'agressivité est moins susceptible de se développer dans un environnement qui favorise les interactions positives. « Ana, la prochaine fois j'aimerais que tu demandes le tricycle avant de le prendre. Jeannette, je pense que tu es fâchée, tu n'aimes pas qu'on t'enlève le tricycle, tu peux le dire à Ana. »

La prévention passe par rediriger certains jeux lorsque l'agressivité augmente, prévenir les affrontements liés aux conflits de personnalités, planifier des activités en petits groupes pour les 18 mois-3 ans, énoncer des consignes claires, précises, constantes.

5 Le développement cognitif

Le développement cognitif concerne la façon dont l'enfant comprend le monde qui l'entoure, ainsi que les aptitudes telles que la mémoire, le raisonnement, l'apprentissage.

Repères

La théorie de Jean Piaget reste très influente dans notre compréhension de l'organisation des comportements et de la pensée. Pour lui, l'intelligence se développe et se construit par l'action : manipuler, toucher, regarder, se représenter. Ce qui caractérise la petite enfance, c'est l'égocentrisme, c'est-à-dire la difficulté à adopter le point de vue d'une autre personne.

Points de vigilance

Un rythme de développement très inférieur à la moyenne, des besoins de beaucoup plus de temps pour acquérir des habiletés, des difficultés à comprendre (son nom, des consignes verbales) sont des signaux d'alerte pour une observation plus fine des modalités comportementales.

Rôle de l'auxiliaire de puériculture

L'auxiliaire de puériculture soutient le développement cognitif en facilitant l'exploration active par le corps et les sens, en tenant compte de ce qui motive et intéresse les enfants, en suivant l'initiative de l'enfant. La communication est au centre des apprentissages de l'enfant. Le dialogue est essentiel pour soutenir l'intérêt et la motivation.

Exercice

Timéo utilise des blocs de différentes tailles et construit une tour en équilibre. Il hésite entre 2 pièces à poser. Sonia, l'auxiliaire de puériculture dit « Que va-t-il se passer si tu poses le gros bloc rouge sur ta construction ? »

Comment Sonia encourage l'initiative de Timéo ?

Corrigé

En initiant un dialogue, Sonia montre son intérêt dans le jeu de Timéo, tout en soutenant son initiative, sa créativité, sa capacité à résoudre un problème (est-ce que la tour va rester en place ?). Sonia sait que par la manipulation, l'expérimentation et le dialogue, elle contribue au développement de la pensée de Timéo.

6 Le langage

Dans toutes les cultures, le langage s'acquiert naturellement, contrairement à la lecture et l'écriture qui sont enseignées. L'enfant doit posséder un équipement neurologique et physique fonctionnel (système auditif, appareil phonatoire) ainsi qu'une condition sociale, une exposition à un bain de langage.

Repères

Le développement du langage comporte deux mouvements : la compréhension et la production. Il est constitué de quatre composantes : les sons, les mots, les phrases, la communication.

0-12 mois	12-18 mois	18-30 mois	30-36 mois	3-6 ans
sons	mots	phrases	conversation	Expression des sentiments, pensées, émotions
Conquête du langage				
Du cri… …à l'écrit				

Des différences individuelles importantes sont présentes dans le développement du langage. Chaque enfant a son propre rythme.

Points de vigilance

Les retards et troubles du langage sont toujours à mettre en lien avec leur importance et leur persistance. Les difficultés langagières peu ou pas dépistées se répercutent sur d'autres composantes du développement, notamment la sphère sociale. Le manque de réaction à la voix ou aux bruits, l'absence de babil dans sa 1re année, très peu de mots utilisés vers 2 ans, des enfants peu compréhensibles après 36 mois, des indices concrets sont à observer chez l'enfant qui interpelle par son développement langagier.

Rôle de l'auxiliaire de puériculture

Lire des histoires dès la naissance, les chansons, les comptines leur permet de découvrir le pouvoir et le plaisir des mots, le rythme, les rimes, le dialogue. L'auxiliaire de puériculture reformule l'énoncé de l'enfant de manière adéquate, puis en ajoutant de l'information. L'auxiliaire de puériculture tient compte du rôle du langage dans le développement global de l'enfant, pour faciliter ses relations, réguler ses émotions, soutenir son raisonnement.

Exercice

1. Camilia, 13 mois désigne un livre du doigt. Carole, l'auxiliaire de puériculture dit : « C'est le livre que tu veux ? », puis en tendant l'objet à Camilia : « Tiens, voici le livre. » En quoi l'attitude de Carole vous semble propice à soutenir le développement du langage de Camilia ?
2. Isabelle, auxiliaire de puériculture, aide Hugo, 2 ans, à s'habiller pour sortir. Hugo lui dit « C'est cro difficile les saussures. » Isabelle regarde Hugo et lui dit « C'est trop difficile de mettre tes chaussures ? Je vais t'aider à mettre tes souliers. » En quoi cette situation du quotidien soutient le développement du langage d'Hugo ?

Corrigé

Les sons, les mots, les phrases et les conversations composent le langage de l'enfant et se développent à travers les interactions avec son entourage.

1. Le fait de pointer du doigt aide Carole à saisir le message de Camilia. En nommant le livre, Carole aide Camilia à associer le son à l'objet. En décrivant ce qu'elle fait, Carole met des mots sur l'environnement de Camilia.
2. Isabelle reformule l'énoncé d'Hugo, tout en le laissant prendre l'initiative de la conversation. Elle utilise un autre mot « les souliers ». Isabelle sait que plus l'enfant entend de mots différents, plus il augmente la précision de son langage.

C'est en étant exposé à différents sons, phrases dans des situations sociales sécurisantes et stimulantes que l'enfant construit son langage.

7 Le jeu : moteur du développement

« Le jeune enfant prend connaissance du monde par sa sensibilité, où sont liés le corporel, le cognitif, l'affectif, l'émotionnel et le social : il est d'emblée attiré par le visage humain, la musique, les images, le mouvement et la nature. »

Extrait Rapport Giampino, mai 2016.

Le jeu nourrit sans arrêt le développement de l'enfant, de la même façon que son développement nourrit sans arrêt son jeu.

Le jeu est une activité simple, spontanée, évidente, naturelle et cependant complexe à définir. Le jeu est multiple car relié à la singularité de chaque enfant.

Définition

« Le **JEU** : attitude subjective où plaisir, curiosité, sens de l'humour et spontanéité se côtoient, qui se traduit par une conduite choisie librement et pour laquelle aucun rendement spécifique n'est attendu. » (F. Ferland, 1998.)

Deux aspects sont à envisager :

1. Le jeu comme outil de développement pour l'enfant de ses capacités propres.
2. Le jeu comme mode d'expression et donc moyen pour l'adulte de comprendre l'enfant (voir chapitre 4 : « Le jeu : un en-jeu professionnel »).

Les savoirs indispensables

Repères

À quoi joue l'enfant ?

Il existe une typologie du jeu qui s'appuie sur les théories du développement (notamment Piaget). Le système ESAR (développé au Québec par Denise Garon dans les années 1980) est une classification de référence qui relève 4 types de jeux :

- jeux d'Exercices : ceux qui suscitent le jeu sensoriel, moteur, répété avec ou sans objet (dès la 1re année) ;
- jeux Symboliques : ceux qui permettent de faire semblant, d'imiter, puis de mobiliser des jeux de rôles liés à la fantaisie et à l'imagination (vers 2 ans) ;
- jeux d'Assemblage : ceux qui consistent à réunir, combiner, agencer, au départ sans but précis puis vers une expérimentation complexe ;
- jeux de Règles : ceux impliquant un code à respecter, des règles acceptées, un objectif comme la victoire (privilégiés à partir de 4-5 ans).

Pourquoi l'enfant joue ?

L'enfant recherche…	… ce qui renforce
le plaisir…	… sa motivation à agir
la découverte…	… sa capacité d'adaptation
la maîtrise…	… son esprit d'initiative
la créativité…	… ses possibilités d'innovation
l'expression…	… ses moyens de communication

Le jeu interagit avec toutes les sphères du développement.

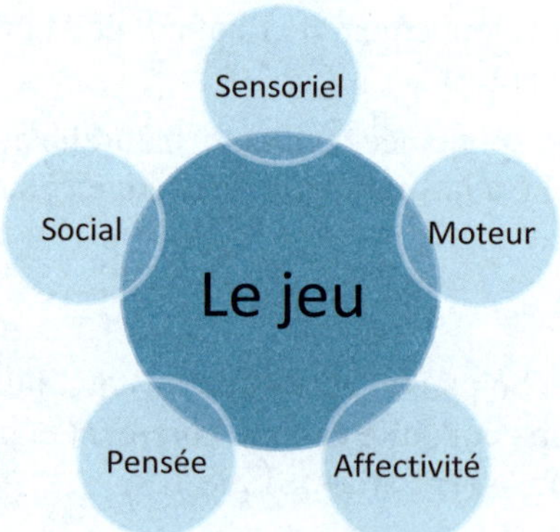

Avec qui l'enfant joue ?

L'enfant joue seul ou avec d'autres. Le niveau d'interaction sociale donne une caractéristique au jeu de l'enfant (d'après Weitzman 1992) :

Types de jeux	Exemples
Jeux solitaires : l'enfant joue seul ou en utilisant du matériel différent de ceux des enfants près de lui.	Jouer à insérer des objets dans un contenant.
Jeux parallèles : les enfants jouent côte à côte, au même type de jeux, pas nécessairement de la même façon, sans interaction continue.	2 enfants se déguisent en se regardant quelques fois sans toutefois interagir entre eux.
Jeux associatifs : l'enfant joue avec les autres de manière semblable, sans organisation ni but commun.	Un enfant fait « un gros serpent » en pâte à modeler. Un autre enfant dit qu'il fera « un lion ». Il réalise un gâteau qu'il mime de manger.
Jeux coopératifs : les enfants construisent le jeu ensemble autour d'un but commun, au fur et à mesure de son évolution.	3 enfants décident de construire une cabane avec des cartons. Ils décident ensemble de l'endroit, de la porte d'entrée…
Jeux d'observation : l'enfant observe des enfants qui jouent sans participer avec ou sans échange verbal.	Un enfant à l'écart regarde des enfants qui jouent dans le bac à eau.

Quelle évolution du jeu dans le développement ?

Les processus de croissance des principales acquisitions du développement font apparaître les composantes essentielles de l'évolution du jeu de l'enfant :

- la marche est en lien avec la notion de défi ;
- l'individuation est en lien avec la notion d'exploration ;
- la propreté est en lien avec la notion d'affirmation et d'opposition ;
- le langage est en lien avec la notion d'imitation, de symbolique, de rôles.

Entre 4 et 6 ans, son sentiment d'identité se renforce et l'enfant devient prêt pour investir les jeux de règles (jeux de société, jeux sportifs).

Points de vigilance

Le rapport entre l'équilibre et l'écoute

Le système auditif joue un rôle important dans les processus d'équilibration. Repérer un son dans l'espace, c'est d'abord repérer l'espace, et avant tout se situer dans celui-ci.

La musique participe au développement du sens de l'équilibre même pour des enfants qui se tiennent tout juste assis, ou pour des enfants en situation de handicap ayant des troubles statiques.

L'élaboration du schéma corporel

Le schéma corporel est la prise de conscience par l'enfant de son corps et de la place qu'il occupe dans l'espace. Il donne au corps une image concrète de ses possibilités d'action, un contrôle plus précis de ses mouvements et donne à l'enfant un sentiment de sécurité dans ses activités motrices. Progressivement il va prendre conscience de lui-même.

Un enfant malvoyant aura un développement psychomoteur plus lent qu'un autre. Il marchera plus tard, vers 22 à 25 mois, car son schéma corporel se développe plus lentement en raison des stimuli moins importants. Il n'a pas cette envie de découverte de l'environnement qui pousse le nourrisson à se lever. Il va avoir besoin de développer de bonnes compétences psychomotrices telles que la latéralisation, la motricité fine, le toucher efficace, l'organisation dans l'espace… D'où l'importance d'une prise en charge précoce.

La marche et les acquisitions sensorielles et psychologiques

Au début de la vie, la bouche est plus sensible que les mains, l'enfant reconnaît les objets en les portant à la bouche. Puis la motricité des mains va évoluer avec la myélinisation. Petit à petit l'enfant prend conscience de l'existence des autres (l'angoisse de l'étranger, décrite par Spitz). À la suite de ces étapes, arrive le moment où l'enfant va élargir son espace d'exploration avec la marche.

Certains enfants, bien que possédant une force musculaire et un équilibre suffisamment stable, n'éprouvent pas le besoin de marcher : ils peuvent avoir besoin de continuer à explorer le monde par la bouche et d'avoir plus de temps pour éveiller le toucher, ils peuvent ne pas être prêts à se confronter aux déplacements des autres enfants.

Rôle de l'auxiliaire de puériculture

Les potentialités de chaque enfant sont imprévisibles et variables d'un enfant à un autre. Le rôle de l'auxiliaire de puériculture est d'observer le plaisir que l'enfant manifeste à s'exercer dans telle ou telle direction, à utiliser ses capacités afin d'aménager le temps et les espaces (voir chapitre 4 : « Le jeu : un en-jeu professionnel »).

Exercice

Nacim, 24 mois, est assis avec des figurines d'animaux. Il fait glisser les figurines sur le toboggan du garage à voitures. Il regarde attentivement les glissages des figurines sur le plan incliné. Il recommence à plusieurs reprises tout en fredonnant une chanson. Il n'y a pas d'enfants près de lui.

Que pouvez-vous dire du jeu de Nacim ?

Corrigé

Nacim est dans un jeu fonctionnel et solitaire par la répétition de son action sans présence d'autres enfants. Il utilise le coin symbolique qu'il détourne. Nacim se crée un scénario dans lequel il explore et manipule les objets choisis. Le jeu libre permet à Nacim d'explorer ce jeu à sa façon, de faire ses choix, de suivre son rythme en utilisant son imagination.

3

Cours & Méthodes
Prendre soin

Prendre soin c'est commencer par se soucier de l'autre. C'est aider à grandir, à se développer. C'est être avec, être là dans une présence et une disponibilité physique et psychique.

Au regard des lieux d'exercice de l'auxiliaire de puériculture territoriale, les données ci-après concernent principalement les enfants de 0 à 6 ans.

1 Continuité des soins

a. Définition

Définition

La CONTINUITÉ DES SOINS se traduit par la continuité du suivi quotidien qui pose des repères pour l'enfant.

Winnicott (1956) a décrit cette fonction de la « continuité des soins » à l'aide de trois concepts :

1. Le « *holding* » qui signifie le maintien, la façon dont est porté l'enfant physiquement et psychiquement, les soins qui lui procurent une sécurité affective et une chaleur protectrice tant physiologique que psychique.
2. Le « *handling* » qui signifie le maniement, la manière dont l'enfant est traité, soigné et manipulé par la personne qui lui donne les soins.
3. Le « *object-presenting* » qui concerne la présentation de l'objet, c'est-à-dire la façon dont l'environnement est présenté à l'enfant.

La continuité des soins en collectivité s'appuie sur :

- des espaces identifiés : sommeil, repas, toilette et change ;
- un nombre restreint d'adultes qui interviennent.

Afin de :

- satisfaire les besoins et être attentif au confort, au plaisir, à l'expression de chaque enfant ;
- rendre les événements prévisibles ;
- construire des repères spatio-temporels pour chaque enfant.

Et permettre à chaque enfant de :

- développer son sentiment de sécurité interne ;
- s'orienter dans le temps, pouvoir anticiper, pouvoir compter sur l'adulte.

b. Entre maison et lieu d'accueil

Dans le soin parental la présence de besoin mutuel d'appartenance et la qualité d'investissement affectif amène les parents à soigner leur enfant dans une dimension intuitive, relationnelle, implicite.

Dans le soin professionnel, les paroles et les gestes sont réfléchis, explicites, conscients, verbalisés, partagés en équipe.

Il est primordial pour le très jeune enfant d'être dans la continuité entre sa vie familiale et celle du lieu d'accueil. L'enfant a besoin qu'un pont s'établisse entre ces deux mondes à partir d'une familiarisation, d'une adaptation, grâce à des transmissions quotidiennes entre parents et professionnels.

En pratique

Savoir comment il aime être couché, ce qui lui permet de s'endormir plus facilement, ce qu'il mange avec réel plaisir et dans quelle quantité, s'il veut se reposer ou bien jouer, quel objet l'intéresse le plus actuellement, ce qu'il aime regarder, toucher, manipuler, comment le consoler et le rassurer, quel geste brusque le fait tressauter…

Pour prendre soin de l'enfant, l'auxiliaire de puériculture a besoin de connaître et comprendre les besoins fondamentaux et personnels de l'enfant, mais aussi un certain nombre de choses sur les mouvements et les singularités de son développement.

« Il s'agit d'une rencontre, il s'agit de s'apprivoiser mutuellement et les renseignements fournis à l'initiative des parents auront toujours plus d'intérêts que ceux demandés de manière automatique et inappropriée ou non personnalisée. »

L. Rameau, À la crèche il était une fois, 2010.

c. Au quotidien dans le lieu d'accueil

Suite à la période d'adaptation plus au moins longue selon les lieux, l'auxiliaire touche l'enfant, le tient, le porte d'un endroit à un autre, cherche à entrer dans une proximité intime avec lui, le nourrit, le couche… Au cours de la journée, l'enfant passera d'une pièce à l'autre, d'un professionnel à un autre.

Prendre soin c'est porter une attention sur tous les passages d'un temps privilégié à un autre temps, d'un espace à un autre, afin que le lieu d'accueil devienne un lieu où l'enfant peut se familiariser, s'investir et non se résigner.

En pratique

Qui sera là quand l'enfant que je mets au lit se réveillera ? Qui s'en occupera et comment ? Que dire aux parents de la journée vécue par cet enfant ? Qui le dira ? Comment ? Sur base de quels éléments ? Avec quel support ?

d. Accompagner les transitions

Prendre soin c'est aussi porter attention aux changements :

- d'espace : unité de vie, section, établissement
- de personnes : nouveau personnel, stagiaire, intervenants extérieurs
- de temps : évènements festifs au sein du lieu de vie, sorties, actions passerelles entre EAJE et école maternelle…

e. L'auxiliaire de puériculture et l'enfant : une relation privilégiée

Prendre soin c'est donner une attention aux moments individualisés en soutenant la rencontre privilégiée enfant-auxiliaire de puériculture par des échanges langagiers et corporels.

L'auxiliaire de puériculture prévient l'enfant, l'informe de ce qu'elle fait avec lui au travers des mots et des gestes, recherche sa coopération et sa participation. L'enfant devient partenaire dans ce soin qui concerne son corps par le dialogue verbal et corporel initié par l'adulte.

Important

Tout enfant demande qu'on s'adapte autant que possible à ses particularités, ceci quel que soit le type d'organisation.

La qualité du lien et des interactions est renforcée lorsque l'auxiliaire de puériculture ajuste les rythmes de vie en fonction des rythmes physiologiques propres à chaque enfant (faim, soif, sommeil, mouvement, propreté…), respecte les différences de goûts, de rythmes, d'aptitudes, tient compte des habitudes familiales.

Prendre soin, c'est donc assurer une continuité et différencier.

2 L'enfant et son corps

a. Observer

Avant tout soin du corps, l'auxiliaire de puériculture prévient l'enfant, recherche son accord, l'encourage à être acteur au moment du soin. Elle garantit un moment d'intimité dans une relation individualisée de qualité.

Chaque soin est l'occasion de déceler chez l'enfant son expression, son confort, son plaisir, et le soutenir dans son ouverture progressive à l'autre. C'est aussi l'occasion d'être attentif à ses désagréments, ses tensions, ses crispations qui révèlent des signes de défense et de fermeture à l'autre. L'auxiliaire de puériculture, par ses observations et leurs transcriptions, est garante de la continuité entre les interventions des différentes personnes responsables de la prise en charge des enfants.

> **Exemple**
>
> Les observations montrent par exemple quand l'enfant est capable d'attraper une main avec l'autre, de fixer son poing ou de suivre du regard un adulte ou un autre enfant, quand il est prêt à être installé quelques minutes sur un tapis ferme dans un espace protégé. « Tiens, la semaine passée, quand Enzo était appuyé sur son coude, il mettait ses deux jambes au sol pour maintenir son équilibre. Maintenant il passe plus souplement d'une position à l'autre. »

Mesurer, transmettre

Pour l'auxiliaire de puériculture, la prise de notes rend la compréhension de chaque enfant plus aisée : elle permet de rendre compte de l'évolution de l'enfant, de relever les signes tangibles qui amènent à se poser des questions en équipe, de vérifier quand et comment a commencé tel ou tel problème de comportement. Les observations menées auprès d'un enfant permettent aussi de faire le point sur les conditions de qualité qui sont offertes à chaque enfant.

Pour l'enfant, les notes recueillies, au travers des observations, permettent de maintenir une continuité très importante entre ses parents et les professionnels. Lors des transmissions faites entre l'auxiliaire de puériculture et les parents, l'enfant entend ce qu'il a vécu, il peut faire des liens avec le temps passé dans la structure et apprendre comment son entourage le perçoit.

Transmettre ses observations, c'est aussi faire l'expérience d'être soi-même écouté dans ses doutes et ses incertitudes lorsque, par exemple, certaines situations viennent percuter les appuis professionnels ou solliciter la dimension émotionnelle du soin.

> **Exemple**
>
> Pablo (6 mois) vient d'intégrer le multi-accueil. Marina, auxiliaire de puériculture, constate qu'il ne bouge pas beaucoup sur le matelas de change. Avant d'alerter et d'inquiéter les parents, Marina l'observe à d'autres moments de la journée. Lorsqu'il est sur le tapis d'éveil près de la fenêtre, Pablo s'anime. Marina repère que la luminosité de cet espace convient mieux à Pablo et peut soutenir ses apprentissages moteurs en l'installant près de la fenêtre. Elle note sur la feuille de suivi ses observations et les transmet à ses collègues.

À retenir

- Pourquoi observer ? Pour croiser les regards, les rendre complémentaires, se décentrer. Pour se préparer à la rencontre des parents et/ou des partenaires.
- Qui ? Les enfants qui vont bien, les enfants qui questionnent.
- Quoi ? Les interactions, les pratiques professionnelles, les différents temps et leur organisation.

- Quand ? Les 1ers jours d'accueil, au quotidien, quand des interrogations surviennent, à la demande d'un parent.

Observer est une démarche centrale dans l'organisation du travail d'équipe au service du prendre soin.

b. Santé et urgence

Données pour le soin

Le dossier médical est la propriété du patient, et donc des parents de l'enfant. Les données conservées pour l'accueil d'un enfant en EAJE concernent : les mesures (taille, périmètre crânien, dentition), les relevés biométriques, les courbes de poids, les vaccinations, le régime alimentaire, et éventuellement le Projet d'Accueil Individualisé (PAI). Le PAI concerne les enfants et adolescents atteints de troubles de la santé tels qu'une pathologie chronique (asthme, par exemple), une allergie, une intolérance alimentaire. Le PAI est un document écrit qui permet de préciser les adaptations à apporter à la vie de l'enfant ou de l'adolescent en collectivité.

En pratique

Les établissements utilisent : des feuilles de rythmes (pour les bébés), des feuilles journalières de transmission, des notes d'observations, des cahiers de liaison…

Prise de médicament

La législation concernant l'aide à la prise de médicaments est l'objet d'interprétations juridiques. Donc, suivant les établissements et en fonction du choix du gestionnaire, la direction peut considérer que l'aide à la prise de médicaments fait partie des attributions de l'auxiliaire de puériculture. C'est un acte qui nécessite une formation. La personne qualifiée est désignée par la direction de l'établissement et cette autorisation peut concerner une ordonnance rédigée par le médecin traitant et/ou dans le cadre d'un PAI. Dans les EAJE, la législation demande à ce que les situations de soins soient décrites dans un protocole de santé, rédigé par le médecin rattaché à l'EAJE et contresigné par la direction.

L'urgence

La situation d'urgence est décrite dans un protocole d'urgence. Ce document précise qui doit agir et selon quelle procédure. Il convient de suivre scrupuleusement le protocole, et en cas de doute de joindre le numéro d'urgence 15.

Dans le cadre d'un PAI, un protocole d'urgence est souvent joint et précise ce qui doit être fait. L'auxiliaire de puériculture peut être autorisée à intervenir lorsque son nom est notifié dans le PAI.

Exemple

Un enfant asthmatique est accueilli à la crèche. Suite à l'ordonnance du médecin traitant de l'enfant, un PAI a été établi avec le médecin de la structure, la maman de l'enfant, la directrice. Le PAI stipule l'autorisation d'administrer à l'enfant une bouffée de VENTOLINE (traitement médicamenteux) en cas d'apparition des signes présageant une crise d'asthme, à savoir : toux, essoufflement, sifflement. Dans le protocole d'urgence est précisé le nom de la personne qualifiée qui doit intervenir.

3 Hygiène et sécurité

Le lieu d'accueil, son environnement, son accessibilité doivent permettre de garantir la santé, la sécurité et l'épanouissement des enfants accueillis.

L'exposition à certains facteurs environnementaux est de plus en plus suspectée dans l'apparition des maladies chroniques et de troubles de la santé.

Les établissements d'accueil d'enfants de moins de 6 ans sont directement concernés par les mesures de prévention santé et sont des relais d'informations pour les familles.

a. Entretien du matériel et de l'environnement de l'enfant

La crainte du risque de prolifération microbiologique ne doit pas faire oublier le risque chimique.

Principales règles d'usage

- Bien connaître les produits : étiquetage, fiche de données sécurité, fiche technique.
- L'aération et la non-exposition des enfants aux produits détergents et désinfectants permettent de diminuer la pollution intérieure.
- La sécurisation des espaces d'hygiène des enfants passe toujours du plus propre au plus sale.
- Pour la toilette, le savon simple et l'eau sont préconisés, certains produits supplémentaires cosmétiques se révèlent inutiles et nocifs car laissant des résidus sur la peau.
- Le nettoyage-désinfection des matelas partagés se fait entre chaque change, en protégeant le contact cutané de l'enfant.
- Une grande vigilance est requise sur les matériaux utilisés pour les activités créatives. Certains produits mentionnent « ne convient pas aux enfants de moins de 3 ans ».
- L'exploration buccale étant très importante les deux premières années de vie, il est souhaitable d'utiliser des matériaux ne présentant aucune toxicité en cas d'ingestion.
- Les protocoles de nettoyage-désinfection des jouets doivent être affichés et méthodiquement suivis.
- Le recours à la protection physique solaire : privilégier les zones d'ombre, les chapeaux, les vêtements.

À retenir

L'auxiliaire de puériculture participe à renforcer les défenses naturelles de l'enfant en aérant les pièces, en vérifiant une température adaptée dans les pièces, en donnant à l'enfant une alimentation régulière et variée, en lui proposant régulièrement à boire, en lui assurant une bonne respiration par le nez (hygiène du nez, mouchages…), en lui fournissant calme, repos et protection du groupe lorsqu'il n'est pas en forme.

b. Sécurité

L'auxiliaire de puériculture choisit un matériel sécurisé, en bon état et diversifié (formes, matières, textures, poids, couleurs…) qui permet de respecter les positions motrices que l'enfant maîtrise sans le restreindre dans ses mouvements.

Le milieu d'accueil veille à gérer les facteurs d'ambiance (environnement sonore, visuel, etc.) en fonction des activités des enfants et en préservant leur bien-être. Il porte une attention particulière aux sources de bruits et à ce qui détourne les enfants et les professionnels de leurs activités.

L'environnement matériel, des espaces intérieurs et extérieurs, est conçu pour contribuer à la qualité du lien avec l'enfant et permettre à l'enfant de développer son activité. L'auxiliaire de puériculture maintient le contact visuel avec l'enfant pour soutenir la sécurité affective et assurer la sécurité physique en garantissant l'intégrité corporelle de chaque enfant.

Important

Une surveillance effective et constante est requise pour les temps de sieste. L'auxiliaire de puériculture accompagne et rassure lors de l'endormissement, respecte les rythmes de sommeil de chaque enfant, régule l'activité du groupe durant les temps de repos.

Évacuation, mise à l'abri, confinement

Un guide ministériel destiné aux professionnels de la petite enfance et aux acteurs publics de la sécurité a été édité en 2017 : « Sûreté dans les EAJE, se préparer aux situations d'urgence particulière (agression provenant de personnes extérieures, attentat) ». Des exercices doivent être organisés par la direction et l'auxiliaire de puériculture doit connaître et suivre les procédures.

c. Entretien personnel

Les maladies se propagent rapidement en collectivité. Rares sont les jeunes enfants qui échappent aux infections saisonnières telles que les rhumes, rhino-pharyngites, angines ou encore gastro-entérites, parce qu'ils sont en contact direct avec d'autres enfants dans un espace restreint. Pour limiter le risque de contagion entre enfants et entre enfants-adultes, la prévention repose sur le lavage des mains des professionnels, les virus se transmettant par contact direct des mains où ils peuvent rester actifs et présents longtemps.

L'auxiliaire de puériculture effectue pendant au moins 30 secondes :

- un lavage soigneux des mains avant et après les passages aux toilettes et les changes, les temps de pause.
- un lavage soigneux des mains avant et après la préparation des biberons, repas, collations.
- un nettoyage régulier des jouets, de la table à langer, du plan de travail.
- un nettoyage et une désinfection des toilettes et des pots.

d. Prendre soin de soi pour prendre soin des autres

Le très jeune enfant communique avec son corps, mais il décrypte aussi les messages du corps de l'adulte. L'adulte stressé a le corps plus tendu, plus tonique et un rythme cardiaque plus rapide (lors du portage, la tête des bébés est souvent placée près du cœur de l'adulte) et la voix moins paisible. Tous ces signaux indiquent au jeune enfant d'être vigilant car il y a quelque chose qui ne va pas, ce qui entraîne des tensions dans ses postures. Chaque adulte est responsable de sa propre communication non verbale et la gestion de son stress.

En pratique

Pour mieux communiquer avec son corps, les techniques de relaxation contribuent à apaiser les tensions corporelles. Le travail sur la respiration permet de réguler le souffle et soutient la régulation des émotions. La gestion du stress est une démarche pour mieux gérer les émotions négatives. Lorsque l'auxiliaire de puériculture, avec des mots appropriés, verbalise le moment difficile tout en étant attentive à son ressenti corporel, les jeunes enfants apprennent progressivement à reconnaître leurs propres émotions.

4 Analyse de situation professionnelle

a. Illustration

Exercice

Julien a cinq mois et, à la différence de Juliette, participe plus aux mouvements de l'adulte. D'habitude il est décrit comme tonique, il recherche le regard, il accompagne l'attention de l'accueillante par de nombreuses lallations. Mais aujourd'hui, il paraît fatigué.

Que lui arrive-t-il ?

Extrait du référentiel ONE « Oser la qualité ».

b. Réflexions sur les savoirs, savoir-être, savoir-faire

Exercice

Comment être attentif aux signaux de l'enfant ?

Comment rendre effective cette fonction observante ?

4 Cours & Méthodes
Le jeu : un en-jeu professionnel

Le jeu spontané et l'activité sont sources d'éveil et d'autonomie. Le jeu est un vecteur essentiel pour le développement de l'autorégulation, du langage et des compétences cognitives et sociales. En s'appuyant sur les intérêts des enfants et en privilégiant l'activité libre, le développement de l'enfant avant trois ans peut être envisagé autrement que sur le registre des stimulations éducatives programmées.

Extrait du Cadre national pour l'accueil du jeune enfant.

1 L'enfant et le jeu

a. Description du jeu de l'enfant

Le jeu est universel, inné, spontané, libre par définition. Tous les enfants jouent, quels que soient l'époque, le lieu, le type de société ou les circonstances. L'enfant qui joue est libre de ses choix de supports de jeux, d'espace, de durée, de partenaires. Ce jeu initié par l'enfant est incertain et imprévisible, il répond à un besoin fondamental de mouvement.

b. Jouer c'est agir

En jouant, l'enfant découvre son corps et ses possibilités, explore à son rythme son environnement. Le jeu de l'enfant comme son développement est toujours singulier. Le jeu se caractérise par le plaisir de faire et le plaisir d'être. L'activité ludique est exploratoire, elle est en lien avec le rapport à l'inconnu, c'est-à-dire le rapport aux nouvelles connaissances, au savoir.

Le jeu favorise le développement et l'équilibre de l'enfant à de multiples niveaux : neurologique, affectif, moteur, cognitif, langagier (voir chapitre 2). Plus précisément, les fonctions du jeu peuvent être classées en deux catégories : la construction identitaire et la construction sociale. Ces deux processus s'effectuent par étapes de la naissance à l'adolescence, et ne peuvent se réaliser l'un sans l'autre. En jouant l'enfant construit son identité et se socialise en intégrant des codes, des normes, une culture.

c. Illustration

« "Il faut donner à l'enfant la possibilité de progresser dans son jeu, sans le diriger." Ainsi en est-il de l'organisation de "l'espace bébés" : le tout-petit allongé (sur le dos, sur le ventre) sur un tapis de mousse, blotti dans des coussins, assis en face-à-face dans un transat, "joue" librement avec ses mains, ses chaussettes, le hochet à sa portée ; "joue" avec l'autre, le "copain" par une décharge motrice où les pieds de l'un frappent les pieds de l'autre ; "joue" avec l'adulte, le parent ou le professionnel, dans un jeu d'écholalies, de gazouillis ; "joue" dans le doux effleurement du visage, par une tendre tonalité de la voix, dans une complicité du regard : "Front petit front, Yeux petits yeux, Nez de cancan, Bouche d'argent, Menton fleuri, guili, guili…" Le sourire s'esquisse, le plaisir se signifie, la relation s'installe, les liens se tissent, le jeu est vie. Le jeu, au fil des jours, de la croissance de l'enfant, va se diversifier. L'enfant explore, expérimente, manipule, construit et déconstruit, cherche, propose, demande, l'enfant vit : tout peut être support de jeu, de jeux. La petite cuillère, la bassine, le carton, les brindilles, la fourmi qui court, les feuilles, la flaque d'eau, le trou du grillon dans la terre, le vent…, tout est source de découvertes, de plaisir ; il suffit dans un lieu d'accueil collectif de la petite enfance de permettre des possibles. »

Gilles Brougère, « Libres jeux », Éducation enfantine, *n° 7, 1991.*

2 L'enfant, le jeu, l'adulte

a. La place de l'adulte dans le jeu du jeune enfant

La place de l'auxiliaire de puériculture dans le jeu initié par le jeune enfant est nécessaire, dans une présence sécurisante et bienveillante qui soutient le besoin d'exploration et d'expérimentation. Son rôle évolue suivant les modalités du développement de l'enfant (voir chapitre 2).

Ce qui se joue pour l'enfant	Ce que l'auxiliaire de puériculture lui apporte
Les premiers mois : jeux d'exercice, jeux sensorimoteurs	
L'enfant a besoin de : jeux corporels : découvrir son corps, explorer avec sa bouche. **L'enfant prend conscience de :** son corps et distingue ce qui lui est extérieur. **L'enfant est en capacité de :** jouer avec ses pieds et ses mains, suivre des yeux les visages et les mouvements, attraper progressivement des objets avec ses deux mains, les frapper entre eux. Ses découvertes se font par le toucher, l'odorat, la vision et l'audition. Les bruits et les voix l'attirent. Il aime les jeux de coucou, être balancé ou bercé. Il est attentif aux vocalises et expressions faciales des adultes.	**L'auxiliaire de puériculture apporte :** • une contenance par son attitude et des interactions positives (regard, gestes, paroles). • un confort dans l'installation de l'enfant afin qu'il puisse se redresser, suivre des déplacements du regard… • une manière de lui présenter un jouet, de lui rapprocher… **L'auxiliaire de puériculture peut :** • chanter et jouer avec les sons, accompagner ses mouvements de mains, de jambes, installer un dialogue dans les interactions, etc. • proposer un matériel de jeu varié, sonore, de textures de poids et de couleurs contrastées, pouvant être porté à la bouche.
Entre 10 mois et 18 mois : premiers jeux d'assemblage et jeux symboliques	
L'enfant a besoin de : • utiliser son corps, se déplacer, explorer l'espace autour de lui ; • jouer à s'éloigner et revenir vers sa figure d'attachement (processus de séparation-individuation). **L'enfant est en capacité de :** • d'expérimenter l'accumulation, la construction ; • de se tenir assis, ramper, marcher à 4 pattes, trouver de nouvelles positions, tirer, tourner, ramasser de petits objets et donner des coups. L'enfant recherche un effet dans ses actions. Il imite de mieux en mieux des sons, des gestes. Progressivement, il s'intéresse à lancer, insérer, pousser, tirer, transporter, empiler, ouvrir, fermer, pointer et montrer. Il joue souvent de façon solitaire, mais il regarde ce que les autres font et commence à les imiter. Il débute le jeu de « faire semblant ».	**L'auxiliaire de puériculture apporte :** • un encouragement, un soutien des initiatives ; • une reconnaissance et une valorisation des essais-tentatives. **L'auxiliaire de puériculture énonce :** ce qu'elle est en train de faire, nomme l'environnement, associe des gestes à des mots (au revoir), etc. **L'auxiliaire de puériculture peut :** • prévoir des jeux physiques, utiliser des imagiers, organiser des temps d'histoires, proposer du matériel permettant de vider et remplir… • encourager la manipulation, l'exploration, respecter l'alternance construction/destruction, impulser des jeux de poursuite et de coucou-caché.

<table>
<tr><th colspan="2">À partir de 2 ans : jeux d'assemblage et jeux symboliques plus complexes</th></tr>
<tr><td>L'enfant a besoin de :
• exprimer ses sentiments, organiser sa pensée, développer ses habiletés motrices et sociales.
L'enfant est en capacité de :
• courir, escalader, frapper du pied un ballon, commencer à planifier ses actions, imiter les comportements et les tâches des adultes, les activités des autres enfants.
L'enfant interprète des personnages simples et reproduit des événements de son quotidien pendant le jeu. Tout devient attirant et possible.</td><td>L'auxiliaire de puériculture apporte :
• une délimitation, une régulation des conflits ;
• une valorisation des actions possibles à l'intérieur d'un cadre créatif.
L'auxiliaire de puériculture peut :
• aménager les possibilités d'exploration ludique, utiliser une pédagogie du sensible pour nourrir les découvertes.
• continuer les jeux de cache-cache et de poursuite, soutenir la rencontre des autres enfants, impliquer l'enfant dans les routines du quotidien, jouer avec l'humour de situation pour faire rire…</td></tr>
<tr><th colspan="2">À partir de la 3e année</th></tr>
<tr><td>L'enfant a besoin de :
• rencontrer ses pairs, d'évoluer dans ses interactions sociales, de raisonner, d'expérimenter.
L'exploration est toujours présente, le jeu devient plus associatif, le temps d'attention augmente.
Les jeux symboliques deviennent plus élaborés avec des jeux de rôles et des scénarios (3 ans) en lien avec le développement du langage et de la pensée symbolique.</td><td>L'auxiliaire de puériculture apporte :
• un soutien du jeu initié par l'enfant.
L'auxiliaire de puériculture peut :
• proposer des jeux structurés qui soutiennent la démarche créative de l'enfant.</td></tr>
<tr><th colspan="2">5-6 ans
Jeux de Règles</th></tr>
<tr><td>L'enfant a besoin de :
• se confronter à ses pairs, au groupe ;
• de commencer à réguler lui-même ses conflits.
L'enfant est en capacité de :
• s'investir dans des jeux coopératifs, dans une passion, dans un projet.
Les jeux corporels actifs sont toujours très présents, et l'identité s'affirme.</td><td>L'auxiliaire de puériculture apporte :
• un regard positif dans la construction de l'estime de soi en préservant le sentiment de sécurité, le sentiment de compétence, le sentiment d'appartenance, le sentiment d'identité.
L'auxiliaire de puériculture peut :
• proposer les premiers jeux de société, les premiers jeux sportifs, organiser des temps d'échange et de débat, soutenir la régulation de conflit.</td></tr>
</table>

Points de vigilance

L'auxiliaire de puériculture est attentive à ne pas faire à la place de l'enfant, à ne pas chercher à évaluer son activité, à ne pas la transformer.

b. Jeu et créativité

Jouer à faire semblant suppose d'inventer une histoire, de générer une multiplicité d'idées différentes, mais aussi d'utiliser des souvenirs reliés à des émotions et de résoudre des problèmes de façon inédite.

Le jeu créatif est un jeu autoguidé : l'enfant est le protagoniste de ce qui se passe. Il peut choisir ses propres règles et sa manière de jouer.

Les recherches menées avec des enfants atteints de retards de développement montrent que l'intervention des adultes peut stimuler significativement le développement de leur imagination. Par exemple, dans une étude menée avec des enfants souffrant de troubles du spectre autistique (qui ont du mal à créer du lien, à imaginer et à exprimer leurs émotions) le soutien d'un adulte pendant le jeu les rend plus imaginatifs.

c. Caractéristiques du jeu structuré-organisé

Le jeu structuré est un jeu organisé par l'adulte. L'enfant est convié à suivre des consignes afin de découvrir des façons de faire, de comprendre, d'interagir. Ces propositions présentent un intérêt à partir de la 3e année pour soutenir un apprentissage précis (moteur, social, affectif, langagier).

Ce type de jeu est le moyen de répondre à certains objectifs et missions (prévention, socialisation) de la structure d'accueil. Il permet la transmission ou la proposition de nouveaux modèles répondant aux normes et valeurs sociales prônées par notre société (égalité entre filles et garçons, respect des différences, inclusion) et vise, par là, l'intégration de toutes et tous.

Le jeu structuré prend souvent la forme d'atelier : atelier peinture, manipulation, corporel, sensoriel, histoires… L'atelier fait référence à l'artisan ou l'artiste qui crée. Le rôle de l'auxiliaire de puériculture est d'organiser l'espace, le temps, la mise en place matérielle, la variation des supports de jeux. Elle pose des consignes simples de sécurité, régule l'activité au sein d'un petit groupe. Elle valorise la démarche créative de l'enfant sans attente de résultat préétabli, en favorisant l'expérimentation spontanée.

« Quand l'auxiliaire de puériculture se montre attentive à la démarche spontanée de l'enfant, elle établit facilement une différence qualitative entre vouloir "accompagner l'enfant dans ses découvertes au travers du jeu" et décider de lui "faire faire des activités". »

Fabienne Lévine

C'est dans cette différence qualitative que se situe le respect de l'enfant, en soutenant l'activité primordiale pour son développement.

Il est à noter que le jeu s'inscrit dans un contexte plus large fait de multiples influences, parentales, familiales, sociétales, commerciales. Dans ce contexte, il apparaît que les auxiliaires de puériculture ont un rôle de sensibilisation et de prévention à jouer au sein des équipes et auprès des parents en les rendant attentifs au risque de tomber dans le « trop faire, pour bien faire ».

3 L'enfant, le jeu, la vie de groupe

a. Socialisation et conflits

Les conflits entre les enfants font partie de leur développement. Ces interactions, sauf exceptions, ne sont pas alarmantes. Elles font partie du développement de l'enfant et correspondent à différentes phases de socialisation. Les lieux d'accueil de la petite enfance dans lesquels les enfants évoluent peuvent leur permettre d'élaborer très tôt des stratégies qui augmentent leur capacité à réguler les émotions et à adopter des comportements alternatifs.

Avant 15 mois, phase de présocialisation

Le jeu est le plus souvent solitaire, parfois parallèle. Dans la découverte et l'exploration de son espace, il voit les choses et cherche à les atteindre. Quand un enfant porte son attention sur un jouet à l'autre bout de la pièce, il n'envisage pas d'obstacles. Il bouscule ou trébuche pour obtenir ou atteindre ce qu'il veut.

Rôle de l'auxiliaire de puériculture

L'auxiliaire de puériculture accompagne les enfants en verbalisant les ressentis de chacun : expliquer les situations et répéter le comportement à adopter. Par exemple : « Je vois que tu as très envie de cette balle » ou bien « Attention, laisse passer l'enfant derrière toi ».

Entre 15 et 24 mois, les interactions se multiplient

Les enfants commencent à se déplacer debout. Ils ont les mains libres, touchent ce qui est à leur portée : tables, chaises, sacs, pile de linge… et le corps des autres enfants. Dans ses mécanismes de communication, l'enfant utilise d'abord les gestes pour signifier qu'il veut rencontrer un autre, qu'il convoite un jouet, qu'il ne veut pas être dérangé, pour obtenir de l'attention… Il éloigne ce qui vient perturber son activité, protège son espace. Il peut mordre ou pousser un enfant qui empiète son espace de jeu.

Rôle de l'auxiliaire de puériculture

L'auxiliaire de puériculture aide l'enfant à apprendre la distance sociale, l'incite à utiliser les mots, la négociation pour obtenir quelque chose plutôt que de signifier brusquement.

Par la recherche du matériel le plus adapté, l'identification des objets qui suscitent le plus d'intérêt, l'attention particulière à l'objet apprécié, l'auxiliaire de puériculture respecte les rythmes et les goûts individuels des enfants. Le fait de proposer des objets identiques diminue les conduites agressives et favorise l'imitation tout en réduisant les situations de conflit.

En pratique

L'auxiliaire de puériculture peut s'appuyer sur des histoires (livres, comptines) et les jeux symboliques (dînette, déguisements) qui permettent aux enfants de s'identifier à des personnages et de mieux comprendre les petites problématiques du quotidien.

Les enfants ont toujours besoin du regard de l'adulte et supportent difficilement de ne plus l'avoir. Si un enfant s'aperçoit que toucher les cheveux d'un autre entraîne toujours une réaction vive de l'adulte (exclamation, cri ou déplacement), il voudra le refaire pour obtenir l'attention sur lui.

Entre 2 ans et 4 ans, les conduites agressives connaissent un pic

Des changements s'opèrent chez l'enfant dans ses aptitudes sociales et cognitives : de nouvelles habiletés langagières, une conscience de soi qui s'affirme (période du Non !), des comportements orientés désormais vers un but.

Il apparaît une tension entre ces nouvelles capacités et les règles et limites établies par les adultes en réponse à la récente autonomie de l'enfant.

Selon son quotidien, l'enfant peut accumuler des frustrations, des déceptions, des stimulations excessives notamment en collectivité, des besoins non satisfaits ce qui déclenche des conduites agressives.

Le jeu de l'enfant devient plus associatif, l'enfant commence à jouer et mettre en scène avec ses pairs. Les relations passent alors plus par la parole.

Rôle de l'auxiliaire de puériculture

Pour soutenir des mécanismes d'apprentissage d'alternatives à l'agression physique, l'auxiliaire de puériculture peut utiliser les fonctions du jeu :

- en soutenant et en stimulant le développement du langage (histoires, conversations, récits, comptines…) ;
- en régulant les émotions (mime, expression corporelle, jeux théâtraux, albums, jeu actif physique…) ;
- en utilisant la transformation des gestes d'agression en activités ludiques (manipulation de matières et textures, modelage, expression plastique…).

À partir de 5-6 ans, le respect et l'écoute d'autrui comme activité d'apprentissage

En écoutant attentivement autrui, L'auxiliaire de puériculture met en avant la capacité des enfants de faire preuve de respect. Le respect se démontre dans l'écoute de ce que chaque personne a à dire.

> **Exemple**
>
> **Le bâton de parole**
>
> Assis en cercle avec les enfants avec à disposition un bâton (ou tout autre objet symbolique) qu'ils pourront se passer à tour de rôle. L'auxiliaire explique que la personne qui tient le bâton doit bénéficier de l'attention de tout le monde. Ensuite elle demande à un volontaire de commencer. « Qu'aimerais-tu dire à propos de ce qui s'est passé ? Qu'aimerais-tu dire maintenant à propos de quelque chose qui est très spécial pour toi ? » Cette activité donne aux enfants d'âge préscolaire l'occasion d'apprendre à écouter autrui.

Quel que soit le contexte, l'auxiliaire de puériculture est attentive à ses propres réactions face au conflit. Le travail en équipe soutient les prises de conscience et les ajustements nécessaires pour accompagner l'enfant dans sa vie de groupe.

b. Le jeu turbulent

Exemples

Courir, pourchasser, frapper avec la paume de la main, pousser ou tirer un autre joueur, crier, mimer une attaque, frapper ou lancer un objet, sauter dessus, toucher et s'enfuir… freiner et repartir, changer de vitesse et de direction ainsi que de position, etc. en réponse au comportement des autres. Le jeu turbulent fait partie de l'enfance.

Le jeu turbulent est un jeu actif, physique, tapageur, bruyant, chahuteur, vigoureux. Les enfants eux-mêmes discernent souvent mieux le jeu turbulent d'une réelle bagarre que les adultes.

Qu'observe-t-on dans le jeu turbulent ?

- L'expression est caractérisée par le sourire voire le rire, les enfants participent volontairement.
- Ils utilisent des codes gestuels ou verbaux pour réguler leur jeu : exemple « arrête » « arrête vraiment ».
- Le risque de faire mal existe, lié à un excès d'enthousiasme et non à une intention de blesser ou de dominer (agression).
- 1 % des jeux turbulents dégénèrent en bagarre.
- Le jeu turbulent peut être combiné au jeu étourdissant ; tourner, tournoyer, rouler, chuter…
- Les enfants ont tendance à jouer de façon turbulente avec leurs amis et non pas avec des enfants qu'ils ne connaissent pas ou qu'ils n'apprécient pas.
- Le jeu turbulent est plus fréquent chez les garçons que chez les filles, bien que ce ne soient pas tous les garçons qui y prennent part et que certaines filles y participent fréquemment.

Quels sont les effets du jeu turbulent ?

- Il existe un lien étroit entre le jeu turbulent et la maîtrise de soi ou le fonctionnement exécutif qui concerne le langage, la concentration, la mémoire, la faculté d'adaptation.
- Les enfants apprennent à déchiffrer le langage corporel, à envoyer des signaux, à mobiliser du langage et des indices sociaux (accord tacite).
- Dans le jeu actif, les enfants apprennent en voyant les réactions de leurs pairs, plutôt qu'en suivant les conseils des adultes, en raison du haut niveau de motivation nécessaire pour résoudre les conflits et demeurer dans le jeu.
- Dans les bousculades joyeuses, l'alternance dans les rôles, une histoire contribuent au jeu imaginatif.
- Chez les jeunes enfants, le toucher est essentiel. Il maintient vivante la relation et calme les émotions envahissantes et la tension physique.
- Le jeu actif physique produit de l'endorphine, responsable d'un état affectif plaisant qui provoque une réduction du stress.

- Les jeux d'attaques privilégiés chez les enfants de 5-6 ans, manière d'attirer l'attention d'un autre groupe de pairs, participent à la construction de l'identité dans la rencontre de l'autre, le sentiment de réussite, le sentiment d'appartenance, composantes essentielles de l'estime de soi.

Quels constats dans les lieux d'accueil ?

Discernement

Les professions de la petite enfance étant largement féminisées, il apparaît que les femmes qui n'ont pas fait l'expérience du jeu turbulent elles-mêmes peuvent avoir de la difficulté à le distinguer d'une bagarre. Reconnaître la valeur du jeu turbulent dans toute sa dimension sociale et assurer la sécurité physique, sociale et affective de chacun des enfants soulève un questionnement pour savoir comment gérer en équipe cette mise en tension des deux approches du jeu de l'enfant.

Questionnement

L'approche pédagogique du jeu est un objet de travail en équipe, notamment dans la contribution au projet pédagogique (voir chapitre 7). L'auxiliaire de puériculture est guidée par ce qui procure un sentiment de sécurité, en associant un ensemble de consignes claires qui ne contrôle pas le besoin des enfants de jouer avec plaisir.

De Winnicott à Sophie Marinopoulos, de Maria Montessori, Emmi Pikler à Laurence Rameau, les auteurs qui ont observé l'importance du jeu dans le développement moteur, affectif, social et cognitif du jeune enfant encouragent à accorder une place privilégiée au jeu libre pendant la première période de la vie.

En pratique

Peut-on aménager des périodes ou des lieux pour le jeu actif physique ? Peut-on privilégier une approche moins structurée de jeu libre ? Quel endroit peut être désigné pour le jeu actif afin d'être à l'abri du danger (Est-ce que tous les angles sont arrondis plutôt que pointus ? Est-ce qu'il n'y a pas de risque de trébucher quelque part ? Y a-t-il suffisamment de place pour permettre aux enfants de bouger à leur aise ? La surface intérieure ou extérieure est-elle de nature à absorber les chocs quand on tombe ?) Quelles consignes, quels codes proposer pour une régulation efficiente et respectueuse de ce jeu libre ? etc.

Rôle de l'auxiliaire de puériculture

L'auxiliaire précise des consignes positives facilement perçues par les enfants et s'assure que les enfants comprennent l'importance de réagir aux signaux donnés par leurs pairs, leurs préférences et leurs sensibilités.

Exemple

Je touche les autres avec les mains ouvertes seulement. Quand il n'y a plus de sourires, le jeu s'arrête. Quand je lève les deux mains, le jeu s'arrête.

4 Jeu et aménagement

a. Organisation de la vie de groupe (à partir de 2 ans)

Espace : Préserver des petits groupes au sein d'un lieu de vie collectif de la petite enfance permet de limiter les conflits de territoire entre enfants, et les interactions agressives qui en découlent.

Matériel : Prévoir suffisamment de jouets identiques et de matériel similaire. Le jeune enfant est souvent attiré par le jouet d'un autre, pensant que c'est l'objet en lui-même qui induit le plaisir. Il ne comprend pas encore que c'est la façon dont l'autre enfant utilise l'objet qui est source de satisfaction.

Faciliter les possibilités du jeu actif et physique comme outil de régulation et d'apprentissage de compétences sociales, en privilégiant une libre circulation.

b. Expression des émotions

Le jeu permet aux enfants d'exprimer leur colère, leur joie, de libérer des tensions accumulées en eux, d'évacuer les sentiments liés à la tristesse et/ou la peur. Un trop-plein de joie peut aussi entraîner chez le jeune enfant une excitation qui déclenche des comportements vécus comme agressifs.

Rôle de l'auxiliaire de puériculture

L'auxiliaire de puériculture aide et soutient l'enfant dans la régulation de ses émotions par le jeu en utilisant notamment :

- **Jeu libre** : Préserver du temps (ou plus de temps que d'habitude) pour laisser l'enfant jouer sans intervention d'adulte, sans consigne, dans une libre circulation. Ce jeu libre peut s'appuyer sur des « vrais » jouets (cubes, poupées, petites figurines, animaux et véhicules, déguisements…) mais aussi sur des éléments naturels (cailloux, bâtons de bois, feuilles, sable, eau, pommes de pin…) ou domestiques (ustensiles de cuisine, morceaux de tissus…).
- **Jeux symboliques** : Proposer ou encourager des jeux symboliques en laissant l'enfant développer son jeu, rejouer une dispute, un évènement contrariant afin d'évacuer les émotions négatives rattachées à la situation de conflit.
- **Jeux théâtraux** : L'adulte fait semblant d'être touché, affaibli, effrayé… afin de libérer les tensions par le rire. Ce type de jeu peut être décliné en plusieurs variantes : une bataille de boules de papier dans laquelle, si l'adulte est touché, il s'écroule théâtralement ; mimer les émotions en les exagérant : montrer la colère du lion, etc.

c. Jeu et planification

« Les modes d'accueil sont ludiques et ouverts sur le monde. Ils offrent à l'enfant les moyens de faire et de connaître par lui-même, et encouragent sa vitalité découvreuse, son désir d'apprendre et d'être en société. Pour cela, l'organisation et les équipements d'accueil doivent laisser place aux initiatives des enfants

et des adultes. Ils doivent être suffisamment créatifs et évolutifs d'une part pour s'ajuster au développement, aux capacités et aux goûts des enfants, d'autre part pour favoriser l'originalité et l'évolution du projet de travail des professionnel·le·s. et des structures. »

Extrait du Cadre national pour l'accueil du jeune enfant.

Le fait d'établir ou non un planning d'activités fait partie des modalités pratiques décrites dans le projet pédagogique. L'important est de trouver une organisation en cohérence avec les valeurs définies dans le projet éducatif, fil conducteur qui assure la continuité des pratiques professionnelles (voir chapitre 7).

Planifier est une démarche d'anticipation qui repose sur une analyse de type QQOQCP (Qui ? Quoi ? Où ? Quand ? Comment ? Pourquoi ?). Une bonne planification résulte d'un temps d'échanges collectifs sur la richesse des activités, sur le comportement des enfants, sur l'aisance d'animation des adultes, sur le matériel ou les locaux.

Lister les activités déjà proposées et celles qui sont oubliées, celles qui enthousiasment les enfants et celles qui ont moins de succès, sert à diversifier les propositions faites aux enfants. Les activités couvrent principalement quatre grands domaines de jeu : sensoriel, manuel, moteur, symbolique (voir, dans le chapitre 2, « Le jeu : moteur du développement »).

Planifier, dans certains contextes, c'est aussi mieux s'organiser en amont pour se rendre plus disponible ensuite.

Exemple

« En multi-accueil, le planning de l'unité de vie prévoit de séparer les enfants en deux groupes en milieu de matinée et de leur proposer successivement des marionnettes et des abaques. Or, ce jour-là, les interactions autour de la structure à grimper et dans les autres zones de jeu se passent bien : des éclats de rire, des conflits vite désamorcés, des enfants qui sont en pleine activité, d'autres en pleine rêverie. Si le projet éducatif de la structure précise que la qualité de l'observation et le respect des rythmes individuels sont des valeurs fondamentales, faut-il suivre à tout prix ce qui a été noté plusieurs heures ou plusieurs jours auparavant ? Les deux personnes chargées, l'une des marionnettes, l'autre des abaques ont donc le choix entre les proposer quand même à quelques enfants volontaires, mais sans interrompre les autres, ou garder ces deux idées pour compléter le prochain planning d'activités. »

Extrait article *Les pros de la petite enfance*,
Fabienne Agnès Levine, psychopédagogue.

5 Axes de travail autour du jeu de l'enfant

Placer le jeu au cœur de l'activité du jeune enfant s'appuie sur une pédagogie active : un éveil et des apprentissages par l'expérience vécue, directement par les sens, par l'immersion au quotidien.

a. L'art, la culture

« Je développe ma créativité et j'éveille mes sens grâce aux expériences artistiques et culturelles. Je m'ouvre au monde par la richesse des échanges interculturels. »

Extrait du Cadre national pour l'accueil du jeune enfant.

Pour se construire, le jeune enfant a besoin d'évoluer dans un environnement riche et nourrissant, de s'immerger dans un bain artistique et culturel qui lui permette de trouver, sentir, ressentir, donner un autre sens au monde qui l'entoure. L'art suscite des émotions, des sensations différentes pour chacun, et sollicite les cinq sens.

Après la signature le 20 mars 2017 du Protocole pour l'éveil artistique et culturel des jeunes enfants par les ministères chargés de la Solidarité et de la Culture, les deux ministères ont publié un guide pratique sur « L'Éveil artistique et culturel : Initiatives des professionnels de la culture et de la petite enfance », destiné à donner aux professionnels des deux secteurs une vision d'ensemble sur la diversité de projets menés en France.

b. La nature

« Le contact réel avec la nature est essentiel à mon développement. »

Extrait du Cadre national pour l'accueil du jeune enfant.

Découvrir le vivant, éveiller sa curiosité, avoir de l'espace pour jouer librement, manipuler des éléments naturels : autant d'expériences qui créent un lien fort entre les enfants et leur environnement. Chaque saison, en forêt, au jardin ou sur des petits chemins, est une occasion pour amener les jeunes enfants à toucher, jouer, observer, sentir, et surtout prendre du plaisir en pleine nature.

Éveiller la nouvelle génération à la nature est essentiel pour le développement harmonieux du jeune enfant, et le Cadre national pour l'accueil du jeune enfant souligne le réel enjeu de la société pour reconnecter l'humain à son environnement. En tant que professionnels de la petite enfance, les auxiliaires de puériculture sont à même d'intégrer la nature dans leur accompagnement quotidien du jeune enfant et de sa famille.

c. La lutte contre les stéréotypes du genre

« Fille ou garçon, j'ai besoin que l'on me valorise pour mes qualités personnelles, en dehors de tout stéréotype. Il en va de même pour les professionnel·le·s qui m'accompagnent. C'est aussi grâce à ces femmes et à ces hommes que je construis mon identité. »

Extrait du Cadre national pour l'accueil du jeune enfant.

Un stéréotype de genre est une représentation où l'on attribue certaines caractéristiques plutôt à des filles ou à des garçons : une distinction s'opère entre les sexes à partir de ce que chacun peut faire ou ne pas faire selon son genre, alors que les capacités, les choix, les compétences sont liées au développement, à l'âge, la personnalité, le tempérament, les goûts… Par exemple, considérer qu'une fille doit jouer principalement à la dînette et qu'un garçon doit jouer aux petites voitures constitue un stéréotype de genre. Il s'agit d'une représentation erronée fortement influencée par des opinions généralistes souvent ancrées dans la société depuis longtemps. Les professionnels de la petite enfance ont un rôle important pour réduire ces stéréotypes, notamment dans le choix des jeux, la manière de s'adresser aux enfants, les relations avec les parents et les enfants.

d. Pour conclure

À retenir

Apprentissage et jeu se produisent simultanément et s'harmonisent progressivement avec des relations sociales constructives.

Les comportements qui questionnent par leur récurrence, leur persistance, en lien ou pas avec un contexte particulier doivent être l'objet d'une attention plus soutenue et d'une observation plus fine pour comprendre les enjeux de la situation et les besoins de l'enfant.

« Même si l'adulte ne doit pas s'interdire de jouer avec l'enfant, le jeu regarde l'enfant et l'adulte regarde l'enfant jouer. L'adulte, par la qualité de sa présence, est le médiateur de la rencontre entre l'enfant et son moi profond, il doit trouver la juste distance, ni trop loin, ni trop près, soutenir par une présence bienveillante et penser que nous ne jouons pas avec les enfants : nous sommes invités dans leur jeu. »

Jean Robert Appell « La place de l'adulte dans le jeu de l'enfant »,
Spirale, *2/2014 (n° 70).*

6 Analyse de situation professionnelle

Exercice

« Arrêtez de courir, vous allez vous faire mal ! »

Nathalie, une professionnelle du groupe des 1-2 ans, vient de préparer un atelier patouille dans une autre salle et invite quatre enfants à venir y participer dont Nathan, 16 mois. Un long couloir sépare les deux salles. Nathalie regroupe les enfants devant la porte avant de sortir et leur rappelle qu'il est interdit de courir dans le couloir. Dès que la porte s'ouvre, Nathan se met à courir, rapidement suivi par les trois autres enfants. Face à cette transgression quasi immédiate, Nathalie leur somme de s'arrêter : ils vont finir par se faire mal !

Extrait article site *Les pros de la petite enfance*, janvier 2019.

Quelles réflexions vous inspirent cette situation ? Du point de vue de l'enfant, du groupe, de la professionnelle ?

5 Accueillir et accompagner les familles

« Je suis sensible à mon entourage proche et au monde qui s'offre à moi. Je me sens bien accueilli quand ma famille est bien accueillie, car mes parents constituent mon point d'origine et mon port d'attache. »

Extrait Cadre national pour l'accueil du jeune enfant 2017.

1 Éléments de contexte[1]

En prenant en compte la satisfaction des besoins fondamentaux de l'enfant et ses compétences (voir chapitres 1 à 4), la préoccupation des structures d'accueil est non seulement de veiller à son bon développement et son épanouissement, mais aussi d'élaborer un tissage de liens entre la famille et le milieu d'accueil, de façon à soutenir le processus d'attachement et d'autonomie de l'enfant, garants de son équilibre.

Le secteur petite enfance connaît actuellement des transformations importantes en termes de mission et de fonctionnement, en lien avec le décret du 1er août 2000, modifié par les décrets de février 2007 et de juin 2010. Ces transformations résultent de la prise en compte par les politiques des évolutions de la société relatives à la question de la famille et des besoins en matière d'accueil de jeunes enfants, et s'inscrivent plus largement dans une politique sociale européenne, en mettant l'accent sur les relations entre les parents et les professionnels.

« Les établissements et services d'accueil élaborent un projet d'établissement ou de service qui comprend les éléments suivants : [...] La définition de la place des familles et de leur participation à la vie de l'établissement ou du service. »

Art. R. 180-10. du Code de la santé publique.

Les EAJE tendent de plus en plus vers une mixité sociale des familles. Longtemps réservés aux seuls parents qui travaillent, ils permettent désormais à un parent de reprendre une activité sociale ou professionnelle, ou de répondre à des situations personnelles ou familiales plus larges.

1. À partir d'un ouvrage de M.-C. Blanc et M.-L. Bonnabesse, publié en mai 2008 : *Parents et professionnels dans les structures d'accueil de jeunes enfants. Enjeux, intérêts et limites des interactions*, Éditions ASH professionnels.

L'accompagnement à la parentalité devient une mission à part entière des établissements multi-accueil.

De nombreux termes sont utilisés pour évoquer la place des parents : relations avec les parents, travail avec les familles, coopération, collaboration, partenariat parents-professionnels, etc. La place des parents dépend beaucoup – entre autres – du positionnement des professionnels, de leurs compétences et des moyens qui leur sont donnés pour travailler cette question. Cette place a varié avec l'évolution des lieux d'accueil (notamment avec le mouvement des crèches parentales), elle-même liée à l'évolution de la société. Considérer les parents comme partenaires, associés ou encore acteurs de l'accueil des jeunes enfants est un enjeu pour construire une coéducation respectant le rôle et la place de chacun.

2 Accueillir les familles

Quel que soit le mode de vie de leur famille, quelles que soient leurs situations particulières, sociales, de santé ou de handicap, enfants et parents doivent pouvoir être accueillis ensemble.

L'accueil d'un jeune enfant implique le travail avec sa famille. La qualité relationnelle et la coopération entre professionnels et parents, dans une approche prévenante et non normative à l'égard des familles, sont un facteur d'épanouissement de l'enfant et de réassurance de ses parents.

a. Premier accueil

Accueillir l'enfant, c'est donc accueillir un enfant et sa famille. Cela signifie prévoir un temps de familiarisation au nouveau lieu de vie du jeune enfant, temps qui soit adapté aux besoins de chacun, parent, enfant et professionnel. Un temps de rencontre qui permette une séparation dans la sécurité pour les uns et les autres, et à la professionnelle de percevoir comment les parents « vivent » leur enfant : leurs attentes, ce qu'ils ont dans la tête à propos de lui.

Adaptation

Selon les structures, cette adaptation peut durer une semaine, deux semaines, ou sans limite de temps, être nommée période d'adaptation, de familiarisation ou d'accueil progressif. Quelles que soient les modalités choisies par les équipes, ce temps est réfléchi et organisé avec les familles. C'est aux professionnels de faire en sorte que les familles prennent progressivement leurs marques en toute confiance. Une période transitoire où s'harmonisent les ressentis et les attentes de chacun. C'est un processus triangulaire de rencontre entre les parents, l'enfant et les professionnels au sein du lieu d'accueil.

L'enjeu est la construction de nouveaux liens et/ou la reconnaissance de liens existants, quelles que soient les circonstances (âge de l'enfant, place dans la fratrie, connaissance des parents par ailleurs).

Exemple

Claire, maman d'Adam, 5 ans, s'étonne de la période d'adaptation qui lui est proposée lors de l'inscription de son bébé de 6 mois, Yasmine, et s'adresse à Maud, auxiliaire de puériculture :

– Je connais bien la crèche, je vous fais une entière confiance.
– Oh merci, oui je sais. Adam a du bien grandir depuis. Mais je ne connais pas encore Yasmine. Nous allons avoir besoin de toute votre aide pour faciliter son arrivée.
– D'accord ! Vous verrez, elle est très facile !

Des conditions favorables aux premiers accueils

- Rencontres avec la famille à l'occasion de l'inscription, de la contractualisation et de la communication du projet d'accueil : ces premiers échanges permettent à la famille de se présenter et de donner les informations qu'elle trouve pertinentes à communiquer.
- Une visite afin de repérer les espaces et faciliter la représentation de leur enfant dans ce lieu, avoir un premier contact avec la ou les personne(s) qui s'occupera(ont) de leur enfant.
- Une présentation du dispositif d'adaptation proposé afin d'envisager une présence répétée du parent avec son enfant et la personne qui va prendre soin de lui.
- En référence avec le projet pédagogique, l'auxiliaire de puériculture organise et gère la découverte du milieu de vie par l'enfant et le(s) parent(s) dans le respect des autres enfants et de leurs espaces. Elle veille particulièrement à assurer la sécurité physique et affective de chacun. Les éventuelles limites et règles qui conditionnent l'accès au milieu de vie sont explicitées avec leur sens aux parents.

Une directrice d'EAJE

« Les accueillantes sont parfois réticentes à ouvrir leur porte à des personnes encore étrangères… Au sentiment d'intrusion de leur propre lieu de vie s'ajoute la crainte du jugement et de l'effet qu'elles donnent d'elles-mêmes et des conditions d'accueil aux visiteurs. Certains parents arrivent parfois à l'improviste, convaincus d'avoir une meilleure «photographie» de ce que leur enfant vivrait au quotidien… Les conditions inconfortables de ce type de premier contact pour l'accueillante pourraient «entacher» la qualité de la relation future… J'insiste donc pour que les parents prennent rendez-vous, par respect pour l'accueillante, pour sa famille et pour les autres enfants accueillis. L'accueillante peut ainsi se rendre plus disponible pour cette première visite. »

Maria, auxiliaire de puériculture

« Nous nous sommes rendu compte que le premier appel téléphonique d'un parent pouvait influer sur nos relations futures. Je me souviens de la mère d'Ylian qui avait appelé au moment du repas, un jour où il manquait du personnel et que la livraison des repas était retardée. Il y avait beaucoup d'agitation, des pleurs et l'impression pour cette maman n'était pas très favorable pour se sentir en confiance. ».

La première approche du lieu est très importante, elle est un des moments clé de déroulement de l'accueil : la manière d'être reçu, ce qui est ressenti, perçu par les parents sera déterminant pour la suite.

Un enfant, des enfants, une famille, des familles

Au-delà des premiers liens triangulaires, les établissements et services d'accueil favorisent les rencontres entre les familles. C'est une façon de créer d'autres liens autour de leurs enfants, d'ouvrir le dialogue, de susciter un sentiment d'appartenance.

Lorsqu'un nouvel enfant arrive, l'auxiliaire de puériculture présente les autres enfants non seulement à l'enfant mais également à sa famille. Cela permet aux parents de découvrir les nouveaux compagnons de son enfant.

Exemple

Les « murs des familles » sont des panneaux qui présentent les photos des familles des enfants. Le mur des familles constitue probablement un des supports les plus efficaces pour travailler sur l'implication des parents et le respect de la diversité :

- en renforçant le lien entre le lieu d'accueil et sa famille ;
- en nourrissant la sécurité affective de l'enfant ;
- en stimulant les échanges entre enfants et entre parents.

Ce type de support d'échanges et de conversations peut aussi prendre la forme d'un mobile, de cubes, d'albums. On peut y joindre un miroir qui permet à l'enfant de se regarder et de découvrir son image en même temps que celle des personnes qui l'entourent.

Dans un lieu d'accueil, les professionnels ont proposé aux parents de confectionner le mur des familles ensemble, parents et professionnels. Chaque parent a été invité à une rencontre. Le fait de créer le support ensemble a généré un climat chaleureux favorable aux échanges et aux rencontres.

b. Créer une relation de confiance

La préoccupation commune du bien-être de l'enfant est le fondement du tissage de la relation de confiance entre les parents et professionnels et contribue à la sécurité affective de l'enfant.

Il s'agit d'agir ensemble, à l'écoute de la famille, dans une recherche permanente de ce qui peut convenir à cet enfant-là, à ce moment-là, tout en ayant conscience du champ de responsabilité propre de chacun et en communiquant à ce sujet.

Le regard

Au moment où ils confient leur enfant à un milieu d'accueil, les parents sont particulièrement vulnérables. C'est souvent une période de réaménagement de la vie professionnelle et de la vie personnelle, période chargée de problèmes pratiques et de mouvements émotionnels. Confier son enfant c'est aussi exposer une part de son intimité et se confronter au regard des autres sur leur enfant, leur façon de faire avec lui, leur conception de l'éducation. La séparation, même quelques heures par jour et quels qu'en soient le contexte et les circonstances, peut déclencher des manifestations diverses (agressivité, revendication, froideur, surprotection, hyperanxiété…) qu'il faut pouvoir accueillir sans juger.

Le regard est un support important de communication, En tant que professionnelle de la petite enfance, il est d'autant plus important d'être consciente de son regard et de son impact sur la relation.

En pratique

L'impact du premier regard (la fameuse « première impression ») : les premiers moments de rencontre où l'on ne connaît pas encore l'autre. Mais peut-être en a-t-on déjà entendu parler ? Cette étape est cruciale et décisive dans la construction du regard porté sur lui par la suite. Tout le monde se forge une première impression. Un enfant peut être fatigué, malade lors d'une première rencontre. Quel impact cela peut-il avoir sur la manière dont il sera perçu par la suite ?

Le moment où le regard est complètement voilé : « Ce parent est tellement difficile ». Il devient incontournable de porter un regard neuf sur la situation et de voir au-delà des comportements et des paroles. Ce que manifeste le parent révèle souvent un besoin d'être rassuré.

Le moment où le regard perd sa neutralité face à une situation qui dérange. Il est alors très important de se rappeler de son mandat afin de rester dans un regard systémique et constructif.

Mettre à distance ses représentations de professionnels

Être professionnelle de la petite enfance, c'est accepter de se confronter à ses propres représentations du modèle familial. Travailler en équipe permet de prendre de la distance par rapport à son éducation pour œuvrer en direction du parent et des besoins de l'enfant. En construisant un cadre de référence en équipe, la professionnelle peut ainsi suivre une ligne directrice où les valeurs et les pratiques professionnelles sont claires et définies : il connaît ses missions et sait comment les atteindre.

Prendre en compte les attentes des parents

En arrivant dans un lieu d'accueil, le parent a ses propres représentations de l'accueil et de l'accompagnement proposé. La professionnelle doit être à l'écoute pour entendre et recevoir ses demandes, en gardant toujours en tête le bien-être de l'enfant. Une relation s'établit dans l'empathie, en écoutant le parent.

À retenir

En veillant à ce que les attentes, les souhaits, les émotions puissent s'exprimer et soient pris en compte, l'auxiliaire de puériculture permet d'établir une relation de confiance et de créer une alliance avec les parents dans le but de garantir une qualité d'accueil pour l'enfant.

La confiance est quelque chose qui se construit et les transmissions au quotidien ont une place importante dans l'instauration de cette confiance.

c. Au quotidien

Lors des contacts journaliers, les auxiliaires de puériculture apprennent à connaître les familles et adaptent le dialogue qui correspond le mieux aux parents. C'est aussi à travers les transmissions que la relation se consolide. Il devient donc nécessaire de réfléchir et de préparer au mieux cette étape.

Le défi de la diversité

Au quotidien la diversité se manifeste dans des modèles familiaux, des cultures, des histoires différentes les unes des autres. Certains parents parlent, interrogent, écoutent, restent en retrait…

« Tout cela demande aux accueillantes une réflexion particulière sur ce qu'est leur rôle professionnel : à savoir qu'il n'y a pas de réciprocité dans les relations des professionnels avec les parents, que c'est toujours à la professionnelle d'aller vers les parents, de prendre en compte ce qu'ils vivent, de tenter de s'adapter à eux tout en ayant conscience du risque permanent de rivalité, et en restant cohérente avec le projet d'accueil. Ainsi, c'est à la professionnelle de prendre en compte ce que vivent les parents, dans un moment où ils sont souvent fragilisés par la séparation, de considérer l'état d'esprit dans lequel ils sont, lorsqu'ils lui confient leur enfant, ainsi que ce qu'ils expriment et souhaitent pour leur enfant, sans pour autant répondre à tous types de demandes. C'est dans ce seul contexte que les relations avec eux sont reconnues comme satisfaisantes. »

S. Bosse-Platière, A. Dethier, C. Fleury et N. Pasquier, Accueillir le jeune enfant, *Érès, 2011.*

Une sensibilité relationnelle

S. Bosse-Platière décrit ainsi le rôle de l'accueillante : « Suffisamment empathique, chaleureuse et impliquée dans la recherche de coopération, respectant le rythme des parents dans la découverte de leur enfant et d'eux-mêmes dans leur rôle propre, n'envahissant ni par le questionnement, ni par les conseils. »

Parler simplement des faits et gestes de leur enfant, nourrir leur imagination à propos de ce qu'est et vit leur enfant en leur absence, en leur décrivant ses réactions aux différentes situations : chaque auxiliaire de puériculture cherche à s'adapter à chaque parent du mieux possible, sans attendre de réciprocité de leur part.

L. Rameau rappelle l'importance de « communiquer chaque jour avec les parents sur le plaisir qu'on a eu à passer ce temps avec leur enfant, sur ce qui nous a semblé être le temps fort de sa journée, sur ce qu'il a appris de nouveau, sur ce qui nous a étonnés dans ses actions, ses relations, ses explorations. »

L. Rameau, B. Cyrulnik, L'Accueil en crèche, *éd. Philippe Duval, 2011.*

« Dans le contact avec les parents, outre les paroles, l'attitude de l'accueillante en dit également long. Son comportement peut montrer qu'elle accueille le parent, qu'elle est ouverte à l'écoute et qu'elle le respecte. Mais l'inverse peut aussi se produire. Des problèmes qui n'ont pas été traités peuvent devenir inconsciemment visibles, voir audibles. Il faut penser à un froncement de sourcils, un regard évité ou un ton de la voix… bref, un signe du corps que les gens perçoivent d'une certaine manière. L'accueillante doit donc être attentive à la communication non verbale, aussi bien vis-à-vis des parents qu'avec ses collègues. »

Wendy Doeleman, Améliorer la collaboration avec les parents,
De Boeck Supérieur, 2012.

Les transmissions

Le but des transmissions est de créer des liens et un temps de relais entre deux espaces, deux types d'expériences pour l'enfant. L'enfant est au centre de la discussion entre les professionnels et les parents lors des transmissions. C'est en s'appuyant sur l'observation des interactions, des comportements, en écoutant et en s'adressant à l'enfant et au parent que les informations précieuses sont échangées pour le bon déroulement de l'accueil de l'enfant.

La communication avec les parents est une composante importante de l'accueil du jeune enfant. Bien que parfois brèves, la teneur et la qualité des transmissions peuvent avoir une réelle influence sur l'accompagnement de l'enfant.

J. Epstein à propos des transmissions de qualité : « Les parents se sentent confirmés dans leur rôle de premier éducateur et, également, rassurés quant à leurs capacités, ce qui favorise l'appropriation de leur pouvoir d'agir. Le personnel éducatif, quant à lui, se sent mieux reconnu et appuyé dans son rôle ».

L'arrivée dans un EAJE est dominée par l'aménagement de la séparation.

L'habitude de fréquentation, l'attitude des parents, l'état de santé de l'enfant, un contexte familial imprévu, un évènement particulier, le tempérament de l'enfant, le changement de personnel à l'accueil sont toutes des raisons susceptibles de renforcer une anxiété lors du départ des parents. Le recueil d'informations et la mise en place de rituels élaborés ensemble vont soutenir l'enfant dans son processus de séparation.

Exemple

« Avec la maman de Rudy, c'est tous les jours le passage de bras en bras et l'au revoir à la fenêtre. Le papa de Camille, quant à lui, dépose son fils sur le tapis de jeux, reste à ses côtés un moment avant d'échanger avec l'accueillante… Les rituels sont variés, mais le départ est toujours marqué… Chaque enfant possède des habitudes et a besoin d'un rituel qui lui rende la séparation plus facile… il peut décider, par exemple, de garder "encore un peu" son manteau le temps de reprendre contact avec le milieu d'accueil. »

Le départ de l'EAJE est quant à lui relié à la restitution de la journée.

Chaque parent est unique et communiquer avec eux est un travail sur-mesure, à la carte, car leurs attentes varient d'une personne à l'autre et d'un jour à l'autre.

Les transmissions au moment du départ portent sur différents volets : les éléments physiologiques de l'enfant (santé, soins, alimentation, change, sommeil), particulièrement importants chez les bébés, puis les qualités subjectives de la journée de l'enfant concernant plutôt son humeur, son plaisir d'être là. Elles peuvent être enrichies par des anecdotes sur la journée de l'enfant : des retours d'observation sur ses activités, ses découvertes ou ses interactions avec les autres enfants.

Les enjeux des transmissions

P. Moisset, sociologue et consultant petite enfance, souligne trois enjeux[1] :

1. Restituer le vécu de la journée vient garantir aux parents-usagers que rien ne se passe indépendamment de leur regard. Les transmissions garantissent les modalités d'échange : d'un côté le respect du cadre (horaires, modalités contractuelles, règlement de fonctionnement…), de l'autre des informations importantes données sur ce qui se passe en leur absence.
2. Rendre leur action en partie visible, évaluable. Le contenu de l'information doit parvenir à rendre compte d'une activité et d'un regard professionnel légitime pour les parents. C'est là que beaucoup d'insatisfactions peuvent naître : des restitutions trop factuelles, trop sèches sont frustrantes pour les parents et les professionnels.
3. Être dans un moment d'échange partiellement libre, chaleureux, où l'on part de l'enfant et de sa journée pour parler d'autres choses, pour nourrir entre soi une simple relation où l'on se sent connu et reconnu.

La restitution de la journée de l'enfant n'est donc pas qu'une simple question d'information, ni une simple question de relation. Elle est prise entre ces différentes dimensions. C'est ce qui en fait un exercice difficile et périlleux.

Dans un lieu d'accueil, les enfants, les parents et les professionnels interagissent les uns par rapport aux autres. L'institution quant à elle joue un rôle pour réguler et médiatiser la relation entre les parents et les professionnels.

3 Accompagner la parentalité

a. Contexte

Ces dernières décennies, les structures familiales ont rapidement évolué :

- un enfant sur cinq vit dans une famille monoparentale, constituée dans 82 % des cas d'une mère avec un ou des enfants et plus fortement exposée à la précarité que les autres types de familles ;
- un enfant sur neuf vit dans une famille recomposée.

1. Chroniques de P. Moisset, site *Les Pros de la petite enfance.*

Dans ce contexte, plus de deux parents sur cinq jugent aujourd'hui difficile l'exercice de leur rôle de parent.

Les parents ne sont bien sûr pas seuls face à ces questions : les différents services ou institutions que l'enfant fréquente (modes d'accueil du jeune enfant, école, activités de loisirs...), l'ensemble des adultes qui l'entourent (cercle familial élargi, cercle amical, professionnels de la petite enfance, de l'éducation, de l'animation, etc.) contribuent eux aussi à son éducation, et ont un impact sur son devenir. Toutefois s'ils ne sont pas les seuls à jouer ce rôle, les parents demeurent les premiers éducateurs de leur enfant, libres de leurs choix dès lors qu'ils concourent à son intérêt supérieur et respectent ses droits.

b. Définition

Le concept de parentalité s'inscrit dans la quotidienneté de la vie familiale et se centre sur les relations parents-enfants.

« La parentalité désigne l'ensemble des façons d'être et de vivre le fait d'être parent. C'est un processus qui conjugue les différentes dimensions de la fonction parentale, matérielle, psychologique, morale, culturelle, sociale. Elle qualifie le lien entre un adulte et un enfant, quelle que soit la structure familiale dans laquelle il s'inscrit, dans le but d'assurer le soin, le développement et l'éducation de l'enfant. Cette relation adulte/enfant suppose un ensemble de fonctions, de droits et d'obligations (morales, matérielles, juridiques, éducatives, culturelles) exercés dans l'intérêt supérieur de l'enfant en vertu d'un lien prévu par le droit (autorité parentale). Elle s'inscrit dans l'environnement social et éducatif où vivent la famille et l'enfant. »

Comité national de soutien à la parentalité (CNSP), 2011.

La parentalité s'exerce selon trois axes :

- l'exercice de la parentalité qui fait référence à l'autorité parentale ;
- l'expérience qui, elle, est en lien avec le vécu de chacun des parents (héritage familial et socioculturel, etc.) ;
- la pratique de la parentalité qui, elle, représente les actes et gestes du quotidien.

Ce concept permet de décloisonner les regards portés sur la façon dont les parents exercent leur fonction parentale et de l'envisager sous l'angle d'une dynamique interactive de ces trois axes. L'idée est de renforcer les parents dans leurs compétences et les aider à prendre ou reprendre confiance dans leurs ressources ; de susciter la collaboration entre parents et professionnels « coéducateurs » complémentaires pour un partenariat éducatif ; de travailler sur la compétence et la richesse des ressources des parents, et non sur les failles.

Exemple

« Depuis qu'une sage-femme est intervenue à la crèche, nous demandons aux parents lors de l'accueil s'ils se sont sentis bien entourés à la naissance. L'émotion surgit parfois. La communication avec les parents s'est transformée », reconnaissent les personnels de crèche lors des formations au soutien de la parentalité.

c. Questions de parents

- Comment trouver du soutien dans les moments émotionnellement ou physiquement éprouvants ?
- Comment savoir quels sont les besoins de mon enfant à chaque étape de son développement et comment puis-je y répondre au mieux ?
- Comment socialiser progressivement mon enfant jusqu'à son entrée en petite section de maternelle ?
- Comment accompagner mon enfant progressivement vers l'autonomie tout en maintenant un cadre sécurisant ?
- Comment identifier les difficultés de mon enfant et l'accompagner pour lui permettre de les affronter ?

Les premiers mois et années de vie d'un enfant, s'ils ne sont en rien prédictifs de son avenir, voient toutefois s'installer des situations et habitudes familiales qui peuvent avoir des conséquences durables dans des domaines divers tels que la santé, le rapport à l'école, la qualité du lien familial…

Ce peut être en outre une période éprouvante physiquement et mentalement pour le(s) parent(s), ceux en situation de monoparentalité, ceux qui sont situation de handicap, ceux dont l'enfant présente des difficultés particulières (diagnostiquées ou pas encore) lorsqu'ils sont, pour différentes raisons, peu ou pas entourés.

Cette période est décrite comme une période de « fragilités » - une part importante des difficultés rencontrées plus tardivement par les familles trouvent leur origine dans les premières années de vie de l'enfant - mais aussi « d'opportunités » : une action menée précocement peut avoir un impact majeur, en particulier si elle permet aux parents de prendre confiance en leur capacité à éduquer et accompagner leur enfant sur le long terme.

Les modes d'accueil de la petite enfance, parce qu'ils permettent à des parents de jeunes enfants d'être écoutés dans leurs doutes, leurs questionnements, de demander conseils, peuvent constituer un point d'appui important.

d. Exemples de pratiques inspirantes

Les lieux d'accueil enfant-parent (LAEP)

Le lieu d'accueil enfant-parent est un espace convivial qui accueille, de manière libre, anonyme et sans inscription, de jeunes enfants dès la naissance et jusqu'à leurs 6 ans accompagnés de leur(s) parent(s), grand(s)-parent(s), assistante maternelle, assistante familiale, ou d'un adulte proche et responsable de l'enfant.

Dans ce lieu de détente et de rencontre, qui n'est ni une crèche, ni une garderie, puisque l'accompagnateur de l'enfant reste présent, les enfants découvrent un univers inconnu, observent, écoutent, rencontrent les autres à leur rythme, dans un espace de jeu libre, sans activité dirigée. Les parents se rencontrent, échangent, regardent leurs enfants interagir… Les accueillants (professionnels et/ou bénévoles) sont formés à l'écoute et garants des règles de vie spécifiques à ce lieu.

Le LAEP peut être un premier lieu de sociabilité pour les enfants, en particulier pour les enfants qui ne sont pas accueillis par des professionnels (assistante maternelle, EAJE ou garde à domicile). Il constitue de ce fait un espace d'épanouissement pour l'enfant et le prépare à la séparation avec son parent. Ce lieu favorise également les échanges entre adultes. Il a pour objectif de prévenir ou de rompre l'isolement (géographique, intergénérationnel ou culturel) d'un certain nombre de familles.

Le soutien des parents et de leur nourrisson à leur domicile à la sortie de la maternité

À chaque demande de soutien formulée (par le professionnel de santé, la maternité, l'unité mère-bébé, la PMI ou la famille elle-même), le Service d'Aide à domicile (SAAD) propose un accompagnement par un travailleur ou une travailleuse en intervention sociale et familiale (TISF) qui peut intervenir de manière intensive dans les premières semaines en fonction du degré de fragilité repéré au sein de la famille.

Conditions favorables à l'accompagnement de la parentalité

L'accompagnement à la parentalité s'inscrit en amont de l'apparition de toute difficulté et s'adresse à tous les parents qui s'interrogent sur l'éducation de leurs enfants au quotidien.

Le soutien à la parentalité est lui plus souvent associé aux actions et dispositifs qui s'adressent aux parents vivant des situations spécifiques.

- L'objectif est commun : accompagner les parents ou l'un d'eux dans la mobilisation de leurs capacités éducatives et relationnelles avec leur enfant ou les restaurer dans cette capacité. Le soutien à la parentalité, quel que soit son niveau d'intervention, s'inscrit dans la prévention. Il doit pouvoir être proposé aux parents dans les différentes configurations familiales et aux différents âges de l'enfant en prévention et en accompagnement de situations particulières.
- L'intervention auprès de parents d'un très jeune enfant, en présence de celui-ci, est particulièrement complexe, du fait qu'il n'a pas accès à la parole. Elle nécessite donc des compétences particulières en matière d'observation du lien parents/enfants, des connaissances spécifiques sur le développement du jeune enfant (en particulier sur ses compétences socio-émotionnelles) et implique d'adapter à ce jeune âge les actions proposées aux parents.
- Une attention particulière doit être portée sur certaines situations potentiellement difficiles : parents dont le tout petit est en situation de handicap, tensions voire violences au sein du couple, monoparentalité, précarité, problèmes de santé physique ou mentale, situation de handicap d'un ou des deux parents, etc.
- Il est essentiel que les actions d'accompagnement à la parentalité en direction des parents de jeunes enfants s'emploient à toucher tant les mères que les pères (lorsque ceux-ci sont présents, d'une façon ou d'une autre, auprès de l'enfant) et que l'ensemble des

professionnels de la petite enfance et des personnes qui accompagnent la parentalité s'attachent à s'adresser aux deux parents et non exclusivement à la mère.

La stratégie nationale pour le soutien à la parentalité 2018-2022 donne pour objectif de renforcer le soutien à la parentalité dans les modes d'accueils des jeunes enfants :

- en maintenant et en approfondissant la prise en compte de l'accompagnement à la parentalité dans la formation initiale et continue des professionnels de l'accueil du jeune enfant ;
- en incitant les lieux d'accueil de la petite enfance (EAJE, RAM, etc.) à inscrire l'accompagnement à la parentalité dans leur projet d'établissement et à développer des projets avec les parents.

4 Les relations parents-professionnels[1]

Les terminologies qui tentent de qualifier la relation qui lie les professionnels de la petite enfance aux parents ne cessent de se multiplier. Et pour cause, ce partenariat d'adultes autour de l'enfant est primordial particulièrement pour la période de prime éducation (avant 3 ans). Il s'agit le plus souvent d'un défi à chaque fois singulier et parfois inédit.

Cette question de la collaboration parents-professionnels se pose d'autant plus qu'il fait partie d'un ensemble de mots : coéducation, accompagnement des parents, coconstruction, coopération, etc., mots qui sont le reflet d'un profond changement de nos institutions et de nos sociétés : l'ouverture des institutions et des professionnels à leurs usagers, et la possibilité pour les usagers d'avoir des choses à dire sur le service rendu.

a. Coéducation

Le terme « coéducation » renvoie aux relations parents-professionnels relatives à l'éducation des enfants, et cela concerne les différents milieux extra-familiaux, tels que les EAJE, l'école, les lieux éducatifs et thérapeutiques, les lieux d'accueil, etc.

Le préfixe « co- » implique que l'acte d'« éduquer » va s'effectuer « avec », ce qui signifie la présence d'au moins deux personnes à effectuer l'action d'éduquer, parfois simultanément, parfois successivement.

Dans la démarche coéducative, les pratiques, les modèles éducatifs, les manières de faire ne sont pas forcément identiques, ils peuvent être différents, complémentaires.

La coéducation se pense par et à partir d'un projet éducatif, en partageant des valeurs éducatives communes, elles-mêmes élaborées en équipe.

La coéducation se traduit par le cheminement mutuel pour se rejoindre sur la satisfaction des besoins fondamentaux de l'enfant. L'appui sur la classification des besoins et les niveaux de développement de l'enfant sont de nature à servir de support de dialogue et de rencontre avec les parents.

1. À partir du travail de Pierre Moisset, « La collaboration parents-professionnels », site [pierremoisset.fr].

« La définition claire des positions et des rôles différenciés entre parents et professionnels va de pair avec la convergence entre le projet éducatif parental et le projet d'accueil professionnel souhaité. Le dialogue et des actions communes permettent de tisser une relation confiante, sur laquelle les enfants structurent et élargissent leurs repères d'identité. »

Extrait du Cadre national pour l'accueil du jeune enfant, 2017

b. Prévention des tensions

Pour rendre compte de la diversité des parents dans les EAJE, P. Moisset a élaboré une typologie des parents-usagers de la crèche qui se présente comme un outil de travail visant à éclairer les malentendus où chacune des parties (parents et professionnels) interprète les actions de l'autre en fonction de son système de normes et de valeurs, ce qui peut déboucher sur des tensions et des incompréhensions durables. C'est donc un outil de compréhension de la diversité des besoins des parents et un outil d'ajustement de postures professionnelles.

Les « parents élèves »

Ils sont très peu sûrs de leurs propres compétences et savoir-faire face à leur enfant, si bien qu'ils sont en quête de modèles d'action. Ces parents sont en recherche auprès des professionnels de savoir-faire pour constituer ou conforter leur regard et leurs pratiques auprès de leur enfant.

Ces parents vont donc être ouverts aux façons de faire et aux discours émanant des professionnels sans posséder eux-mêmes ces savoir-faire et en se sentant partiellement illégitimes dans leurs pratiques et leurs ressentis face à leur propre enfant.

Les « parents élèves » cherchent en la personne des auxiliaires des partenaires pour se construire en tant que parent et se sentir légitimes et capables auprès de leur enfant. Ils sont en demande de conseils, de soutiens, de supports.

Mère, 30 ans, agent de transit

« Parfois j'ai ma mère au téléphone, sinon je demande aux auxiliaires. Elles m'apportent la réponse tout de suite et je sais que c'est sûr. »

Les « parents exigeants »

Ils ont une conception de leur rôle parental claire et cohérente. Ils considèrent qu'ils ont des compétences.

Ces parents attendent du lieu d'accueil qu'il apporte une « plus-value » à leurs enfants par rapport à l'accueil familial. L'EAJE est la première étape d'un parcours et doit préparer les enfants à l'école à travers des jeux et des interactions qui ne se réduisent pas à leur dimension ludique. S'ils ont une demande, c'est celle de savoir-faire experts sur l'enfant pour affiner et développer leur regard et leurs pratiques sur ce dernier.

Les « parents exigeants » demandent plutôt des conseils sur les activités et recherchent une forme d'expertise, attendent une argumentation.

Mère, 37 ans, fleuriste

« Notre fille a deux ans et demi, j'ai essayé la peinture, le dessin, la pâte à modeler, qu'est-ce que je peux faire parce que là j'ai plus d'idée ? »

Les « parents autonomes »

Ils ont eux aussi une notion précise et ferme de leurs compétences et savoir-faire de parents. Ces parents sont plutôt fermés aux façons de faire des professionnels de l'EAJE. Pour certains, leur relative fermeture reste peu visible et s'apparente à une confiante neutralité. Alors que pour d'autres, les savoir-faire des professionnels ne sont ni particulièrement légitimes à leurs yeux, ni cohérents avec les leurs, ce qui peut entraîner des incompréhensions et/ou des tensions.

Les « parents autonomes » sont peu demandeurs de conseils. Ils veulent que leur enfant se sente bien mais également que leurs manières de faire et de voir soient respectées par les professionnels de la petite enfance dont ils n'attendent ni remarques ni conseils.

Mère, 30 ans, adjoint administratif

« Non, ce n'est pas la crèche d'un côté et moi de l'autre : on se complète. Je n'ai pas d'aide ou de conseils à recevoir. »

c. Rôle de l'auxiliaire de puériculture

Cette typologie, qui ne reflète qu'une façon parmi d'autres de saisir la diversité des parents en EAJE, permet de rendre compte de la complexité du rôle de l'auxiliaire de puériculture.

Il apparaît ainsi que les relations parents-professionnels peuvent devenir constructives lorsqu'un niveau de professionnalité est bien installé, bien assuré, pour ne pas se sentir déstabilisé ou démuni. Il s'agit pour oser s'engager dans la rencontre d'opérer un travail de clarification de ses compétences, de sa connaissance et de sa participation au projet éducatif, une actualisation de ses savoirs.

5 Analyse de situation professionnelle

Exercice

« En conflit autour d'un jouet, Yannis, 2 ans ½, crache à la figure de Nino, 3 ans. Marine, auxiliaire de puériculture en charge du groupe d'enfant, intervient auprès de Yannis, lui rappelant qu'elle n'accepte pas son comportement, lui rappelle qu'il peut dire qu'il n'est pas d'accord avec des mots et l'invite à prendre un temps avec la boîte à émotions dans lequel il peut trouver différents objets rassurants, calmants à manipuler. Le soir, Marine en parle au père de Yannis qui demande si Marine lui a donné une fessée. Marine répond "non" en lui expliquant les pratiques professionnelles autour des situations d'agressivité entre enfants. Le père est contrarié : "Quand Yannis fait une bêtise, moi je le punis, ce n'est pas lui qui fait la loi." Il propose alors d'écrire un papier autorisant le personnel à "lui en donner une". »

Comment travailler avec les parents lorsque les visées éducatives du projet d'établissement et les normes parentales ou culturelles sont éloignées ?

Comment maintenir la confiance dans les relations parents-professionnels en cas de désaccord ?

6 Cours & Méthodes
Travailler en équipe

1 Qu'est-ce qu'une équipe ?

Une équipe est une force en mouvement, vivante et dynamique. Les membres d'une équipe sont tous différents, mais créent ensemble une nouvelle entité qui possède ses propres caractéristiques. C'est sur les forces et les capacités de cette entité que repose la réussite de leurs projets.

En développant cette synergie, l'équipe est plus forte, plus efficace face aux imprévus, aux difficultés, aux contraintes et changements et peut mieux faire face aux pressions et stress que ces situations professionnelles engendrent.

2 Les équipes petite enfance : raisons d'être et importance du travail en équipe

a. Rappel des missions des EAJE

« Les établissements et services d'accueil non permanents d'enfants veillent à la santé, à la sécurité, au bien-être et au développement des enfants qui leur sont confiés. Dans le respect de l'autorité parentale, ils contribuent à leur éducation. Ils concourent à l'intégration des enfants présentant un handicap ou atteints d'une maladie chronique qu'ils accueillent. Ils apportent leur aide aux parents pour favoriser la conciliation de leur vie professionnelle et de leur vie familiale. »

Décret n° 2010-613 du 7 juin 2010 relatif aux établissements et services d'accueil des enfants de moins de 6 ans.

Les missions spécifiques de l'auxiliaire de puériculture sont d'accueillir l'enfant et sa famille, prendre soin de l'enfant et répondre à ses besoins, soutenir son développement.

La complexité de l'accueil de l'enfant d'un autre implique un nécessaire travail du collectif qui accueille : le travail d'équipe.

b. Encadrement

Dans un EAJE, le personnel chargé de l'accueil et de l'encadrement des enfants est constitué :

- pour 40 % au moins de l'effectif de, puéricultrices, infirmiers, éducateurs de jeunes enfants, auxiliaires de puériculture, psychomotriciens ;

- pour 60 % au plus de l'effectif de : CAP Accompagnement éducatif de la petite enfance (anciennement CAP Petite enfance), travailleuse familiale, technicien de l'intervention familiale et sociale (TIFS), personnes justifiant d'une expérience de 3 ans auprès d'enfants dans un établissement ou un service.

L'effectif du personnel encadrant les enfants est de :

- un professionnel pour 5 enfants qui ne marchent pas ;
- un professionnel pour 8 enfants qui marchent.

Pour des raisons de sécurité, l'effectif du personnel encadrant ne peut être inférieur à deux quel que soit le nombre d'enfants présents dont un professionnel diplômé d'État pour les agréments de plus de 20 places.

c. Les objectifs du travail d'équipe en petite enfance[1]

Les objectifs du travail d'équipe en petite enfance sont :

- expérimenter des changements de pratiques pour améliorer la qualité d'accueil ;
- interroger les représentations des professionnels quant à leur travail et leur effet sur les enfants et les familles ;
- introduire une dynamique au sein de l'équipe afin de lutter contre la routine ;
- laisser place à la réflexion et à l'évaluation des pratiques des professionnels ;
- soutenir le passage à l'écrit et la prise de notes, des observations ;
- dépasser sa subjectivité pour découvrir la réalité plurielle par l'observation partagée ;
- susciter la curiosité intellectuelle et lutter contre l'usure professionnelle.

> *« L'expérience montre chaque jour la nécessité pour les équipes de construire ensemble leur philosophie de travail, de parler des difficultés rencontrées, d'anticiper des pistes de solutions. À ces conditions, le projet commun et le cadre pensé collectivement offriront une assise forte aux enfants, et notamment aux enfants les plus difficiles qui en testeront la solidité et mettront à épreuve les failles. »*
>
> *Pierre Delion, pédopsychiatre, dans* Enfant difficile, *(livre téléchargeable sur yapaka.be).*

3 Prise de recul

L'auxiliaire de puériculture exerce un métier délicat, à charge émotionnelle élevée, engageant l'intime et les émotions dans l'attention permanente aux enfants et la relation avec les parents. Rester professionnel demande de savoir prendre du recul, d'être patient, de trouver des réponses personnalisées et adaptées à toute situation, d'ajuster sa posture professionnelle aux besoins de chacun des parents, etc.

1. Extraits « Dynamiser les pratiques professionnelles de la petite enfance », M.-P. Thollon-Behar.

Se contenir en permanence peut amener l'auxiliaire de puériculture à moins faire attention à son propre ressenti, ce qui peut être éprouvant sur le plan émotionnel. Or, le bien-être des professionnels est central dans le bien-être et la bonne adaptation des enfants accueillis qui sont plus paisibles, moins sensibles à la frustration en présence d'une équipe sereine.

Accorder du temps et de l'attention au quotidien dans les relations prévenantes d'équipe garantit un climat de travail sécurisant et stimulant pour chacun, les tensions et stress étant non seulement ressentis par les enfants, mais également par les parents et partenaires extérieurs. Les espaces-temps de régulation collective permettent aux équipes de s'exprimer et ainsi de prévenir des réactions inadaptées voire des dysfonctionnements.

« Il me suffit de mettre le pied dans une section pour ressentir le climat humain qui y règne. En fonction du comportement des enfants, de leur agitation, de leurs pleurs, il m'est possible de ressentir si l'équipe est en conflit, si les professionnels sont en souffrance ou si, au contraire, les adultes se portent bien ! ».

Nadine, psychologue de crèche collective
(extrait du site Les pros de la petite enfance).

4 Comment travailler en équipe ?

a. Recueillir, observer, partager

L'observation spontanée[1]

Dans l'observation spontanée, la professionnelle porte son attention sur une situation précise (s'assurer que l'enfant a ce qu'il faut pour s'adapter), dans une attitude générale de bienveillance.

Caractéristiques de l'observation spontanée :

- souvent personnelle ou portée individuellement, il existe encore une part de subjectivité ;
- sans critères de recherche précis ni toujours d'outils spécifiques d'observation ;
- les observations ne sont pas notées de façon systématique ;
- l'outil d'observation est souvent général à l'observation de tous les enfants (comportements).

Cette observation se fait au quotidien sur des situations particulières le plus souvent, telles qu'un événement soudain, un comportement qui interpelle et qui sort de la « norme ». Ces observations permettent d'alimenter les échanges avec les parents ou avec l'équipe sur des temps formels ou informels (entretiens, réunions, au départ de l'enfant…).

1. Guide CAF « Évaluer, comprendre, améliorer, la démarche d'observation ».

L'observation organisée ou ciblée

L'observation organisée s'inscrit quant à elle dans une démarche collective, en équipe ou avec les parents et/ou partenaires. Elle est cadrée par des objectifs de recherche et une méthodologie d'observation précise.

Cette mise en place d'une démarche collective d'observation programmée soutient l'équipe dans un questionnement : sur un enfant en particulier, sur l'organisation d'un temps, sur l'aménagement de l'espace, sur des pratiques à réévaluer…

Caractéristiques de l'observation organisée :

- des objectifs de l'observation et indicateurs précis fixés collectivement en amont ;
- un choix préalable de la méthode d'observation (planification, déroulement) ;
- des outils adaptés sont créés et partagés : grille, fiche d'observation, journal de bord, etc. ;
- une analyse et évaluation collective des observations recueillies ;
- la procédure de transmission des observations est formalisée (avec parents, partenaires) ;
- la prise en compte des observations pour agir (réaménager, réorienter, adapter, etc.).

En pratique

Projet d'observation partagée et organisée

« Multi-accueil, 30 enfants, des enfants en accueil régulier ou en accueil occasionnel (quelques demi-journées par semaine). L'équipe se questionne sur l'impact de ces différentes formes d'accueil sur la séparation parents/enfants, les enfants revivant la séparation à chaque départ ou arrivée dans la journée.

À la suite d'un projet d'observation, la vision des professionnels sur le vécu de la séparation par les enfants, vision parfois influencée par des projections personnelles, a évolué. Les professionnels ont relativisé les effets affectifs de la séparation : les enfants en accueil régulier l'ont intégré et ils constituent des repères pour les enfants en accueil occasionnel par la stabilité de leur présence.

En avoir pris conscience permettra aux professionnels de s'appuyer sur eux afin de rassurer les enfants qui viennent irrégulièrement. Sans une observation rigoureuse, ce constat n'aurait pas pu être fait. »

b. Des outils et temps de régulation en équipe

Pour veiller à la cohérence des interventions de l'équipe, des temps de parole professionnelle sont organisés de façon régulière. Ces espaces-temps permettent de parler hors de la présence des enfants, à titre préventif ou non, de prendre du recul, d'exprimer son point de vue sur la situation, sur les ressentis et de mobiliser les compétences de chacun, de faire des propositions, de renforcer ce qui fonctionne, de réfléchir à ce qui est à améliorer. Outre le fait de regrouper leurs compétences et connaissances, l'approche d'équipe fournit un soutien mutuel.

Écoute active et communication bienveillante

Les membres de l'équipe ont la responsabilité individuelle et collective de gérer au mieux les situations. Pratiquer une écoute active entre collègues, laisser parler l'un et l'autre, avoir une écoute attentive et empathique sont les premiers pas vers la coopération. Parler de façon bienveillante, non violente, permet également de s'apaiser, de clarifier ses pensées et arriver ensemble à des résultats qu'ils ne sauraient atteindre seuls.

Un climat d'ouverture et une communication bienveillante encouragent la diversité des expériences, la souplesse et la réceptivité aux autres. Les « erreurs » sont prises comme faisant partie de l'apprentissage. Par une écoute active les membres de l'équipe reconnaissent leur interdépendance et la nécessité de disposer des connaissances, compétences et ressources spécifiques des autres.

En mettant l'accent sur la coopération, chacun assume la responsabilité de son rôle individuel tout en estimant et valorisant l'identité de l'équipe.

Le projet d'établissement et/ou le projet d'équipe

Dans les équipes pluridisciplinaires, la méconnaissance du métier de l'autre, les façons de faire et les responsabilités de chacun peuvent être sources de questionnements, d'incompréhensions, de malentendus.

Le projet d'établissement cohérent et élaboré par l'équipe, en tant que socle commun, garantit la préservation ou le rétablissement d'un bon équilibre interne. Le projet pédagogique ou éducatif n'est pas réduit à un texte d'intentions, c'est l'aboutissement – provisoire et évolutif – d'un processus de réflexion et d'action concertée en équipe autour des différents « petits projets ». Le projet éducatif soutient le processus de professionnalité et la construction collective des savoir-faire collectifs.

Temps de régulation variés : réunions d'équipe, analyse de pratique

Réunions d'équipe, groupes de parole, groupes d'analyse de pratiques, etc., des temps de régulation, aux fréquences et méthodes variées, sont organisés et mobilisés. Ils permettent de mener ce travail réflexif et créatif, de partager des idées et de rechercher des solutions innovantes communes. L'équipe au complet ou des représentants de chaque unité ou service peuvent être réunis autour d'une problématique récurrente (l'agitation lors du temps de repas, l'aménagement du temps d'accueil le matin, etc.).

Ces temps permettent aussi de dénouer des situations complexes, de prendre du recul, de se poser et réfléchir, en équipe : décrire la situation, exprimer son ressenti, son besoin, créer un dialogue amène plus aisément à la reconnaissance réciproque.

Aides de tiers au travail d'équipe : supervisions, médiations

Lorsqu'une problématique perdure ou lorsqu'un malentendu s'enlise entre membres de l'équipe, des intervenants tiers (responsable unité, psychologue, coordinateur petite enfance, PMI) peuvent également intervenir, dans le non-jugement et l'impartialité. Une écoute bienveillante et attentive peut apporter un éclairage nouveau et neutre sur une situation complexe.

En pratique

Sur l'analyse de pratiques

« Cela permet de vidanger régulièrement les problèmes. On en parle. Point barre. À un deuxième niveau, on creuse un peu plus et souvent on comprend que les problèmes arrivent parce que l'activité n'est pas claire, clairement définie. »

Pierre Moisset[1]

« Une fois que les choses sont dites, à commencer par les faits, on essaie de voir ce qu'il est possible de mettre en place pour améliorer la situation. […] Si les règles sont décidées en commun, chacun se sent sécurisé, le poids du travail semble moins lourd et mieux réparti que si tout est imposé d'en haut ! »

Aurélie, extrait site Internet *Les pros de la petite enfance.*

Le travail d'équipe pour un processus d'amélioration continue des pratiques

« En multi-accueil, 1 groupe de 15 grands, 1 groupe de 13 bébés-moyens, une équipe de 7 auxiliaires de puériculture, 2 éducatrices de jeunes enfants, 2 agents d'accueil.

Le temps après repas est identifié comme négatif, difficile à vivre.

Hypothèse invoquée : le « manque du personnel ». Or, lors de la réunion, le taux d'encadrement apparaît suffisant pour ce créneau horaire avec 3-4 adultes pour 15 enfants.

Une nouvelle hypothèse est formulée : il y a assez de personnel pour gérer ce temps mais il faut peut-être s'organiser autrement et aménager l'espace.

Des propositions sont faites pour renforcer la construction de repères et de continuité en clarifiant le rôle des adultes qui ne savaient pas à l'avance ce qu'ils avaient à faire et qui allait le faire (lavage des mains, aide au repas, accompagnement de la transition, change, accompagnement à la sieste).

Cette prise de conscience de la nature réelle des changements à effectuer a donné envie à l'équipe de travailler sur d'autres temps et permis aux professionnels de se ressaisir de valeurs éducatives qui donnent sens à leur travail auprès des enfants. »

5 Émergence des tensions

Travailler en équipe, être confronté à des pratiques divergentes, à des changements, à la fatigue et à l'usure du quotidien peut exacerber les sensibilités et entraver les bons rapports entre collègues.

1. Cité par Catherine Lelièvre dans « L'analyse de pratique en 5 points clefs », article publié le 17 septembre 2017 (mis à jour 29 mars 2019) sur le site Internet *Les pros de la petite enfance.*

a. Des frictions et tensions au sein des équipes : des causes variées

Des causes variées, liées à des différences de perception ou à un contexte stressant, peuvent être à l'origine de tensions et avoir une incidence sur la vie du groupe.

- **Les questions d'organisation :** le planning de travail et de congés, les méthodes de travail qui s'affrontent autour de la pédagogie, les mouvements de personnel perturbant un équilibre fragile, les attentes envers le management, etc., autant de sujets de malentendus, voire de conflits.
- **Les changements dans l'équipe :** intégration de nouveaux collègues, stagiaires, changements dans la hiérarchie…, tant de changements qui traversent l'histoire des équipes et impactent les relations entre professionnels.
- **Les conflits entre professionnels :** les rivalités et enjeux de pouvoir entre les différentes professions ou générations.
- **Les difficultés ou problèmes personnels :** le travail et les enfants ravivent les blessures enfouies de notre vie privée, une équipe peut être fragilisée, mise à mal en cas de mal-être d'un des membres.

Simples frictions ou litiges plus importants, les accrochages et conflits d'équipe sont source de souffrances et mobilisent pleinement l'attention des professionnels, bien souvent au détriment de l'enfant.

« Lorsque les tensions sont trop importantes dans l'équipe […], le travail s'en ressent et les enfants en subissent les conséquences. Ils sont plus énervés, voire agressifs. C'est pour cela que nous ne laissons jamais s'envenimer les situations difficiles ! »

Adeline, puéricultrice et directrice de crèche,
extrait du site Les pros de la petite enfance.

6 Harmoniser les pratiques

a. Travailler dans le respect mutuel et dans la confiance

Travailler dans la confiance au sein des équipes, c'est :

- avoir le souci de l'harmonie et de la cohérence des interventions de chacun ;
- faire preuve d'écoute et de coopération ;
- agir en amont, prévenir et désamorcer les difficultés ou les tensions ;
- rechercher un consensus pour la prise de décision ;
- participer activement à la résolution de problèmes ;
- miser sur la recherche de solutions.

« La confiance ne se construit véritablement que dans la crise. C'est la façon dont l'autre se comporte dans une situation imprévue, la constatation que même lorsque le monde se dérobe, on continue à agir selon des principes partagés, qui fondent véritablement la confiance. On a confiance parce qu'on sait qu'on partage les mêmes règles. Au travail, on a confiance parce qu'on sait qu'on n'interprète pas, qu'on n'improvise pas, qu'on ne ruse pas, qu'on ne triche pas n'importe comment. Parce qu'on sait qu'on travaille dans le cadre de règles partagées. »

Davezies, cité par Virginie Sadock dans « L'équipe dans les structures petite enfance : contrainte ou ressource ? »[1].

b. Les relations d'équipe : le résultat d'une coconstruction

La manière dont les équipes vont travailler ensemble et les relations entre les membres d'une équipe ne sont pas fixées par des fiches de poste, une division du travail, une répartition des tâches. Travailler efficacement ne se fait pas en appliquant simplement ce qui est écrit sur une fiche de poste.

Travailler en équipe demande de s'ajuster, d'inventer en permanence et de faire face aux situations variables, multiples.

Les difficultés de travail doivent être avant tout travaillées collectivement comme des « épreuves spécifiques de métier », et non pas comme s'il s'agissait que de la seule difficulté personnelle, la « défaillance » de celui qui le partage et l'exprime.

Chacun dans l'équipe est donc amené à agir à son niveau de responsabilité et de contribuer à un environnement de travail et un climat de confiance et de bien-être. C'est la voie pour développer des ressources collectives dont chaque professionnel peut alors disposer.

7 L'équipe comme ressource face aux risques professionnels

a. Les risques professionnels des métiers de la petite enfance

L'auxiliaire de puériculture est une professionnelle confrontée à plusieurs risques professionnels, physiques, biologiques et psychosociaux.

- **Risques physiques :** troubles musculo-squelettiques (TMS), troubles auditifs (perte auditive, hyperacousie, acouphènes).

1. Article de Virginie Sadock dans l'ouvrage de Marie-Paule Thollon-Behar, *La Qualité du travail en équipe,* Érès, coll. « 1 001 bébés », 2015. Article consultable sur le site [cairn.info].

Exemples

Le port répété des enfants, les soins aux bébés, le déplacement des berceaux et chariots, le rangement des objets souvent ramassés au sol entraînent des efforts physiques et des postures contraignantes avec la nécessité de se pencher souvent en avant, de s'accroupir et de s'adapter à la taille des jeunes enfants, ainsi qu'à du matériel et mobilier non adaptés à la hauteur d'un adulte. Dans les grandes structures où les enfants sont nombreux, le bruit généré par les enfants (cris, pleurs, etc.) entraîne un niveau sonore élevé source de stress et de fatigue.

- **Risques d'accident du travail.**

Exemples

Les risques de chutes de plain-pied sur des sols souvent glissants aux abords des lavabos, W.-C., ou encombrés par des jouets, glisser sur un jeu…

- **Risques biologiques et maladies (ORL, gastro-entérite, etc.).**

Exemples

La transmission des agents infectieux véhiculés par les liquides biologiques lors des soins (sang) ou de nursing ou d'allaitement (selles et urine des couches, linge souillé par des vomissures et régurgitations, etc.) et les griffures sont des situations fréquentes à risque infectieux.

- **Risques pour les femmes enceintes** (produits d'entretien, cytomégalovirus…).
- **Risques psychosociaux.**

Exemples

Stress, fatigue, épuisement, etc., tant d'expressions liées aux facteurs émotionnels du travail, à la charge émotionnelle, au sentiment de non-reconnaissance du travail accompli, aux tensions internes (décalage entre travail idéal et réel), aux conflits entre adultes (professionnels, parents). Dans un environnement où la pénibilité du travail et le stress sonore ne sont pas toujours reconnus, une souffrance psychologique peut vite conduire au « burn-out ».

Important

Les services publics sont confrontés à une augmentation des comportements sociaux exigeants, voire agressifs chez une partie des usagers. Les services de puériculture et de la petite enfance n'échappent pas à cette tendance et la dimension relationnelle de ces métiers est de plus en plus largement sollicitée, notamment dans les situations de grande difficulté (carence affective, précarité sociale et/ou financière, maladie).

Pour éviter les réactions trop brutales des professionnels face à la violence ressentie des enfants et aux réactions négatives des parents, il est important d'aborder ce thème très souvent en réunion d'équipe, de se documenter. La mise en place d'outils permet aux professionnels de mieux maîtriser leurs réactions, leur peur.

Témoignage

« Les parents réagissent parfois d'une façon négative quand il y a le rappel à la règle, le rappel du cadre. Si nous refusons un enfant par manque de place, ils peuvent être agressifs avec nous. Ils haussent la voix, nous accusent de discrimination. Ce n'est pas facile de rester calme tout en se positionnant. Il est donc important au maximum de réfléchir en équipe sur nos réactions devant l'agressivité, je dirai devant le mécontentement des parents. Au maximum, pour éviter la colère, il faut différer nos réponses et répéter que nous allons en parler à notre responsable. »

b. Rôle de la fonction publique territoriale dans la prévention

L'autorité territoriale est chargée de veiller à la sécurité et à la protection de la santé des agents placés sous son autorité (décret du 10 juin 1985 hygiène et sécurité du travail).

Les enjeux de cette prévention sont de trois types : humain (santé, bien-être, reconnaissance dans le travail), économique (coûts absentéisme, meilleur service rendu) et juridique (responsabilité de l'employeur et de la hiérarchie).

Les mesures préventives résident dans :

- une organisation du travail collectif ;
- les aménagements ergonomiques et acoustiques des équipements et des espaces de travail ;
- le respect des règles d'hygiène, avec des équipements de protection individuelle adaptés et un suivi de vaccination ;
- la nécessité qu'une information et une formation soient données au personnel sur les risques spécifiques du métier d'auxiliaire de puériculture, notamment sur les gestes et postures et sur la gestion des tensions émotionnelles lors des conflits.

Cependant, la prévention des risques professionnels ne se résume pas à l'ensemble des mesures à prendre pour éviter qu'une situation de travail ne se dégrade au point qu'un accident ou une maladie ne survienne.

C'est aussi une attitude : le comportement individuel (méconnaissance ou négligence) a parfois autant d'importance que la stratégie et les moyens de prévention. L'implication des employés et de leurs instances représentatives, leur culture sécuritaire est obtenue et renforcée par la sensibilisation aux risques. L'information et la formation sont fondamentales pour lutter efficacement contre les facteurs de risque.

Je fais le point

Quels sont mes propres points de vigilances vis-à-vis de ces risques professionnels ?

8 Situations professionnelles[1]

En pratique

- « Une EAJE : 23 enfants, dont 12 maximum au repas, 7 adultes à temps plein, 3 à temps partiel. Un moment difficile semble se situer de 13 h 30 et 14 heures, pendant l'accueil des uns et la sieste des autres.

  L'hypothèse suivante est formulée : les enfants sont perturbés par les allées et venues des parents. Un travail de discussion et de remise en question de cette hypothèse a ensuite renvoyé les professionnels à leur propre travail. D'une recherche de causes (coupables), extérieures à l'équipe, l'équipe s'est mobilisée autour d'un projet collectif de recherche de solutions internes (organisation d'équipe, déplacements des professionnels, réaménagement des espaces). »

- « Devant nos réactions parfois brutales face à l'agressivité des enfants, nous avons décidé d'observer avant d'intervenir. L'agressivité paraît moins violente car nous en avons vu les raisons. Elle pourra être mieux gérée, par la parole et non le geste. Elle pourra être évitée. Parfois involontairement, nous pouvons être trois adultes à gronder l'enfant. C'est à éviter car non seulement l'enfant agressé pourra être décontenancé, mais aussi les autres enfants. Une certaine stigmatisation peut naître envers l'enfant « agressif ». La mise en place d'une personne référente pour certains enfants, donner le relais à une collègue quand un enfant n'entend pas, permet de mieux appréhender l'agressivité, mieux la gérer. »

Analyse du travail d'équipe :

- les temps de travail en équipe permettent de rechercher les « vraies origines » de la situation (agitation, réactions agressives des enfants) ;
- les équipes se sont recentrées et réengagées dans une démarche de service ;
- elles clarifient par la même occasion les valeurs éducatives ;
- elles se mobilisent collectivement pour rechercher des solutions d'amélioration (ajustement déplacements, aménagement espace, personnes référentes) ;
- par ce travail la coopération entre collègues a été réactivée autour d'un projet concret, tout en tenant compte des spécificités et contraintes de leur service (configuration des espaces, présences inégales des enfants et collègues).

À partir d'une situation floue, relayée par les observations spontanées de certains, l'équipe a pu engager un travail de fond de chacun, au-delà des divergences de points de vue, en acceptant et en passant par les tensions que ce travail peut engendrer, tant que la situation n'est pas mieux comprise, voire résolue.

1. Extraits « Dynamiser les pratiques professionnelles de la petite enfance », Marie-Paule Thollon-Behar.

7 Connaissances
Politique publique au service des usagers

1 Des priorités et des missions petite enfance

a. Petite enfance et territoire

Les modes d'accueil de la petite enfance contribuent à l'ancrage des familles et à la cohésion sociale sur la commune. L'action municipale est fortement sollicitée pour soutenir le développement de l'offre de services en direction des jeunes enfants, notamment l'accueil collectif, plébiscité par les familles. Les villes sont un des maillons du service public pour l'accueil du jeune enfant.

Le développement de l'offre de services publics se doit d'être le plus pertinent possible au regard des besoins du territoire. À ce titre, dès les années 2000, la Caisse nationale d'allocations familiales (CNAF) – à travers l'Observatoire national de la petite enfance – s'est engagée dans une réflexion méthodologique pour tenter d'estimer la capacité de réponse théorique de l'offre d'accueil petite enfance aux besoins sur les territoires, au niveau des départements, des communes, des quartiers.

Deux logiques traversent le champ de la petite enfance

Les besoins d'accueil sont souvent différenciés selon la situation familiale, les représentations sociales et culturelles et corrélés à une offre suffisamment souple et modulaire pour y répondre.

Logique de service public : constitue un droit attaché à l'enfant et à ses parents en termes d'accessibilité de tous à un mode d'accueil.

Logique privée : constitue la reconnaissance de l'expression des besoins et attentes des parents en lien avec leur rapport à l'emploi (emploi, recherche d'emploi, inactivité, formation…).

Une offre d'accueil diversifiée et inégale sur les territoires

Aujourd'hui, l'offre d'accueil représente une réalité multiple : accueil régulier, occasionnel, ponctuel, temporaire, accueil d'urgence, horaires classiques, horaires décalés et/ou atypiques, accueil familial, dispositifs d'insertion sociale…

En 2000, un premier décret a énoncé une nouvelle réglementation des modes d'accueil qui officialise les multi-accueils et définit un nouveau mode de financement avec la PSU, suivi par deux autres décrets (2007, 2010) affirmant les conditions d'encadrement.

Les problématiques offres/besoins en matière d'accueil de la petite enfance ne peuvent se limiter à une réponse quantitative et doivent s'appréhender sous l'angle qualitatif adapté aux besoins de l'enfant et de sa famille. Le projet d'établissement est l'outil de cette recherche de qualité. La petite enfance est l'objet de plans nationaux.

b. Feuilles de routes gouvernementales

2018 : Plan de lutte contre la pauvreté

Plus spécifiquement pour la petite enfance, il s'agit de lutter contre la reproduction sociale des inégalités qui prend racine dans la petite enfance.

Des mesures : places supplémentaires en EAJE, bonus mixité sociale afin de favoriser l'accueil d'enfants en situation de précarité, création de crèches AVIP (à vocation d'insertion professionnelle), ouverture de nouveaux centres sociaux et LAEP (lieux d'accueil enfants-parents), renforcement des services de PMI.

2018-2022 : Stratégie pour l'autisme au sein des troubles du neuro-développement

Elle vise à améliorer la qualité de vie des personnes et des familles, à construire une société inclusive. Concernant la petite enfance, l'objectif est de donner aux enfants la possibilité de progresser et modifier la trajectoire de leur développement.

La Haute Autorité de la santé (HAS) a publié de nouvelles recommandations pour dépister plus tôt l'autisme. L'inquiétude des parents concernant le développement de leur enfant ne doit jamais être minimisée, mais systématiquement écoutée et prise en compte par les professionnels de la petite enfance. Ils peuvent repérer les premiers signaux d'alerte : absence de babillage, de pointage, de gestes sociaux avant 12 mois, de mots avant 18 mois et au-delà, d'association de mots à 24 mois et au-delà.

2018 : Plan « Dessine-moi un parent »

Il vise à renforcer toutes les actions de soutien et d'accompagnement à la parentalité. Et il positionne tous les professionnels de l'enfance comme acteurs de ces dispositifs dans les différents lieux d'accueils.

2019 : Protection de l'enfance

Les objectifs sont de renforcer la prévention, lutter contre tous les types de violence, faire respecter les droits fondamentaux de l'enfant.

À noter

Des mesures : interdiction des violences éducatives ordinaires comme la fessée, une prise en charge à 100 % des soins de santé et psychologiques des enfants de l'ASE (aide sociale à l'enfance) et un soutien scolaire adapté.

Les violences éducatives ordinaires

Un article unique vise à compléter la loi n° 2016-297 du 14 mars 2016 relative à la protection de l'enfant, incluant que « L'autorité parentale s'exerce sans violence physique ou psychologique. » La proposition de loi a été adoptée par le Sénat en mars 2019, en attente de sa promulgation.

Un rapport sera remis en septembre 2019 présentant un état des lieux des violences éducatives ordinaires en France, évaluant les besoins et les moyens nécessaires à la sensibilisation, l'accompagnement et le soutien à la parentalité, ainsi que la formation des professionnels concernés.

2019 : Parcours santé-accueil-éducation des enfants de 0 à 6 ans

Une concertation est en cours afin de renforcer la coordination de tous les acteurs du champ sanitaire, éducatif, social, et des parents.

L'un de ses objectifs essentiels est la réduction des inégalités de santé dès le plus jeune âge. Il contribue ainsi à la mise en œuvre des stratégies nationales de prévention et de lutte contre la pauvreté, de soutien à la parentalité et de protection de l'enfance et de l'adolescence.

Les professionnels de la petite enfance, les personnels de santé de l'éducation nationale, les professionnels de santé, les acteurs du soutien à la parentalité, les représentants des familles sont mobilisés afin d'identifier les coordinations adaptées en vue de les déployer progressivement en fonction des territoires pour permettre d'assurer l'ensemble des dépistages et examens nécessaires aux âges recommandés, de rendre notamment effective la visite médicale avant 6 ans et de garantir une prise en charge adaptée aux besoins physiques, psychiques et affectifs de l'enfant.

c. La qualité d'accueil

Le Cadre national pour l'accueil du jeune enfant

Le Cadre national pour l'accueil du jeune enfant a été publié le 23 mars 2017. Élaboré par le gouvernement, ce cadre d'orientation est issu des recommandations d'un travail approfondi (Rapport Giampino 2016) de concertation scientifique et publique, auquel l'ensemble des acteurs de l'accueil du jeune enfant ont été associés pendant près d'une année.

C'est un texte fondateur qui pose les conditions d'une identité professionnelle commune à tous les métiers des modes d'accueil de la petite enfance, individuels et collectifs. Ce texte définit le cadre commun, les principes et les valeurs essentielles que tous les acteurs de la petite enfance pourront partager pour le bon développement et l'épanouissement des enfants qui leur sont confiés. Il s'adresse à toutes celles et ceux qui conçoivent, mettent en œuvre et améliorent les milieux d'accueil de la petite enfance : élus, gestionnaires, spécialistes, institutions et services, professionnels et parents.

Le texte est consultable sur le site du Ministère des Familles, de l'Enfance et des Droits des femmes.

Dans le cadre national, dix principes sont énoncés du point de vue de l'enfant dans la charte nationale placée en ouverture du texte. La charte tirée à 14 000 exemplaires a été envoyée via la CAF aux EAJE et RAM afin que les professionnels de la petite enfance puissent se l'approprier, la mettre en œuvre, la faire vivre.

Rapport sur la qualité des modes d'accueil

Le Haut conseil à la famille à l'enfance et à l'âge a adopté le rapport sur la qualité des modes d'accueil en mars 2019. Le document ne constitue pas un référentiel, mais une première étape pour qu'un ou des référentiels-qualité puissent s'en inspirer.

Trois grands thèmes sont abordés : la notion de qualité, le pilotage de la qualité, les éléments de formation commune aux 600 000 professionnels de la petite enfance d'ici 2022.

Le rapport recentre aussi la démarche-qualité sur des indicateurs de sécurité affective plutôt que de la qualité du matériel pédagogique (normes AFNOR).

Ce socle commun s'appuie sur le Cadre national pour l'accueil du jeune enfant.

2 Les acteurs incontournables des politiques petite enfance et enfance

La prise en charge de la petite enfance est un thème qui s'est progressivement affirmé dans les politiques sociales développées à l'échelon local, notamment depuis le début des années quatre-vingt.

La construction des politiques publiques locales passe ainsi par la mobilisation et l'implication d'acteurs diversifiés, réunissant à la fois les parents et les élus locaux, les professionnels et les institutions ou organisations ayant compétence dans ce champ de l'action publique (conseils départementaux, caisses d'allocations familiales, mutualité sociale agricole, etc.) et par le développement de partenariat entre la Caisse nationale des allocations familiales (CNAF) et ces mêmes collectivités afin d'encourager le développement des équipements et services d'accueil du jeune enfant.

a. La branche Famille de la CNAF

Aux origines de la protection sociale, la branche Famille, acteur majeur de la politique familiale et de la cohésion sociale, universelle et solidaire, promeut les valeurs de la sécurité sociale. Les Caisses d'allocations familiales (CAF) sont nées de la volonté d'apporter une aide à toutes les familles, dans leur diversité. Ainsi, leur action sociale s'adresse à toutes les familles.

L'investissement des CAF témoigne d'un engagement de la collectivité pour accompagner le développement de chaque personne, dès sa naissance, par une présence et un soutien dans son parcours de vie, accentuant, s'il le faut, son aide lorsque la famille est dans la difficulté.

La Branche Famille est présente auprès de chacun tout au long de la vie, auprès de chaque parent, femme ou homme, en fonction de sa situation, en équité : conciliation vie familiale-vie professionnelle, accueil des enfants et des jeunes, lutte contre la pauvreté sont les domaines prioritaires de l'intervention des CAF au bénéfice des familles.

Tous les quatre ans, la CNAF détermine des objectifs dans un document nommé Convention d'Objectifs et de Gestion. La dernière convention couvre la période 2018-2022. Concernant l'accueil du jeune enfant, il y est prévu la création de 30 000 places de crèche en 5 ans, et un accent est mis sur l'accueil d'enfants en situation de pauvreté, l'accueil d'enfants en situation de handicap et un travail autour de la qualité d'accueil.

b. Principaux partenaires de l'accueil des jeunes enfants

- Les parents, dont la responsabilité éducative est première et incontournable.
- Les professionnels de l'accueil travaillant dans les structures collectives, les assistantes maternelles, les relais assistants maternels.
- Les représentants du domaine scolaire (Éducation nationale).
- Les représentants du domaine de l'animation (accueils de loisirs).
- Les associations organisatrices d'activités ou regroupant des professionnels et des parents, qui sont souvent des lieux de réflexion et d'action importants à l'échelle locale, ainsi que leurs fédérations.
- Les administrations des différents champs ministériels s'intéressant à la petite enfance : santé, cohésion sociale, éducation nationale, emploi, etc.

- Les représentants élus des différentes collectivités mobilisées et leurs services techniques.
- Les collectivités territoriales : commune, département, région.
- Acteurs de santé médicalisés : hôpitaux, services de PMI, médecins libéraux, CAMSP, SESSAD.
- Services aux familles : CAF, services d'aides à domicile, structures de soutien à la parentalité, modes d'accueil des jeunes enfants, Réseau d'écoute, d'appui et d'accompagnement aux parents (REAAP).
- Aide Sociale à l'Enfance (ASE) : MECS, Foyer, unité mère-enfant, équipe éducative, etc.

Chacun de ces acteurs propose des actions visant à accompagner les parents des jeunes enfants dans l'exercice de leur fonction parentale. La connaissance mutuelle de ces réseaux, la reconnaissance de la légitimité et l'intérêt propre de chacun, ainsi que leur bonne coordination (voir Schéma départemental des services aux familles ci-après) sont essentielles en vue d'apporter aux familles un accompagnement fluide, continu, efficace.

c. Le fonds « publics et territoires »

La CNAF vient de publier la circulaire 2019-003 relative aux modalités de mise en œuvre du fonds publics et territoires dans le financement des établissements d'accueil du jeune enfant.

Le fonds « publics et territoires » contribue à accompagner les besoins spécifiques des familles et des territoires. À ce titre, il participe aux objectifs de développement des offres aux familles, de réduction des inégalités territoriales et sociales, réaffirmés dans le cadre de la convention d'objectifs et de gestion (COG) 2018-2022.

La circulaire prévoit 7 axes, dont 5 concernent la petite enfance :

- **Axe 1 :** Accueil des enfants en situation de handicap dans les structures et services de droit commun ;
- **Axe 2 :** Accès des familles fragiles aux modes d'accueil petite enfance ;
- **Axe 4 :** Maintien et développement des équipements et services dans des territoires spécifiques ;
- **Axe 5 :** Soutien des établissements d'accueil du jeune enfant présentant des fragilités économiques ;
- **Axe 6 :** Appui aux démarches innovantes.

d. Schéma départemental des services aux familles

Pour soutenir efficacement les familles et permettre aux parents de concilier vie familiale et vie professionnelle, le Gouvernement s'est fixé un objectif de développement de solutions d'accueil pour les jeunes enfants en privilégiant deux axes :

- Développer une offre territoriale diversifiée et mieux structurée : portail Internet dédié, lieux d'écoute et d'échange, accompagnement des parents pour le soutien scolaire de leurs enfants, aide au départ en vacances des familles…

- Assurer une meilleure visibilité à la politique de soutien à la parentalité et un meilleur accès des parents à l'information : l'accès de tous à l'information est la première étape vers l'égalité d'accès aux services. C'est pourquoi la mobilisation des acteurs pour une meilleure coordination de la communication fait partie des enjeux prioritaires autour des dispositifs existants : réseaux d'écoute, d'appui et d'accompagnement des parents (REAAP), lieux d'accueil enfants-parents (LAEP), contrats locaux d'accompagnement à la scolarité (CLAS), médiation familiale et espaces de rencontres en particulier.

C'est pourquoi il a été décidé de renforcer, coordonner et structurer l'action des acteurs par le biais de l'élaboration de Schémas Départementaux des Services aux Familles.

3 Le projet d'établissement

Le projet d'établissement est l'aboutissement formalisé de la réflexion concertée de l'équipe pluridisciplinaire de la structure. Il a pour but de présenter aux familles (et aux institutions partenaires) les grands axes éducatifs, les modalités de travail et de réflexion. Il est l'outil de référence de tout ce que cette équipe met en œuvre pour proposer aux enfants un accueil de qualité. Il est adapté aux besoins des familles et ce quel que soit le type d'accueil dont elles ont besoin.

Rendu obligatoire par le décret 2000, le projet d'établissement fixe les objectifs et les moyens mis en œuvre à partir des missions des EAJE.

Document

Art. R. 2324-17 du Code de la santé publique

« Les établissements et services d'accueil non permanents d'enfants veillent à la santé, à la sécurité, au bien-être et au développement des enfants qui leur sont confiés.

Dans le respect de l'autorité parentale, ils contribuent à leur éducation.

Ils concourent à l'intégration des enfants présentant un handicap ou atteints d'une maladie chronique qu'ils accueillent.

Ils apportent leur aide aux parents pour favoriser la conciliation de leur vie professionnelle et de leur vie familiale. »

Afin de répondre aux missions, le projet permet de :

- porter et expliciter les valeurs ;
- penser ce qu'on fait ;
- impliquer l'ensemble des acteurs ;
- donner et faire émerger du sens aux actions.

a. Un projet structuré

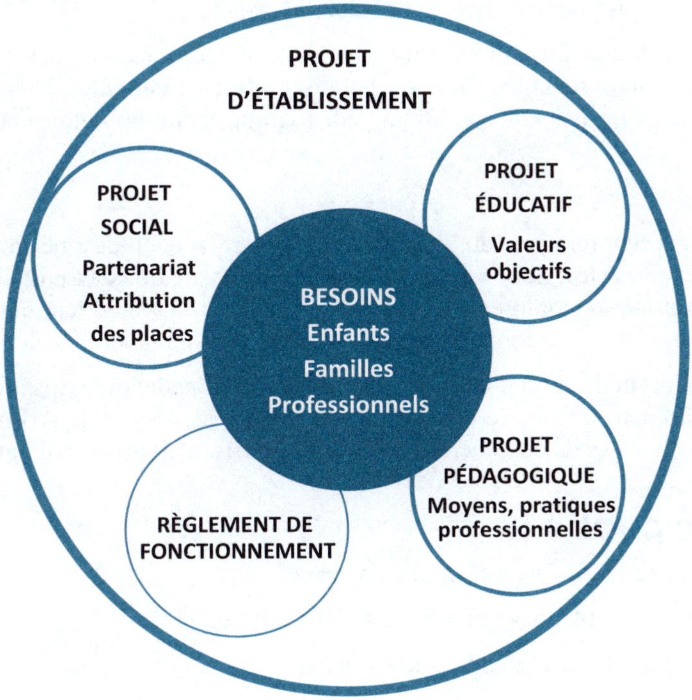

Le volet social est en lien avec le territoire, les volontés politiques, le contexte socio-économique, les partenariats possibles.

Le volet éducatif est en lien avec les actions mises en œuvre pour l'adaptation, l'accueil, les soins, les repas, le sommeil, l'éveil, le bien-être des enfants.

Le volet pédagogique est en lien avec les manières de faire, de mettre en valeur les intentions pédagogiques et les objectifs qui en découlent.

b. Participation et contribution

L'auxiliaire de puériculture participe et contribue au suivi du projet d'établissement en l'utilisant comme outil de régulation du travail en équipe et comme support de collaboration avec les parents. Le projet constitue une base commune pour l'équipe et implique un questionnement réactualisé.

En pratique

À quel moment proposer les activités ? Comment aménager l'espace afin de répondre au mieux au besoin d'exploration des enfants ? Quelle attitude est préconisée lorsque l'enfant refuse son repas ? Quand propose-t-on les activités ? Donne-t-on le dessert si l'enfant n'a pas mangé son plat ? Comment améliorer l'espace psychomotricité ?

L'expérience du quotidien, l'observation, l'analyse des pratiques professionnelles notamment lors de trop grands écarts dans les pratiques au sein d'une équipe permettent l'émergence de nouvelles propositions qui font évoluer le projet.

Parfois à la suite d'une formation, une dynamique émerge au sein des équipes afin de remettre en question les habitudes de travail ou les routines rassurantes. Un projet d'établissement qui évolue au travers de son projet pédagogique est un bon indicateur de la qualité d'accueil.

Rôle de l'auxiliaire de puériculture

L'auxiliaire de puériculture peut aussi élaborer un livret d'accueil destiné aux familles, plus accessible qui reprend les grands axes du projet, les informations essentielles nécessaires aux familles pour mieux comprendre le fonctionnement et la vie de leur enfant dans l'établissement, les modalités de coopération, collaboration, co-éducation (voir chapitre 5).

Ainsi le livret d'accueil reprend et traduit les actions et la pédagogie mises en œuvre pour l'adaptation, l'accueil, le soin, le développement, les repas, l'éveil, le sommeil et le bien-être des enfants. Il se fonde en général sur le descriptif d'une journée ordinaire.

4 Le service public

La notion de service public est essentielle en France.

L'expression service public désigne deux éléments différents :

- Une **mission**, qui est une activité d'intérêt général
- Un **mode d'organisation,** consistant, de façon directe ou indirecte, à faire prendre en charge ces activités d'intérêt général par des personnes, soit publiques (État, collectivités territoriales, établissements publics) soit privées, mais sous le contrôle d'une personne publique.

a. Plusieurs fonctions

Le service public remplit quatre fonctions principales. On distingue les services publics :

- à finalité d'ordre et de régulation (la défense nationale, la justice, la protection civile, les ordres professionnels, etc.) ;
- ayant pour but la protection sociale et sanitaire (sécurité sociale, service public hospitalier, etc.) ;
- à vocation éducative et culturelle (enseignement, recherche, service public audiovisuel, etc.) ;
- à caractère économique.

b. Trois grands principes

La continuité du service public

Ce principe repose sur la nécessité de répondre aux besoins d'intérêt général sans interruption. Cependant, selon les services, la notion de continuité n'a pas le même contenu (permanence totale pour les urgences hospitalières, horaires prévus pour un EAJE).

L'égalité devant le service public

Application du principe général d'égalité de tous devant la loi, proclamé par la Déclaration des droits de l'homme et du citoyen de 1789. Il signifie que toute personne a un droit égal à l'accès au service. Ainsi, le défaut de neutralité – principe qui est un prolongement du principe d'égalité – d'un agent du service public, par exemple une manifestation de racisme à l'encontre d'un usager, constitue une faute déontologique grave.

L'adaptabilité ou mutabilité

Corollaire du principe de continuité, il s'agit davantage d'assurer au mieux, qualitativement, un service plutôt que sa continuité dans le temps. Cela signifie que le service public s'ajuste face aux évolutions de la société ; il doit suivre les besoins des usagers (ex : horaires d'ouverture d'un multi-accueil après diagnostic des besoins des familles sur le territoire).

À ces éléments s'ajoute la place traditionnellement importante de l'État en France. Depuis le XIXe siècle, la puissance publique a toujours considéré qu'elle avait un rôle à jouer dans le développement du pays et notamment dans sa responsabilité d'aide et de contrôle des droits de l'enfant.

c. Une responsabilité de la puissance publique

La Convention internationale des droits de l'enfant, dans son article 1814, confie à la puissance publique une responsabilité d'aide et de contrôle quant au respect de l'application des prérogatives de l'autorité parentale ainsi formulée :

> *« Les États parties s'emploient de leur mieux à assurer la reconnaissance du principe selon lequel les deux parents ont la responsabilité commune pour ce qui est d'élever l'enfant et d'assurer son développement. Pour garantir et promouvoir les droits énoncés dans la présente Convention, les États parties accordent l'aide appropriée aux parents et aux représentants légaux de l'enfant dans l'exercice de la responsabilité qui leur incombe d'élever l'enfant et assurent la mise en place d'institutions, d'établissements et de services chargés de veiller au bien-être des enfants. »*

5 L'entretien professionnel annuel des fonctionnaires publics territoriaux

L'entretien professionnel est un outil en appui au bon fonctionnement du service, qui permet de donner du sens et de valoriser la contribution de chaque agent au projet de la collectivité territoriale.

a. Prendre en compte les compétences individuelles

Les agents du service public, communément appelés fonctionnaires, se trouvent dans une situation légale et réglementaire : contrairement aux salariés du secteur privé, ils ne sont pas régis par un contrat passé avec leur employeur.

Pour mesurer l'appréciation de la valeur professionnelle des agents, l'enjeu est d'identifier, de développer et de fidéliser les compétences afin d'optimiser le service rendu au bénéfice des usagers.

b. L'efficacité professionnelle

L'efficacité professionnelle individuelle de l'agent repose à la fois sur :

- les compétences et aptitudes qu'il détient au regard des exigences de son poste ;
- sa motivation à mobiliser ces mêmes compétences pour réaliser les missions et objectifs de sa fonction ;
- les ressources mises à sa disposition par son environnement professionnel (moyens, organisation, encadrement et animation du travail d'équipe).

c. Un outil d'évaluation et de valorisation

L'entretien professionnel est individuel, annuel et conduit par le supérieur hiérarchique direct.

L'entretien professionnel permet de :

- faire le lien entre le travail prescrit, le travail vécu et le travail réel en vue de permettre aux agents de progresser sur le plan professionnel pour atteindre des objectifs individuels et contribuer à l'atteinte des objectifs collectifs ;
- exposer ses réussites, ses difficultés et ses attentes, exprimer la vision de son poste, son rôle, son activité, l'organisation ;
- clarifier les missions et les responsabilités de l'agent et identifier ensemble les ajustements nécessaires au niveau du poste ;
- analyser le parcours professionnel réalisé par l'agent afin d'échanger sur ses souhaits d'évolution et son avenir professionnel ;
- identifier les compétences acquises et celles à acquérir en vue de solliciter une formation favorisant son développement professionnel ;
- prendre en compte les compétences et les mérites individuels des agents répond à la volonté d'aller vers une fonction publique territoriale davantage centrée sur les métiers, facteurs d'efficacité et d'efficience des services.

À noter

Le projet de devenir auxiliaire de puériculture territorial implique de savoir identifier ses compétences, et savoir exprimer sa contribution au projet de la collectivité dans le respect des principes du service public.

8 Cours & Méthodes
Éléments de réponse des analyses de situation professionnelle

1 Conseils

Comment et pourquoi utiliser ces éléments de réponse ?

À retenir

Les attentes du jury sont centrées sur la capacité du candidat à privilégier des réponses synthétiques et pertinentes.

L'esprit de synthèse se définit comme une aptitude à sélectionner des éléments significatifs, les hiérarchiser, repérer des priorités.

Cependant, il n'y a pas d'esprit de synthèse sans analyse.

L'esprit d'analyse se définit comme l'aptitude à repérer, étudier, décomposer et réfléchir les spécificités et caractéristiques d'une situation. Cette capacité d'analyse permet de mieux penser les interventions possibles en lien avec une conscience claire des limites de son mandat.

Ces éléments de réponse sont à utiliser comme un entraînement :

- pour s'auto-évaluer dans sa capacité à mobiliser les savoirs liés au cœur du métier ;
- pour mesurer :
  - la capacité à se projeter dans d'autres situations professionnelles ;
  - la capacité d'identifier chaque acteur, les différentes dimensions et leurs interactions ;
  - la capacité à analyser les enjeux d'une situation.

Ces éléments de réponse sont donc proposés pour stimuler la démarche d'analyse comme prérequis à l'émergence de la capacité attendue du jury de donner des réponses synthétiques, pertinentes, individualisées, c'est-à-dire faire preuve d'un esprit de synthèse qui fait la différence lors du concours.

La partie « Entretien avec le jury » s'appuiera d'ailleurs sur cette clarification du positionnement professionnel, une mobilisation solide de ses savoirs, une mise en œuvre lisible de ses propres pratiques professionnelles.

2 Répondre aux besoins : répondre au besoin de sécurité affective

Cette analyse se rapporte à l'exemple p. 156.

a. Savoirs

Méta-besoin de sécurité

Bruno sollicite la proximité de son auxiliaire Patricia.

Pointage du doigt

Le pointage, observable avant l'âge de douze mois, peu de temps avant les premiers mots, fait partie d'un indicateur de langage important. Ce geste représente une condition nécessaire à la construction du langage. En effet, il donne à l'enfant la possibilité de désigner un objet en tant que lieu d'attention partagée et d'échange avec l'adulte. Les gestes et l'apparition des mots sont liés.

Attention conjointe

L'attention conjointe est la capacité à partager un évènement à autrui, à attirer et à maintenir son attention vers un objet ou une personne dans le but d'obtenir une observation commune et conjointe. Elle apparaît chez l'enfant dès le 9e mois.

Mots-phrases

Entre 18 mois et 3 ans, l'enfant développe son vocabulaire. Lorsqu'il dit plusieurs mots désignant des gens et des objets, il commence à nommer des actions (ex. : manger, boire). Certains sons restent difficiles à prononcer pour lui. Lorsqu'il est capable de dire plusieurs mots, il commence à les mettre ensemble pour construire des phrases de deux mots, comme « Papa parti. »

b. Savoir-être

Communication

L'auxiliaire de puériculture mobilise des mots et du non verbal : intonation, regard, expression du visage pour signifier à l'enfant son intérêt.

Posture

En se mettant à la hauteur de l'enfant, l'auxiliaire de puériculture lui envoie un message d'écoute et de disponibilité.

En faisant preuve d'une présence suffisamment proche, chaleureuse, l'auxiliaire de puériculture répond au besoin de sécurité affective de l'enfant.

c. Savoir-faire

Verbalisation

L'auxiliaire de puériculture met en mots ce que vit l'enfant en veillant à rester ouverte (hypothèse, sentiment…), au plus près de ce que l'enfant manifeste, en utilisant un langage qui a du sens pour lui, en respectant son intimité et son histoire.

Repères spatio-temporels

L'auxiliaire de puériculture soutient la construction des notions de temps et d'espace en mobilisant des indicateurs : ce matin, ce soir.

Langage

L'auxiliaire de puériculture utilise un langage qui a du sens pour l'enfant, reformule en élargissant le vocabulaire, s'assure de la compréhension dans un rythme de tour de rôle.

Outil

En proposant des outils propices aux interactions positives tel le pêle-mêle, l'auxiliaire de puériculture favorise le lien entre les enfants.

3 Prendre soin : l'attitude observante

Cette analyse se rapporte à l'exemple p. 176.

a. Savoirs

- Julien, 5 mois, est un partenaire actif de la relation. Il s'exprime par le langage du corps.
- Julien a besoin de se sentir écouté jusque dans ses réactions toniques, jusque dans son malaise qu'il soit physique ou psychique.
- Julien a besoin de se sentir entendu dans ce qu'il a de différent aujourd'hui.
- Méta-besoin de sécurité affective, besoin fondamental.

b. Savoir-être

Le comportement de Julien appelle des gestes plus doux, plus enveloppants.

L'auxiliaire de puériculture est amenée à prendre plus d'initiatives que d'habitude. Elle va agir plus, parler plus, peut-être dans le souci de verbaliser les différences, de marquer son étonnement.

c. Savoir-faire

Observation

L'attitude observante consiste à se laisser interpeller par l'enfant. Pour prendre du recul, l'observation doit être pensée au-delà de l'instant : avant pour savoir pourquoi observer, après pour ajuster sa posture.

L'auxiliaire de puériculture repère et prend en compte les signes de malaise (pleurs, apathie, retrait…) en vue d'en réduire autant que possible les causes ou d'agir pour permettre à l'enfant de les vivre avec moins de difficultés.

Questionnement

L'auxiliaire de puériculture mobilise ses connaissances sur l'enfant : son histoire, son tempérament, ses habitudes de vie, son niveau de pleurs, son humeur, son niveau d'activité, sa réaction au changement, le niveau de frustration…

Et un questionnement sur le moment observé : Que lui arrive-t-il ? Peut-être a-t-il vécu des moments difficiles durant les premières heures de la matinée ? Quelles informations particulières aujourd'hui ?

L'observation de ses réactions du moment se greffera sur celles des échanges antérieurs. Son état du moment pourra être perçu dans la connaissance construite de son identité.

Pratique professionnelle

L'auxiliaire de puériculture utilise la prise de notes pour garder une trace du vécu de l'enfant, transmettre à ses collègues, afin de pouvoir comprendre si c'est un comportement ponctuel ou récurrent et avoir un appui dans les transmissions aux parents.

Exemple d'outil d'observation

La démarche « ACC » (Antécédents/Comportements/Conséquences) est un outil d'observation et de compréhension adaptable à de multiples situations.

- Antécédents : Quels évènements se sont produits avant ? Qui est concerné, quand est-ce arrivé, où est-ce arrivé… ? en lien avec le travail avec les familles et le travail en équipe.
- Comportements : Qu'est-ce que l'enfant manifeste ? décrire tous les comportements de l'enfant et des personnes présentes
- Conséquences : Qu'est ce qui est arrivé après le comportement, à quel type d'intervention a-t-on fait appel ? Comment les parents/les responsables/les pairs ont-ils réagi ? Le comportement de l'enfant a-t-il continué, augmenté, diminué d'intensité ?

Ces éléments sont à noter en gardant l'objectif de ni banaliser ni dramatiser.

4 Le jeu : un en-jeu professionnel[1]

Cette analyse se rapporte à l'exercice p. 190.

a. Du point de vue de Nathan, 16 mois

La vue du couloir génère son envie d'explorer plus forte que son envie de faire plaisir à l'adulte.

Depuis maintenant une trentaine d'années, de nombreuses recherches sur le développement moteur mettent en avant l'idée que la perception d'un objet ou la caractéristique d'un espace va guider nos actions pour l'explorer. Face à ce long couloir, tel une piste de course pour un athlète, Nathan s'engouffre dedans sans pouvoir résister. Il veut le découvrir, aller au bout de ce dernier pour appréhender sa longueur, son volume, la lumière particulière de l'endroit…

Le fait de courir plutôt que marcher est lié aux proportions de sa tête : plus l'enfant est jeune, plus sa tête est grosse. À cet âge, elle représente le cinquième de son corps, contre le septième à l'âge adulte. Debout, cette spécificité va le déséquilibrer et il devra bouger, voir courir pour retrouver sa stabilité.

b. Du point de vue du groupe d'enfants : l'imitation motrice plus forte que la consigne

L'appel du couloir est reçu par tous, pas seulement Nathan, mais un deuxième élément va l'accentuer : l'imitation motrice. Quand Nathan démarre, les cerveaux des trois autres enfants sont immédiatement attirés par son déplacement, sa vitesse… Son mouvement va les attirer et grâce aux neurones miroirs, ils vont être incités à faire la même chose que lui. Ce mécanisme joue un rôle très important dans les apprentissages sociaux : faire la même chose, c'est s'envoyer le signal que l'on peut jouer ensemble. C'est ainsi que les premières affinités en EAJE vont pouvoir se créer. Les consignes de Nathalie sont déjà de l'histoire ancienne, les actions présentes de Nathan ont pris l'avantage dans ces jeunes cerveaux.

c. Du point de vue de Nathalie, la professionnelle : faire respecter la consigne pour que les enfants ne se blessent pas

Prendre en compte ce besoin moteur n'est pas toujours facile au quotidien. Le rôle premier d'un professionnel de la petite enfance est de protéger l'enfant. Le regard sur les expériences motrices des enfants peut être influencé par cette mission de protection. Nathalie sait que vers seize mois, l'acquisition de la marche d'un enfant est en pleine construction et que des

1. D'après un article de Johanna Hirt sur le site *Les pros de la petite enfance*.

chutes sont fréquentes. Quatre enfants dans un même couloir, les probabilités de chutes ou de collisions augmentent, son regard va dès lors chercher les causes probables de chutes au lieu de générer confiance et sécurité pour le groupe d'enfants. L'important pour Nathalie est d'ajuster sa posture : sont-ils vraiment en danger lorsqu'ils courent pour traverser le couloir ? Chaque enfant doit apprendre à maîtriser ses mouvements et comprendre ses ressentis corporels, à mieux gérer l'élan pour pouvoir le contrôler et le tout sous le regard protecteur de l'adulte. Même si l'objectif de Nathalie est de se déplacer vers la salle de patouille, le couloir est déjà un lieu de découverte pour l'enfant. En s'assurant au préalable qu'il ne comporte pas d'obstacles, elle peut les laisser courir et les accompagner par le regard, un sourire ou une course main dans la main avec le moins stable de tous.

d. Du point de vue de la pratique : l'enfant apprend en bougeant

La motricité est l'outil indispensable avec lequel un jeune enfant découvre le monde. Il a besoin d'explorer sans cesse et vivre des expériences corporelles multiples pour traiter les informations sensorielles qu'il reçoit. Chaque moment du quotidien offre des possibilités motrices à encourager plutôt que contraindre par des horaires « atelier moteur de 10 heures à 10 heures 30 » ou des interdits « ne cours pas », « calme-toi » posés pour rassurer l'adulte plus que l'enfant. Pour l'enfant, bouger : c'est apprendre. C'est à l'adulte de réfléchir à l'organisation et à anticiper l'exploration possible des espaces, objet de travail en équipe qui peut être formalisé dans le projet éducatif (libre circulation, pédagogie sensorielle…).

5 Accueillir et accompagner les familles : clarifier son rôle professionnel

Cette analyse se rapporte à l'exemple p. 205.

Accompagner la parentalité s'appuie sur travail d'équipe en amont. Il ne s'agit pas d'appréhender un désaccord comme un problème du parent à résoudre mais de travailler un questionnement complexe afin de chercher les voies possibles ensemble.

a. Mécanismes inconscients liés à la séparation

Le contexte d'accueil de l'enfant et donc de séparation implique un relais éducatif notamment en matière d'autorité. Le père a sa conception et présuppose qu'elle est partagée. Un des axes éducatifs du projet de l'établissement est la mise en œuvre d'une autorité bienveillante.

Face aux différentes formes de parentalités, l'auxiliaire de puériculture se trouve dans un ajustement permanent.

Face aux résonances affectives et au risque de se sentir jugée par le parent ou de juger le parent, l'auxiliaire doit mobiliser une capacité individuelle à prendre du recul sur soi et pouvoir s'appuyer sur un cadre soutenant du travail d'équipe (anticipation des situations de désaccords).

En reconnaissant le sentiment exprimé par le parent (contrariété, incompréhension), le professionnel peut mieux repérer ses besoins à décoder (être rassuré dans son exercice parental, être reconnu, être considéré…) et en tenir compte pour maintenir le lien de confiance (écoute active).

b. Un cadre contractuel et un travail d'équipe

Le contrat d'accueil et l'acceptation du règlement de fonctionnement permettent de réguler certaines demandes parentales notamment autour de l'hygiène, l'alimentation, des traitements médicamenteux, des horaires.

Dans un souci de cohérence, L'auxiliaire de puériculture se réfère à ce cadre pour répondre, ne pas tout accepter, trouver le compromis le plus constructif.

En anticipant les situations de désaccords éducatifs, le travail d'équipe élaboré en amont soutient et permet à chaque professionnel de trouver l'ajustement de ses réponses dans l'objectif de prévenir la dégradation de la relation parent-professionnelle.

Modalités de participation

L'anticipation des situations de désaccords passe par une réflexion collective sur les modalités de participation des parents dans le lieu d'accueil.

L'auxiliaire de puériculture dans sa contribution au projet d'établissement est amenée à réfléchir aux modes de circulation et de partage d'informations, d'échanges au moment de l'adaptation et au quotidien dans un esprit d'ouverture de l'établissement aux familles : qualité des transmissions, rencontres conviviales, café-parents, atelier parent-enfant, réunions thématiques, évènement festif, accompagnement de sortie, conseils de parents.

L'auxiliaire de puériculture a le souci de faire vivre le lieu d'accueil comme un lieu ressource qui puisse favoriser le partage d'expériences entre parents le souhaitant, permettant d'accéder à une expérience de la parentalité plus sereine.

Bienveillance

La bienveillance est une valeur qui s'exprime au quotidien et qui se gagne en cultivant une remise en question individuelle et collective des relations avec les parents, par une analyse des erreurs, par un regard constructif sur soi et les autres.

La professionnelle, tout en étant ferme sur les limites et les interdits, réagit à l'agressivité d'une manière qui ne disqualifie pas l'émotion de l'enfant : il facilite l'expression, questionne le passage à l'acte, canalise et régule le passage à l'acte.

Pratique professionnelle

Dans le cas d'un conflit ouvert à propos d'un désaccord entre adultes :

- s'isoler du groupe d'enfants pour respecter leur besoin de protection ;
- inviter le parent à s'exprimer dans un autre espace (prévu) ;
- reconnaître la difficulté du parent et entendre son point de vue ;
- essayer de sensibiliser le parent à certains aspects qu'il n'aura peut-être pas pris en compte (besoins de l'enfant en collectivité) ;
- mobiliser ses observations pour étayer son argumentation et recentrer l'échange sur l'enfant et ses besoins ;
- si la confiance est rompue et le dialogue difficile, la présence d'un tiers (direction, adjoint) aide à traverser la crise et retrouver le cheminement de sortie.

Épreuve d'admission

Entretien avec le jury

- L'épreuve d'entretien avec le jury
- Conseils et outils pour bien préparer l'épreuve
- Conseils et outils pour réussir le jour J
- Ressources et réponses

15 minutes

1 Présentation de l'épreuve L'épreuve d'entretien avec le jury

1 Attentes du jury

La modernisation des concours de la fonction publique préconisée depuis 2007 permet une sélection des candidats centrée sur les compétences, les aptitudes et les potentiels.

a. Rappel de l'épreuve : entretien avec le jury

Intitulé réglementaire : Décret n° 93-398 du 18 mars 1993 modifié relatif aux conditions d'accès et aux modalités d'organisation des concours sur titres pour le recrutement des auxiliaires de puériculture territoriaux.

Un entretien permettant d'apprécier les capacités professionnelles du candidat, ses motivations et son aptitude à exercer les missions incombant aux membres du cadre d'emplois concerné. Durée : 15 minutes.

Le libellé de cette épreuve ne doit pas égarer le candidat : l'épreuve ne consiste pas en un entretien à bâtons rompus avec des examinateurs, mais repose sur « des questions destinées à apprécier l'aptitude du candidat à exercer les missions dévolues à un auxiliaire de puériculture ». Les questions posées, choisies au sein d'une palette de questions préalablement élaborées par le jury, appellent des réponses en temps réel.

b. Professionnalisation

L'épreuve orale constitue un exercice à caractère professionnel et peut, d'une certaine manière, s'apparenter à un entretien d'embauche, les examinateurs se plaçant souvent dans une position d'employeur : « S'il s'agissait d'un entretien de recrutement, ce que dit ce candidat, sa manière de se comporter conduiraient-ils à l'engager ? » ; « Au-delà de ses connaissances, fait-il preuve des qualités humaines et intellectuelles requises pour exercer les missions d'auxiliaire de puériculture territorial et répondre au mieux aux attentes de sa hiérarchie et aux exigences de son environnement professionnel ? ».

L'auxiliaire de puériculture appartient à un cadre d'emploi de catégorie C de fonctions d'exécution, néanmoins les capacités d'initiatives dans la connaissance d'un cadre précis sont attendues.

Au-delà de l'action, le positionnement professionnel nécessite d'argumenter ses actes en fonction du contexte professionnel et à partir de ses connaissances : savoir où l'on est, ce que l'on fait, pourquoi on le fait, poser la question du sens et agir en conséquence.

c. La motivation, des savoir-faire et des savoir-être

Au-delà de la pertinence des réponses aux questions posées, le jury cherche à évaluer, tout au long de l'entretien, des qualités attendues dans l'exercice professionnel.

Gestion du temps

Le candidat est-il capable de ne pas se perdre dans les détails, de distinguer l'essentiel de l'accessoire ?

Cohérence

Le candidat est-il capable d'organiser, même sommairement, ses réponses ?

Gestion du stress

- L'installation du candidat, son comportement physique pendant l'épreuve révèlent-ils une incapacité préoccupante à maîtriser son stress ? Traduisent-ils un relâchement ou une décontraction non compatible avec les fonctions de l'auxiliaire de puériculture ?
- Le candidat est-il capable de livrer ses réponses sans précipitation excessive, sans hésitations préoccupantes ?
- Prend-il suffisamment de temps pour comprendre une question avant d'y répondre ?
- En difficulté sur une question, garde-t-il une confiance en lui suffisante pour la suite de l'entretien ?

Aptitudes à communiquer

- Le candidat a-t-il le souci d'être compris ?
- S'adresse-t-il à l'ensemble du jury ou privilégie-t-il abusivement un seul interlocuteur ?
- Son élocution est-elle trop rapide, trop lente ?
- Des tics de langage ou des formules d'hésitation nuisent-ils à la compréhension du propos ?
- Juste appréciation de la hiérarchie : l'attitude du candidat est-elle adaptée à sa « condition » de candidat face à des examinateurs ?
- Est-il péremptoire, excessivement sûr de lui, conteste-t-il les questions posées ?
- À l'inverse, donne-t-il systématiquement raison aux examinateurs sans chercher à argumenter ?

Curiosité intellectuelle, esprit critique

- Le candidat manifeste-t-il un réel intérêt pour le monde qui l'entoure ?
- Sait-il profiter d'une question pour valoriser des connaissances pertinentes ?

2 Déroulé de l'entretien

Le jury adopte pour chaque session, afin d'assurer un égal traitement de toutes les candidates et tous les candidats, une grille d'entretien conforme au libellé réglementaire de l'épreuve et pouvant comporter un découpage précis du temps et des points.

À titre d'exemple, la grille d'entretien pourrait être la suivante :

Connaissances et aptitudes professionnelles	12 min.	14 points
Connaissances de l'environnement professionnel	3 min.	4 points
Motivation du candidat tout au long de l'entretien		2 points

Entretien avec le jury

Autre exemple, à titre indicatif :

a. Parcours (3-4 min.)

L'entretien peut débuter par une rapide présentation du parcours et du projet professionnel du candidat.

b. Mises en situation (8-9 min.)

Des mises en situation peuvent être proposées à chaque candidat, afin d'évaluer ses aptitudes et ses connaissances professionnelles. Dans les réponses apportées, le candidat doit pouvoir partager son savoir-faire technique, son savoir-être, sa capacité du candidat à donner du sens à sa réponse, sa capacité à prendre le recul nécessaire par rapport à sa pratique professionnelle, le soin apporté dans la construction de son propos.

c. Questions (2-4 min.)

3 à 4 questions destinées à mesurer la connaissance de l'environnement professionnel. Précisons également que les deux points que le jury peut allouer au titre de la motivation du candidat entendent notamment valoriser la curiosité professionnelle de celui-ci, son intérêt pour des expériences innovantes, son envie d'apprendre, sa capacité à communiquer son enthousiasme, sa volonté de convaincre, son comportement durant l'épreuve.

d. Conclusion

Le candidat peut être invité à conclure l'entretien par une phrase.

2 Cours & Méthodes
Conseils et outils pour bien préparer l'épreuve

1 Clarifier son projet d'intégration de la fonction publique territoriale

a. Pourquoi la fonction publique territoriale ?

Les membres du jury ont une grande responsabilité : celle de choisir les candidats qui correspondent le mieux aux attentes et aux besoins des employeurs territoriaux publics. Pour cela, le jury va chercher à en savoir plus sur vous en posant des questions, en apparence simples, relatives à votre expérience, vos compétences, mais aussi votre motivation pour intégrer de la fonction publique, et la fonction publique territoriale en particulier.

b. Quelles motivations ?

Il existe plusieurs types de motivations.

Parmi la liste suivante, non exhaustive, lesquels vous correspondent ?

- **Motivations relationnelles :** par exemple, avoir de nombreux contacts, entretenir des relations de qualité (internes et externes), appartenir à un collectif de travail solidaire… Ces motivations font référence à l'intérêt qui vous pousse à intégrer la FPT comme l'optique de faire avancer une politique publique spécifique.
- **Motivations liées aux valeurs :** considérer son métier comme « noble », contribuer au développement de l'intérêt général avec le besoin d'entreprendre pour le bien « public », pour la communauté en général, considérer son travail comme désirable du point de vue social (comme lutter contre l'inégalité des chances, la pauvreté…).
- **Motivations personnelles :** pourvoir être et évoluer en sécurité, se développer et se dépasser personnellement, travailler dans le respect de l'éthique, être souvent occupé…
- **Motivations liées aux missions et aux tâches du cadre d'emploi :** évoluer dans un cadre structuré et interdisciplinaire, avoir des directives précises, bénéficier régulièrement de feedbacks (de la hiérarchie, de l'équipe, des intervenants extérieurs), se consacrer à divers projets, avoir une marge d'autonomie pour faire avec sa singularité et inventivité…
- **Motivations liées à la possibilité d'évolution de carrière**, de mobilité, de responsabilités grandissantes, d'élargissement du champ de vos compétences (formations continues), de reconversions en fin de carrière…

Exercice

1. Trouvez un endroit tranquille où vous ne serez pas dérangé pour la durée de cet exercice et prenez de quoi noter (sur papier ou ordinateur).
2. Faites une liste des raisons pour lesquelles votre projet professionnel est d'intégrer la fonction publique territoriale. Accordez-vous 5 minutes, avec un chrono, et faites une liste la plus complète possible. En écriture spontanée, avec vos mots-clés, sans phrases complexes, Lors de cet exercice, ne vous souciez pas de la forme, ni de l'orthographe. Il n'y a pas de bonnes ou mauvaises réponses, il s'agit de vous et de mieux vous connaître.
3. Lorsque vous aurez complété la liste de vos raisons, motivations, répondez aux questions suivantes :
   - **a.** Lesquelles de ces raisons sont spécifiques à la fonction publique territoriale ? Est-ce que je ne trouverai pas ces éléments de motivation hors fonction publique territoriale ?
   - **b.** Est-ce que ce projet est récent ? Quel a été le déclencheur ?
   - **c.** Que suis-je prêt à faire pour réaliser ce projet ? Comment j'envisage mon projet en cas de non-réussite du concours ?
   - **d.** Suis-je prêt à travailler dans la fonction publique territoriale comme contractuel en attendant le prochain concours ?
4. Relisez vos réponses : qu'est-ce qu'elles vous révèlent ?

Quelles motivations sont pertinentes aux yeux du jury, et donc des futurs employeurs territoriaux ? Lesquelles sont « sans intérêt » pour eux, voire rédhibitoire (« j'ai toujours voulu vivre dans le Sud, avec le statut je pourrai demander ma mutation »). Quelles motivations vous relient aux raisons d'être de la fonction publique territoriale ?

Vos réponses doivent permettre aux membres du jury d'avoir une idée précise de votre personnalité (curieux, réfléchi, méthodique, constant, à l'écoute…). Il s'agit de donner des réponses de façon authentique, précise, réfléchie et non des réponses apprises par cœur.

c. Quelques conseils

Parler de vos motivations, c'est aussi faire preuve de votre intérêt et des efforts entrepris pour mieux connaître votre futur contexte d'emploi.

Voici quelques façons de démontrer cet intérêt et de faire des liens entre vos motivations et vos connaissances, votre culture de la fonction publique :

- expliquer les circonstances dans lesquelles votre intérêt pour la fonction publique territoriale est apparu ;
- mentionner les démarches que vous avez faites pour vous renseigner (questions posées à votre entourage exerçant une activité au sein du secteur, revues professionnelles, etc.) ;
- expliquer la diversité des métiers, des missions qu'offre la FPT, et en quoi vous y avez trouvé un sens et votre voie professionnelle ;

- parler de vos goûts personnels : contact avec les autres, travail de proximité, rigueur, travail en lien avec des parents, élus, etc. ;
- montrer votre intérêt pour la fonction publique et votre connaissance de l'environnement public (petites communes, communes urbaines, départements, régions et autres structures publiques) ;
- pour être précis et concis le jour J, il peut être utile d'élaborer ses réponses à l'aide de mots-clés.

Exemple

Proximité – polyvalence – ouverture d'esprit – rigueur – autonomie – responsabilités – travail en équipe – partenariat – adaptabilité – formation personnelle – marquera votre motivation.

2 Témoigner de sa connaissance du métier

a. Les valeurs

Liste indicative des valeurs du métier

- Bienveillance
- Douceur
- Engagement
- Patience
- Respect
- Coéducation
- Écoute
- Exemplarité
- Partage
- Responsabilité
- Communication
- Échange
- Loyauté
- Plaisir
- Simplicité
- Coopération
- Égalité
- Harmonie
- Positivité
- Solidarité
- Confiance
- Empathie
- Humilité
- Progrès
- Tolérance
- Courage
- Entraide
- Intégrité
- Disponibilité
- Transparence
- Démocratie
- Épanouissement
- Justice
- Reconnaissance
- Ouverture
- Détermination
- Équité
- Liberté
- Estime de soi
- Diversité
- Libre expression
- Individualisation
- Participation
- Partenariat

Exercice

Je choisis 5 valeurs prioritaires dans cette liste. Comment je les mets en œuvre dans mon quotidien professionnel ? Illustrez.

....

....

....

....

Qu'est-ce que j'ai appris de mes expériences précédentes que je peux transférer dans mon futur emploi au sein de la fonction publique territoriale ?

....

....

....

....

Qu'est-ce que j'ai encore à apprendre ? Dans quelle dimension de mon métier : travail avec les enfants, les familles, travail en équipe, animation et éveil, contribution au projet d'établissement ?

....

....

....

....

Qu'est-ce que j'apprécie le plus dans ce métier ?

....

....

....

....

Comment fais-je au quotidien pour actualiser mes connaissances ? (Revues professionnelles, échanges avec des collègues, formations, journées d'études, analyse de pratiques professionnelles, sites spécialisés...)

....

....

....

....

3 Témoigner de sa culture fonction publique

Tous les agents publics, contractuels inclus, ont des droits et des obligations qui les distinguent des salariés du secteur privé. Investis de missions de service public, ils doivent respecter des règles déontologiques.

a. Les obligations des fonctionnaires

Liste des obligations

- Secret professionnel
- Discrétion professionnelle
- Obligation d'impartialité
- Obligation de neutralité
- Information du public
- Obligation de service
- Obéissance hiérarchique
- Obligation de réserve

Exercice

Quand je lis la liste des obligations du fonctionnaire, puis-je donner des exemples dans mon vécu professionnel qui les illustrent ?

....

....

....

....

4 Savoir synthétiser

a. Enjeu

La synthèse doit permettre d'aider le jury dans sa décision de sélectionner un candidat.

Témoigner d'un esprit de synthèse exige de savoir choisir les éléments essentiels à la compréhension d'un sujet donné.

La durée d'une réponse synthétique dans le cadre de cette épreuve se situe autour de 1 à 2 minutes.

Entraînement : une personne extérieure à votre travail doit pouvoir comprendre le sujet abordé de manière aussi précise que possible.

b. Mes objectifs

L'objectif principal est donc d'être aussi complet que possible en peu de temps, peu de mots, sans oublier des points importants en pensant que ce sont des détails :

- savoir aller à l'essentiel

- faire passer un message de façon claire, précise et captivante
- être capable d'organiser et structurer sa réponse de façon logique par rapport au sujet, au thème de la question.

c. S'entraîner : quelques outils

Important

Savoir se mettre à la place du jury pour anticiper les questions et construire une sorte de carte des chemins d'accès aux informations pertinentes stockées dans le cerveau.

La règle des 5 C

S'entraîner à énoncer un propos **correct, complet, concis, clair et cohérent** (5 C) en s'appuyant sur une grille d'informations à mobiliser.

Pour les questions-métier auxiliaire de puériculture

Quel que soit le sujet ou le thème de la question, les éléments de réponse en lien avec le sujet concernent toujours :

- l'enfant et ses besoins ;
- le travail avec ses parents ;
- le travail en équipe ;
- le projet, le contexte, l'environnement professionnel.

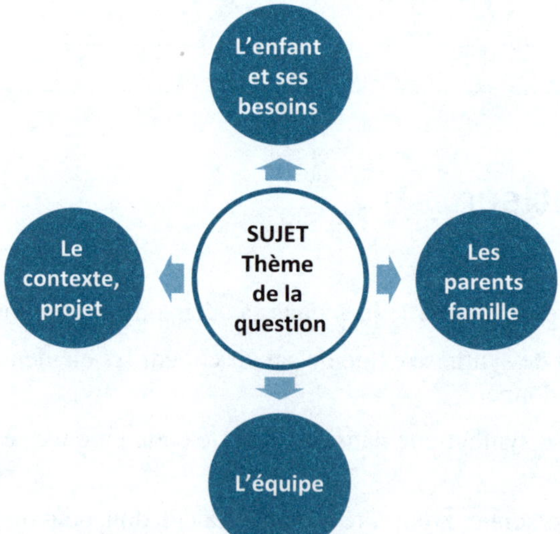

Pour les questions fonction publique territoriale/environnement professionnel

Les éléments de réponse sont toujours en lien avec :

- le repérage des différents niveaux d'intervention et son propre niveau de responsabilité ;

- les interactions entre les différents espaces.

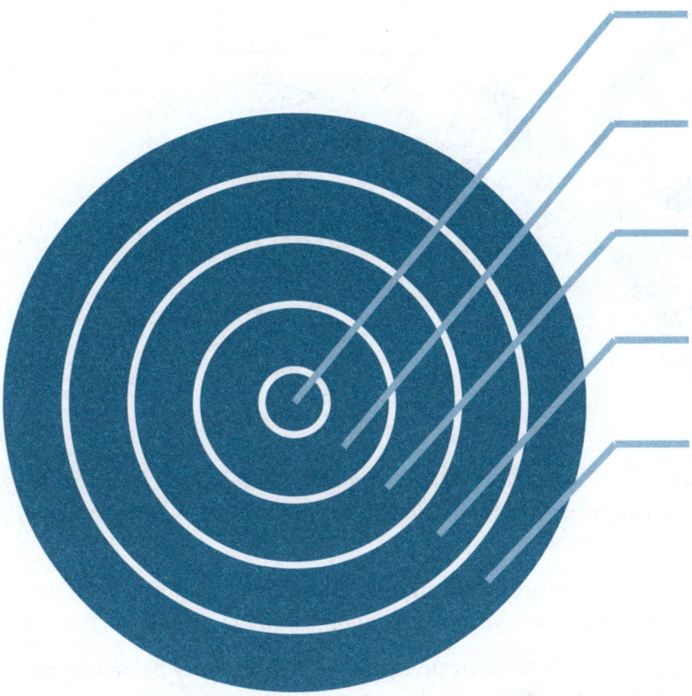

Entraînement

À partir des questions du jury (voir 4 : « Ressources et réponses »), j'utilise les grilles ci-dessus pour répondre, en restant attentive au temps imparti.

Le mind mapping

Le *mind mapping* (ou carte heuristique) est un moyen graphique et ludique de représenter les idées, les concepts, les questionnements… mais aussi de nouvelles idées.

C'est un moyen simple, amusant et très efficace pour booster l'apprentissage et la mémorisation.

En effet le cerveau fonctionne par ramifications, branches, réseaux d'idées.

Le cerveau a besoin de couleur, d'associations d'idées, d'explorer dans tous les sens.

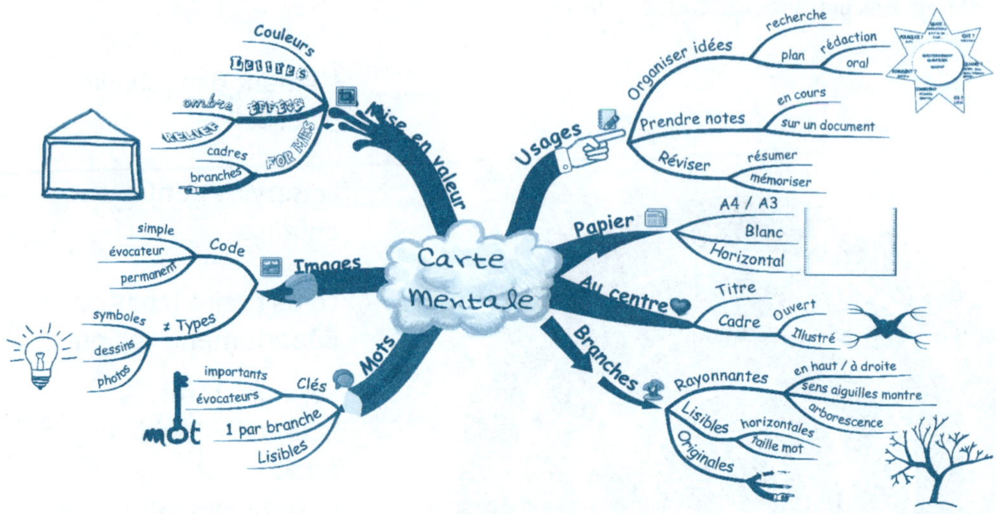

« Carte de la carte », réalisée avec le logiciel IMindMap.
© Mathilde BERNOS, enseignante-documentaliste, 2015, [lebateaulivre.over-blog.fr].

Quelques consignes

- Partir toujours du centre de votre page en écrivant un mot, entouré par exemple d'un nuage ou d'une autre forme. *Par exemple, pour évaluer ses connaissances sur une thématique.*
- À partir du centre de votre *mind map*, faire partir des branches et des sous-branches, symbolisant des idées, des thèmes, ou des réflexions. *Par exemple, si vous utilisez une mind map pour mémoriser des contenus de ce livre, ce peut-être une bonne idée de faire une branche par chapitre.*
- Utiliser des couleurs : le cerveau retient mieux ce qui est en couleurs que ce qui est en noir et blanc.
- Utiliser un seul mot par branche (pas de phrases).
- Faire des dessins. *Par exemple, plutôt qu'écrire « Appel téléphonique », dessiner un téléphone se révélera plus efficace et plus facile à retenir pour votre cerveau.*

Entraînement

Réalisez une carte mentale pour mémoriser les contenus du livre, sur des thématiques (éveil sensoriel, le change, l'endormissement, l'adaptation, le handicap, les collectivités territoriales, le projet d'établissement, l'éthique, etc.).

Le binôme

S'entraîner en binôme vous permet de vous faire interroger par quelqu'un d'autre (qui travaille sur le même sujet que vous) et de répondre à des questions auxquelles vous n'auriez peut-être pas pensé. C'est une des meilleures façons de mémoriser et d'avoir accès à des savoirs. Cela permet de se questionner sur le plus important et de débloquer les zones d'ombre.

Le diagramme à bulles

- Utiliser un diagramme à bulles pour lister des mots-clés sur un sujet.
- Découvrir le diagramme de votre partenaire, puis à partir de ses mots-clés, lister des questions.
- Ensuite échanger de rôles.

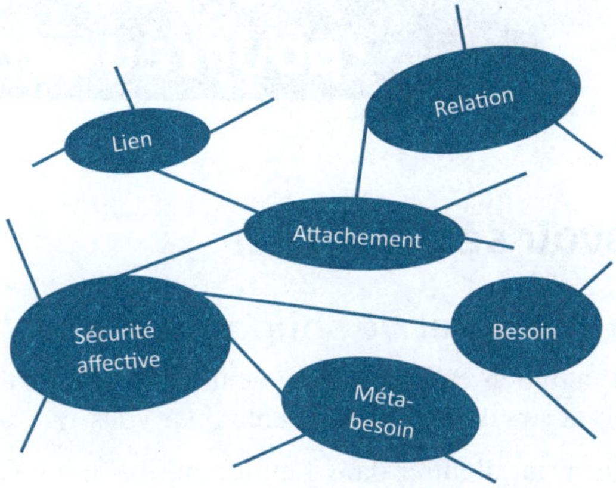

Le défi des mots

Ce défi comporte plusieurs niveaux, chaque niveau permet de développer votre maîtrise du sujet et vos capacités de mobiliser la mémoire.

1. Prenez un sujet. Exemple : mon projet professionnel.
2. Décrire en 5 mots votre sujet. Soyez le plus précis et complet possible.
3. Refaites la même chose, mais en 25 mots.
4. Refaites le même exercice en 50 mots.
5. Encore une fois, mais en 10 lignes.
6. En 20 lignes.
7. En vidéo : filmez-vous en vous chronométrant.

L'objectif est de se perfectionner à l'oral, de se sentir plus confiant dans la situation orale. Ce défi augmente considérablement l'esprit de synthèse.

À chaque niveau, le contenu change, sans changer le message. Ces limites de mots ne sont pas placées au hasard. Grâce à elles, vous forcez votre cerveau à devenir plus créatif, plus synthétique.

Attention

Sans ces limites, vous avez envie de trop parler, ou bien vous avez envie de dire trop peu de choses.

Entraînement

Utilisez le défi avec « mon projet professionnel » peut vous aider dans votre présentation lors de l'épreuve.

3 Cours & Méthodes
Conseils et outils pour réussir le jour J

1 Savoir se présenter

a. Se décentrer de soi pour se recentrer sur les attentes du jury

Cet entretien est l'aboutissement d'un processus commencé il y a plusieurs semaines ou mois et son issue est importante pour vous.

Mais avant d'entrer dans l'entretien, il s'agit de se centrer sur les enjeux de votre jury. En tenant compte des attentes, critères et exigences des membres du jury, vous serez en effet davantage préparés à communiquer avec eux et à faire face à leurs questions ou attitudes.

Rappelons ici que le jury vise, par le biais de l'entretien, à apprécier votre aptitude à :

- analyser les caractéristiques d'une situation ;
- prendre de la distance en remettant les évènements en perspective (capacité d'analyse, de synthèse) ;
- mettre en valeur vos expériences antérieures (apports, contributions, rôles, difficultés surmontées) ;
- avoir un avis critique et personnel sur votre parcours professionnel, vos tâches et activités ;
- apporter des axes de solutions aux problèmes et défis au cours de vos différentes actions et missions.
- intégrer la fonction publique territoriale en ayant compris les valeurs et vos contraintes.

Le jury s'intéresse au travail réel. Les fiches de poste ne suffisent pas pour rendre compte de vos missions et activités, or votre marge de manœuvre est bien réelle et c'est la mise en exergue de votre façon de procéder en situation qui révèlera votre professionnalisme.

Tout au long de l'entretien, le jury attend ce travail personnel de prise de recul, cette explicitation des composantes de votre activité et des stratégies réelles mises en œuvre, de votre contribution à la réalisation de votre mission.

b. Se questionner pour être au clair avec soi-même

Présenter son expérience et son parcours devant le jury nécessite un questionnement préalable sur soi. Ce bilan personnel porte notamment sur les points suivants : enjeux, motivations, objectifs professionnels, connaissances acquises, compétences développées, etc.

Prenez le temps de faire ce bilan personnel en parcourant votre histoire professionnelle et personnelle, et en réfléchissant aux évolutions souhaitées (à court, moyen, long terme).

S'appuyer sur ce travail de mise au point permettra de communiquer avec le jury en affirmant votre personnalité. La clarté, la structuration et l'authenticité sur ces éléments essentiels seront appréciées par le jury comme un savoir-être professionnel (savoir ce que l'on recherche, pourquoi).

c. S'entraîner : des éléments de réponse structurant sa présentation

Les questions suivantes peuvent aider à présenter les différentes dimensions de votre parcours.

Mon projet professionnel

- Dans quel(s) type(s) de structures ai-je travaillé dans le cadre d'un stage ou d'un emploi précédent ? (EAJE, PMI, etc.)
- Quels types d'environnements, de cultures professionnelles me correspondent le mieux ?

Mes attentes face à ma vie professionnelle

- Quels sont mes points forts que je veux développer et pourquoi ?
- Quels sont mes points faibles que je souhaite faire évoluer et pourquoi ?
- Quelles valeurs me tiennent à cœur ? Quel sens je donne à mon travail ?

Mes moteurs et zones d'inconfort

- Quels sont mes moteurs personnels donnant envie de progresser ?
- Quelles sont mes sources de motivation pour intégrer la FPT ?
- Quels ont été mes satisfactions, progressions, réussites ? Quelle analyse j'en fais et qu'en ai-je retenu ?
- Quels ont été mes freins, mes expériences difficiles ? Quelle analyse j'en fais et qu'en ai-je retenu ?

Mes points de progression

Tout professionnel a des points forts et des zones de progression. Les connaître et avoir fait le point avant le jour J vous permet, si nécessaire, de les présenter comme des objectifs de progression (dans le cadre du travail d'équipe autour du projet pédagogique, de la formation professionnelle…).

d. Mettre en valeur son expérience professionnelle

Lors des premières minutes de l'entretien consacrées à la présentation de votre parcours, il est attendu de situer le contexte (environnement de travail), votre fonction et rôle et vos grandes missions.

À privilégier, tenant compte des contraintes de temps alloué :

- présenter vos nom et prénom sans vous étendre sur votre situation personnelle (non pertinente) ;
- préciser les formations professionnelles suivies en lien avec la fonction (le diplôme d'auxiliaire de puériculture étant une condition indispensable de participation au concours) ;
- nommer brièvement les postes occupés et valoriser les compétences et savoir-faire développés ;
- axer votre présentation en tenant compte de ses futures missions et fonctions dans la FPT.

Expliquez la mission qui vous a été confiée, les actions menées et les résultats obtenus, en précisant :

- vos actions, interventions, choix, orientations, marges de manœuvre ;
- vos apports, propositions ;
- les problèmes rencontrés et comment vous les avez abordés ;
- sur quoi vous appuyez-vous pour observer, intervenir, ajuster, évaluer, adapter ?
- « Pourquoi ai-je fait ceci ? Où ? Quand ? Avec qui ? Comment ? » : mettez en avant vos savoirs, savoir-être, savoir-faire (activités, méthodes, démarches, outils…).

e. Témoigner des atouts de sa personnalité dans l'exercice de son métier

Lorsque vous parlez de vos réalisations, illustrez en quoi votre personnalité vous a aidé, vous a permis de prendre du recul, poussé à faire différemment. De cette façon vous rendez visible les atouts de votre personnalité en situation de travail.

Votre personnalité pourra ainsi transparaître à travers :

- le sens des responsabilités ;
- le respect des personnes ;
- la capacité de prise de recul personnel, de réajustement ;
- la curiosité d'esprit, l'ouverture, la capacité d'innovation et de créativité ;
- la capacité à être à la fois dans la réflexion et dans l'action concrète ;
- la capacité à travailler en équipe, en autonomie et à faire face à des situations difficiles.

L'essentiel à retenir :

- être concis ;
- être positif ;
- connaître votre futur contexte professionnel et cadre d'emplois ;
- préciser ce que vous pouvez lui apporter ;
- démontrer vos savoir-être et savoir-faire.

2 Gérer son stress

a. Le stress : un rapport entre exigences extérieures et ressources intérieures

Avoir le trac, ressentir un certain stress avant la présentation du concours face à un jury est courant. Il se manifeste par des sensations, en général passagères, plus ou moins fortes selon les personnes : boule dans le ventre, gorge nouée, tremblements, muscles tendus, bouffées de chaleur, palpitations… Ces symptômes physiques du trac surviennent automatiquement, échappent au contrôle et au raisonnement et ils s'expriment plus fortement les heures ou minutes qui précèdent l'entretien.

Les anticipations négatives sont également sources de stress (peur de mal faire, peur d'un jugement négatif). Cette appréhension peut être accentuée par le caractère formel de l'entretien, le cadre de communication (temps limité, signes plus ou moins expressifs du jury) et l'importance de l'enjeu pour vous.

Le stress apparaît parce que nous évaluons négativement les exigences de cet entretien de concours et que nous nous percevons peu équipés ou préparés pour les satisfaire. Nous pouvons réduire les risques de stress en amont de l'entretien de deux manières : réduire notre surcharge, en éliminant ou délégant certaines contraintes (familiales) et/ou augmenter nos ressources (mieux gérer son temps, s'entraîner à la situation d'entretien…).

b. Optimiser son potentiel le jour J par l'adoption d'actions préventives en amont

- Chercher à mieux connaître ses rythmes : quels sont mes meilleurs moments pour préparer (matin, soir) ? Quelle est la façon de mémoriser qui me correspond le mieux (visuelle, auditive) ?
- Prévoir une bonne organisation (planning de révisions, soirées d'entraînements avec des collègues ou amis, soirées de détente…).
- Évaluer ses progrès pour renforcer sa confiance en soi le jour J : évaluer ses progrès et les valoriser contribue à augmenter sa confiance en soi, qui viendra à son tour renforcer la motivation. En identifiant ses acquis et axes de progression, il est possible de cibler ses besoins d'entraînements et de faire évoluer son plan de préparation personnalisé.
- Rester centré sur l'acquisition de ressources, persévérer dans son cheminement, pas à pas.
- Adopter une vie saine (alimentation équilibrée, sieste, activité physique régulière, moments de répit…) contribue à diminuer le stress, favorise le sommeil et sa qualité et augmente les capacités d'attention et de concentration.
- S'entourer et se faire aider par des personnes-ressources.
- Laisser le temps au temps, prévoir des temps de repos et répit, de détente, de respiration.

c. Outils et actions anti-stress[1]

1. Acceptez votre trac, votre stress.
2. Accepter que le trac, le stress aigu, sont également le signe d'une vigilance, concentration et motivation, bref de votre volonté de faire une bonne prestation. Souvenez-vous aussi que le jury, de son côté, comprend bien que les candidats puissent ressentir du stress.
3. Estimez vos enjeux à leur juste hauteur (ni minimiser ni surestimer).
4. Si cet oral est décisif pour vous, faire le point sur les questions suivantes : « Que se passerait-il si cela ne se déroule pas comme souhaité ? ».

1. Extraits de l'article « Parler en public : 10 astuces pour lutter contre le trac », interview avec Antoine Pelissolo, professeur de psychiatrie, Inserm, consultable sur [theconversation.com].

5. Ajuster, relativiser l'enjeu du résultat de l'oral et ses conséquences permet de se préserver d'une pression démesurée, souvent contre-productive.
6. Préparez vos interventions.
7. Pour diminuer le stress, lié d'une part à la nouveauté d'une situation jugée difficile et d'autre part à un manque de confiance dans ses capacités à y faire face, il s'agit de se préparer, de maîtriser son sujet (sur le fond et la forme), de s'entraîner à répondre aux questions, aux situations professionnelles, seul ou avec des personnes de confiance.
8. Préparez votre présentation personnelle dans des limites de temps : il est probable, et ce en fonction des jurys, que vous aurez entre 2 minutes et 5 minutes pour présenter votre parcours. Vous pouvez vous entraîner successivement avec 2, 3, 4, 5 minutes.
9. Plus vous aurez expérimenté et pratiqué ces aptitudes, en s'aidant d'enregistrements audio ou vidéo, plus vous aurez confiance en vous, et plus votre esprit pourra se concentrer sur les points sensibles lors de la situation réelle. Par la répétition, vous mémorisez des concepts clés, cheminements, articulations importantes. Ainsi vous disposerez d'un filet de sécurité pour les phases essentielles de votre présentation, que le jury retiendra.
10. Apprenez à utiliser votre respiration pour rester calme et concentré.
11. Exercice : concentrez-vous durant 2 minutes sur votre respiration, rendez-la lente et contrôlez-la par le « ventre » (muscles de l'abdomen). Inspirez lentement, pas trop profondément, puis prenez bien conscience de l'expiration, en soufflant lentement par le nez ou par la bouche peu ouverte. À chaque expiration, percevez le relâchement des muscles du corps qui l'accompagne. Vous pouvez poser une main sur votre ventre pour bien sentir les mouvements.
12. En vous entraînant régulièrement à ce bref exercice, vous pourrez l'appliquer dans les derniers jours de préparation et les dernières heures et minutes d'attente avant l'entretien.
13. Visualisez la scène en vous concentrant sur vos propres actions.
14. Visualisez l'entretien : « je dis "...", je donne un exemple, je m'adresse à tout le jury, je laisse place aux questions, j'écoute attentivement, je prends un peu de temps pour réfléchir, j'accueille avec une attitude ouverte une interruption » etc.
15. Cette visualisation, dans les limites de temps alloué (par exemple 2 minutes pour présenter son parcours), diminuera les stress par la familiarisation avec la situation.
16. Évoquez des expériences positives.
17. Se souvenir d'une réussite antérieure, visualiser des encouragements ou compliments de collègues ou amis, créer une image mentale favorable dans votre esprit, permettra de commencer l'entretien dans un climat intérieur optimiste.

3 Savoir communiquer

a. Communiquer de façon ouverte, affirmative et interactive

L'entretien oral est à la fois une épreuve de connaissances et de communication. Bien que le fond soit le critère de notation majeur, la forme – le mode d'expression et le comportement - joue également un rôle important dans l'appréciation et la notation. L'épreuve comporte des codes à respecter. Une bonne préparation à l'entretien et ses codes renforcera votre sentiment d'assurance.

Pour donner le meilleur de vous-même, voici 7 points d'attention permettant une communication décisive – ouverte, affirmative et interactive – lors de l'entretien :

- témoigner de sa capacité d'être au clair avec soi-même et les autres ;
- cultiver l'interactivité tout au long de l'entretien ;
- détecter les attentes des membres du jury ;
- exprimer votre personnalité dans un contexte professionnel ;
- renforcer, enrichir et centrer son discours ;
- s'être entraîné à l'imprévu pour mieux improviser ;
- gérer son stress.

b. S'entraîner aux différents niveaux de communication lors de l'entretien

Les rapports des jurys rendent souvent compte du fait que beaucoup de candidats ne se sont pas préparés à la spécificité de la situation d'entretien et qu'ils semblent ignorer ses codes et ses règles de fonctionnement.

Un travail en amont vous évitera de vous focaliser uniquement sur ce que vous serez en train de dire. Être « équipé » d'un discours clair, structuré et modulable vous permettra d'être plus disponible à ce qui se joue au cours de l'entretien.

Développer sa capacité d'écoute

En étant plus à l'écoute des membres du jury, vous comprendrez mieux leurs attentes explicites mais surtout ce qu'ils disent implicitement (par les mots et les attitudes).

Votre capacité à décrypter et répondre aux attentes et besoins du jury se manifestera lorsque vous :

- regardez tous les membres du jury, pouvant refléter une incompréhension de vos propos ;
- assurez-vous qu'ils sont captivés et interagissent avec vous ;
- cherchez à vous décentrer de votre enjeu et détectez les enjeux des membres du jury ;
- devancez les éventuelles questions, expliquer, compléter votre réponse ;
- demandez de reformuler la question plutôt que de répondre à la hâte et hors sujet.

Adopter une attitude adéquate, se comporter non verbalement

Avoir une attitude adéquate en entretien, c'est :

- faire preuve de courtoisie et de discrétion en saluant les membres du jury ;
- attendre que l'un d'entre eux vous invite à vous asseoir, vous présente le déroulement ;
- maîtriser ses réactions spontanées et éviter tant la passivité que l'agressivité ;
- respecter l'interlocuteur : développer un point de vue critique demande bien sûr de l'argumenter ;
- gérer votre stress : respirer, sourire, maîtriser sa gestuelle.

S'exprimer oralement

Pour capter l'attention du jury, plusieurs outils peuvent être mobilisés :

- la correction de l'expression, le langage clair et précis (phrases courtes avec une idée par phrase) ;
- la construction, l'enchaînement logique des éléments de réponse, des arguments ;
- l'utilisation de la voix claire, d'une bonne articulation traduisant une volonté de convaincre ;
- le débit de parole adapté – ni trop rapide ni trop lent – favorisant la compréhension ;
- l'utilisation du corps, des mains, servant à renforcer le discours.

Cultiver l'interactivité

Une bonne interactivité lors de l'entretien, avec une juste distance adaptée au cadre du concours, crée de la proximité et ne cantonne pas les membres du jury dans un rôle de récepteur. Elle permettra aussi de vérifier la bonne compréhension et intégration de ce que vous cherchez à exprimer.

Maîtriser le temps

Le temps des questions : ne vous contente z pas d'une réponse par oui ou non. Une réponse trop rapide redonne immédiatement la parole au jury. A contrario, ne vous perdez pas dans des détails, et laissez la possibilité au jury de poser plusieurs questions.

Des questions peuvent être formulées au cours de votre exposé ou de vos réponses. Ne soyez pas désarçonné par ces éventuelles interruptions. Elles ne signifient pas obligatoirement que vous êtes sur une fausse piste ou que vous avez commis des erreurs. Le jury peut chercher à tester votre réaction, votre réactivité.

Utiliser les temps de pause et les silences à bon escient

Dans une situation d'entretien de durée limitée où vous êtes évalué, poser et accepter un silence n'est pas si facile. Il y a plutôt une tendance à vouloir occuper le terrain, à reprendre la parole (sans réelle plus-value), menant parfois à dire des choses qui peuvent même venir brouiller l'exposé.

Le silence à votre initiative signifie que vous avez fini d'exposer votre pensée, il faudra assumer ce silence quelques secondes pour laisser au jury la possibilité de vous demander d'approfondir le sujet, de rebondir ou de partir sur une autre question.

Ponctuer sa présentation avec des silences aux moments clé permet de le mettre en valeur, de lui donner du poids et du relief après avoir mentionné un élément important. Ce silence permet également aux membres du jury d'intégrer ce point, de se projeter.

c. S'entraîner à exprimer sa personnalité et ses atouts pour la fonction et la FPT

Le jury recherche une cohérence globale entre votre personnalité et votre parcours.

Répondre à une question sur vos qualités en l'illustrant par une situation extra-professionnelle est une manière de témoigner au jury de cet alignement. Ce travail d'introspection témoignera de votre préparation personnalisée à l'entretien, signe de motivation pour le jury.

Exercice

1. Parmi les qualités recherchées pour l'exercice de votre fonction dans la FPT, identifiez les 5 qualités qui vous semblent les plus importantes.
2. Illustrez chacune de ces qualités retenues par une expérience de votre vie personnelle.
3. Faites ensuite l'exercice en associant une expérience professionnelle.

Liste de qualités recherchées

- Accessible
- Accueillant
- Adroit
- Agréable
- Aimable
- Altruiste
- Apaisant
- Appliqué
- Attentif
- Autonome
- Avenant
- Bienveillant
- Calme
- Chaleureux
- Combatif
- Communicatif
- Compréhensif
- Concentré
- Conciliant
- Confiant
- Conformiste
- Consciencieux
- Convaincant
- Coopératif
- Courageux
- Courtois
- Créatif
- Curieux
- Débrouillard
- Décidé
- Délicat
- Déterminé
- Dévoué
- Digne de confiance
- Discipliné
- Discret
- Disponible
- Droit
- Dynamique
- À l'écoute
- Efficace
- Empathique
- Encourageant
- Endurant
- Énergique
- Engagé
- Enthousiaste
- Entreprenant
- Équitable
- Esprit d'équipe
- Exemplaire
- Ferme
- Fin
- Flexible
- Franc
- Généreux
- Honnête
- Humain
- Humble
- Imaginatif
- Impliqué
- Indépendant
- Indulgent
- Influent
- Ingénieux
- Innovateur
- Inspiré
- Intègre
- Intuitif
- Inventif
- Joueur
- Jovial
- Juste
- Logique
- Loyal
- Lucide
- Maître de soi
- Méthodique
- Minutieux
- Modeste
- Motivé
- Novateur
- Nuancé
- Objectif
- Observateur
- Opiniâtre
- Optimiste
- Ordonné
- Organisateur
- Organisé
- Ouvert d'esprit
- Pacificateur
- Paisible
- Patient
- Persévérant
- Persuasif
- Philosophe
- Planificateur
- Polyvalent
- Ponctuel
- Pondéré
- Positif
- Pragmatique
- Pratique
- Précis
- Prévoyant
- Productif
- Protecteur
- Prudent
- Raisonnable
- Rassurant
- Rationnel
- Réaliste
- Réconfortant
- Réfléchi
- Réservé
- Résistant

- Résolu
- Respectueux
- Responsable
- Rigoureux
- Sage
- Sensible
- Serein
- Sérieux
- Serviable
- Sincère
- Sociable
- Soigneux
- Souple
- Souriant
- Stable
- Studieux
- Sympathique
- Tenace
- Tolérant
- Tranquille
- Travailleur
- Vaillant
- Valeureux
- Vigilant
- Volontaire
- Vrai

d. Démontrer ses compétences relationnelles à l'épreuve orale

Pour une communication fluide et constructive, pour que vous soyez entendu et compris par les membres du jury, vos compétences relationnelles doivent être mobilisées lors de l'entretien et être visibles, sensibles :

- utiliser le « je » pour que le jury vous visualise en activité ainsi que vos compétences et connaissances associées (évitez le « on » imprécis et impersonnel) ;
- utiliser des verbes d'action variés, précis ;
- utiliser un langage accessible, soutenu (ni jargon ni familiarité) ;
- s'assurer de la bonne compréhension de vos réponses ;
- être attentif à vos « évidences » : votre environnement n'est pas forcément celui des membres du jury et demande parfois des précisions pour une meilleure compréhension ;
- écouter attentivement et activement les questions et besoins du jury, par une attitude ouverte, calme, empreinte de considération et de constance ;
- laisser les membres du jury s'exprimer jusqu'au bout ;
- se décentrer et cerner le point de vue et la perception du jury, faire preuve d'empathie ;
- s'assurer de la bonne compréhension des questions et attentes, en reformulant si besoin ;
- s'exprimer de façon concise et précise pour permettre aux membres du jury de rebondir ou demander davantage de développement de votre réponse ;
- accepter les interruptions qui peuvent être perçues négativement, sans présupposer d'intentions cachées de la part du jury ;
- rester calme et ouvert lors de questions ou réactions du jury, pouvant être déstabilisantes, démontre que vous comprenez, respectez les codes (c'est le jury qui mène l'entretien) et le caractère interactif de l'entretien.

Entraînements

La variété des questions pouvant être posées par le jury est large. Quel que soit votre niveau de préparation, certaines questions peuvent vous sembler moins familières. Elles restent néanmoins concrètes et toutes rattachées soit à l'environnement professionnel de la fonction publique territoriale, soit au cœur de métier de l'auxiliaire de puériculture.

Prenez le temps de bien écouter le jury. Faites répéter la question en cas de doute.

Donnez des réponses argumentées, explicitant et illustrant vos idées.

Le jury peut passer d'une thématique à l'autre. L'enjeu pour le candidat est de démontrer ses capacités de flexibilité et de stabilité.

Environnement professionnel, fonction publique territoriale

1. Citer les collectivités territoriales.
2. Combien de fonction publique connaissez-vous ?
3. Qu'est ce que l'ASE, ses missions ?
4. Quelles sont les principales fonctions du maire ?
5. Pour combien de temps le maire est élu, par qui ?
6. Qu'est-ce que la PMI ? Quelles sont ses missions ?
7. Quels sont les droits et obligations d'un fonctionnaire ?
8. Un parent vous demande votre avis sur la décision du service de diminuer l'amplitude horaire de l'EAJE. Que répondez-vous ?
9. La mère d'un enfant de bientôt 3 ans veut organiser son anniversaire. Elle vous demande les numéros de téléphone des parents afin de pouvoir inviter tous les camarades de son enfant. Que faites-vous ?
10. Pour vous, que signifie « respecter la déontologie » dans ce métier ?
11. Où peut exercer l'auxiliaire de puériculture ?

Connaissances du métier, positionnement professionnel

Enfants

12. Lors de l'adaptation d'un bébé de 9 mois, il pleure beaucoup. Que faites-vous ?
13. Vous êtes en plein repas avec un groupe d'enfants, l'alarme incendie retentit. Que faites-vous ?

14. Que proposez-vous comme jeux à un enfant de 15 mois ? Pourquoi ?
15. Un enfant de 22 mois refuse de manger. Comment agissez-vous ?
16. Un enfant refuse de dormir. Que faites-vous ?
17. Un enfant de 2 ans mord un autre enfant qui veut jouer avec lui. Est-ce que vous intervenez, et si oui comment ?

Santé

18. Qu'est-ce qu'un PAI ?
19. Un enfant de 18 mois tombe, que faites-vous ?
20. Vous accueillez un enfant en situation de handicap. Quel est votre rôle, à quoi êtes-vous attentive ?
21. Quelle distinction faites-vous entre « donner des soins » et « prendre soin » ?
22. Quel est votre rôle dans la prévention des dangers du soleil ?

Parents

23. Un parent est toujours pressé en déposant son enfant à la crèche. Qu'en pensez-vous et que faites-vous ?
24. Lors d'une transmission du soir, un parent vous demande expressément de ne plus confier son enfant à son conjoint s'il venait le chercher. Que faites-vous ?
25. Un parent vous demande de réveiller son enfant au bout d'une demi-heure de sieste afin qu'il puisse mieux dormir le soir. Que répondez-vous au parent ?
26. Un parent est visiblement en état d'ébriété au moment de venir chercher son enfant. Que faites-vous ?

Équipe

27. Vous n'êtes pas d'accord avec une de vos collègues sur la manière de proposer le repas dans le groupe de grand. Que faites-vous ?
28. Vous constatez un geste déplacé auprès d'un enfant par une de vos collègues. Qu'en pensez-vous et que faites-vous ?
29. Comment réagissez-vous en cas de conflit dans l'équipe ?

Projet

30. Que pensez-vous de l'accueil à plein temps en EAJE d'un enfant dont un de ses parents ne travaille pas ?
31. La directrice vous informe d'un accueil en urgence. Comment vous vous y préparez ?

Votre pratique professionnelle

32. À quoi sert l'observation en EAJE ? Comment faites-vous pour observer ?
33. Qu'est-ce qui est important pour vous dans le travail ?
34. Qu'est-ce qui est essentiel pour vous au niveau de l'environnement du travail ?
35. Quelle thématique de formation envisagez-vous, pourquoi ?
36. Voudriez-vous ajouter quelque chose pour conclure ?

Pistes de réponses

Conseils

Des réponses argumentées et personnelles

Afin de laisser chaque candidat élaborer ses propres réponses en appui sur son expérience professionnelle et sur son projet individuel d'intégrer la fonction publique territoriale, les éléments ci-après ne sont pas rédigés. Les auteurs ont privilégié des éléments de réponse sous forme de mots-clés ainsi que des renvois vers les chapitres concernés.

Il s'agit donc de se préparer pour :

- savoir profiter de chaque question du jury pour révéler ses savoirs, savoir-être, savoir-faire, tout en témoignant d'une connaissance éclairée de l'environnement professionnel ;
- savoir se saisir des mots-clés pour exposer clairement ses pensées ;
- savoir se prémunir des biais de généralisations, de la décontextualisation.

Une auto-évaluation nécessaire et constante avant l'épreuve

Nous laissons le soin à chaque candidat de se saisir des outils proposés en amont afin de s'auto-évaluer sur la mobilisation de ses connaissances, la capacité à synthétiser son propos, la capacité à illustrer en appui sur son expérience.

Le jury ne devine pas tout ce qui sous-tend votre action. L'effort d'explicitation et de clarification est un travail, **il est nécessaire de s'y exercer**. La mémoire comme la pensée s'optimise par la pratique c'est-à-dire le rodage du discours.

Exercer sa réactivité et gérer le temps de réponse

Pensez à interroger systématiquement chacun des termes porteurs de sens du thème et à envisager les liens qui peuvent les unir. Vous pouvez, pour vous aider à réagir vite et bien, passer mentalement le sujet avec les questions suivantes : « Quoi ? Qui ? Pourquoi ? Quand ? Où ? Comment ? »

Derniers conseils

- À l'oral, vous devez tenir compte du temps qui vous est imparti et admettre que vous ne pourrez tout dire. Aussi est-il nécessaire de réfléchir et de donner la priorité à ce qui vous paraît le plus important.
- Le jury examinera le contenu de ce que vous direz et sera tout autant sensible à la cohérence et la fluidité avec lesquelles vous partagerez vos connaissances et vos réflexions.
- Le jury pose des questions sans classement particulier de thèmes : Il faut donc s'y exercer régulièrement, tout d'abord pour mettre en paroles ses connaissances et ses réflexions, mais aussi pour s'entraîner à rebondir d'une idée à l'autre sans perdre le fil logique de sa pensée.
- Enfin, nous vous invitons à suivre de près l'évolution de l'actualité du secteur professionnel dans lequel vous souhaitez travailler. Cela peut être une manière de conclure un entretien en démontrant que vous vous impliquez dans votre futur professionnel.

Mots-clés pour guider les réponses

À titre indicatif, les éléments de réponses ci-dessous renvoient aux différentes parties du livre qui vous permettront de vérifier, réactiver, approfondir, questionner vos connaissances.

1. administration – État – compétences – Constitution – intérêt local – organisation – commune – département – région – collectivité – proximité – conseil municipal **(« Les collectivités territoriales »)**
2. État – hospitalière – territoriale – collectivités locales – structures intercommunales – agents – service public **(« Les collectivités territoriales »)**
3. Action sociale – aide – Code – département – enfance – famille – protection – danger – soutien – éducatif – accompagnement – prévention – lien – information **(« Au cœur du métier : savoirs, savoir-faire, savoir-être »)**
4. État – commune – conseil municipal – loi – règlement – budget – ordre public – sûreté – sécurité – salubrité – organisation – services – état-civil **(« Les collectivités territoriales »)**
5. élections – 6 ans – conseil municipal – liste – scrutin – parité **(« Les collectivités territoriales »)**
6. protection maternelle infantile – service – département – femme – enfant – périnatalité – santé – action – prévention – précoce – accueil – agrément – formation – contrôle – consultation – information – bilan **(« Au cœur du métier : savoirs, savoir-faire, savoir-être », chapitres 5 « Accueillir et accompagner les familles » et 7 « Politique publique au service des usagers »)**
7. opinion – grève – syndicat – formation – participation – secret professionnel – discrétion – information – obéissance – réservé – neutralité **(« Les collectivités territoriales », chapitre 12 « Les droits et obligations des fonctionnaires »)**
8. réserve – obligation – projet – équipe – positionnement – hiérarchie – responsabilité **(« Au cœur du métier : savoirs, savoir-faire, savoir-être », chapitre 5 « Accueillir et accompagner les familles »)**
9. discrétion – écoute – proposition – transmission – respect – vie privée **(« Au cœur du métier : savoirs, savoir-faire, savoir-être », chapitre 5 « Accueillir et accompagner les familles »)**
10. éthique – confidentialité – discrétion – secret professionnel – liberté – égalité – laïcité – non-discrimination – responsabilité – conviction – inclusion – précaution – finalité – travail en équipe **(« Au cœur du métier : savoirs, savoir-faire, savoir-être », chapitre 7 « Politique publique au service des usagers »)**
11. EAJE – halte-garderie – multi accueil – microcrèche – jardin d'enfants – pouponnière – PMI – néonatologie – pédiatrie – maternité – accueil familial **(« Au cœur du métier : savoirs, savoir-faire, savoir-être », chapitre 5 « Accueillir et accompagner les familles »)**
12. observation – confiance – interaction – information – sécurité – besoin – lien – parent – voix – non verbal – posture – partage – besoin – portage – ajustement **(« Au cœur du**

métier : savoirs, savoir-faire, savoir-être », chapitres 1 « Répondre aux besoins », 3 « Prendre soin » et 5 « Accueillir et accompagner les familles »)

13. verbaliser – sécuriser – agir – alerter – présence(s) – protocole – évacuation – transmission – sécurité – besoin – premiers secours **(« Au cœur du métier : savoirs, savoir-faire, savoir-être », chapitres 1 « Répondre aux besoins », 3 « Prendre soin » et 6 « Travailler en équipe »)**

14. besoin – mouvement – exploration – manipulation – nommer – album – contenant/contenu – construire/déconstruire – modeler – sons – faire semblant – pousser/tirer **(« Au cœur du métier : savoirs, savoir-faire, savoir-être », chapitres 1 « Répondre aux besoins », 2 « Le développement global de l'enfant », 3 « Prendre soin » et 4 « Le jeu : un en-jeu professionnel »)**

15. observation – besoin – communication – affirmation – autonomie – nouveauté – expression – environnement – atmosphère – santé – appétit – changement – affectif – social – repères – parents – équipe **(« Au cœur du métier : savoirs, savoir-faire, savoir-être », chapitres 1 « Répondre aux besoins » et 2 « Le développement global de l'enfant »)**

16. séparation – sommeil – rythmes – repères – confiance – ambiance – transition – besoin – signes – observation – parents – équipe – évènement – continuité – soins – accompagnement – présence – disponibilité – rituel – relaxation – niveau sonore – échelonner – personnaliser **(« Au cœur du métier : savoirs, savoir-faire, savoir-être », chapitres 1 « Répondre aux besoins », 2 « Le développement global de l'enfant », 3 « Prendre soin » et 5 « Accueillir et accompagner les famille »)**

17. manifestation – excitation – frustration – communication – bouche – émotions – expression – besoin – attention – rassurer – bienveillance – fermeté – anticipation – contexte – questionnement – observation – environnement – transmission – confidentialité – agressivité – regard **(« Au cœur du métier : savoirs, savoir-faire, savoir-être », chapitres 4 « Le jeu : un en-jeu professionnel », 5 « Accueillir et accompagner les familles » et 6 « Travailler en équipe »)**

18. projet – accueil – individualisé – troubles – chronique – allergie – situation de handicap – adaptation – besoin – famille – médecin – direction – document – rôle – intervention – prise en charge – confidentialité – protocole – urgence – équipe **(« Au cœur du métier : savoirs, savoir-faire, savoir-être », chapitres 1 « Répondre aux besoins » et 7 « Politique publique au service des usagers »)**

19. chute – accident – signes – état – conscience – réactivité – plaie – rassurer – alerter – responsabilité – risque – surveillance – déséquilibre – observation – chaussures – obstacles – vision – oreilles – environnement – transmission **(« Au cœur du métier : savoirs, savoir-faire, savoir-être », chapitres 1 « Répondre aux besoins », 2 « Le développement global de l'enfant » et 3 « Prendre soin »)**

20. évaluation – déficience – incapacité – désavantage – loi – décret – besoins – missions – inclusion – projet – ressources – formation – ajustements – réflexion – partenaires **(« Culture sanitaire et sociale », chapitre 4 « Les pathologies et les troubles »)**

21. pour/avec – santé globale – confort – sensation – présence – proximité – relation – valeur – besoin – temps – accompagnement – lien – confiance – continuité – attention

– information – organisation – disponibilité – individualiser (**« Au cœur du métier : savoirs, savoir-faire, savoir-être », chapitres 1 « Répondre aux besoins » et 3 « Prendre soin »**)

22. Inpes (Institut national de prévention et d'éducation à la santé) – ARS (Agence régionale de la santé) – campagne – prévention – risques – chaleur – déshydratation – alerte – observation – abattement – peau – boire – température – jeux d'eau – protection – yeux – corps – sensibilisation – équipe – parents – échange – communication **(« Au cœur du métier : savoirs, savoir-faire, savoir-être », chapitres 5 « Accueillir et accompagner les familles ») et 7 « Politique publique au service des usagers »)**

23. besoins – séparation – temps – rythmes – tension - transmissions – transition – jeu – observation – collaboration – anxiété – conciliation – stress – culpabilité – vie professionnelle – vie personnelle – neutralité **(« Au cœur du métier : savoirs, savoir-faire, savoir-être », chapitre 5 « Accueillir et accompagner les familles »)**

24. exercice parentalité – cadre – loi – autorité parentale – contrat – autorisation – écoute – neutralité – discrétion - direction – transmission – tiers **(« Au cœur du métier : savoirs, savoir-faire, savoir-être », chapitres 5 « Accueillir et accompagner les familles ») et 7 « Politique publique au service des usagers »)**

25. besoin parent – besoin enfant – sommeil – vie collective – communication – échange – dialogue – écoute active – compromis – projet – reformulation – livret d'accueil **(« Au cœur du métier : savoirs, savoir-faire, savoir-être », chapitres 1 « Répondre aux besoins » et 5 « Accueillir et accompagner les familles »)**

26. vigilance – protection – sécurité – aménagement – cadre – autorité – hiérarchie – soutien – faits – tiers – transmission – secret professionnel **(« Les collectivités territoriales », « Culture sanitaire et sociale », « Au cœur du métier : savoirs, savoir-faire, savoir-être », chapitre 5 « Accueillir et accompagner les familles »)**

27. échange – faits – effets – réunion – projet – observation – pratiques – amélioration – cohérence – confort – bien-être – besoin **(« Au cœur du métier : savoirs, savoir-faire, savoir-être », chapitre 6 « Travailler en équipe »)**

28. bientraitance – responsabilité – verbaliser – réunion – analyse de pratiques – représentation – travail psychique – équipe – communication non-violente – soutien – solidarité – sens – remise en question – conduite – limites – compétences – projet – valeurs – regard – non verbal – organisation – dérive – incidence – besoin **(« Au cœur du métier : savoirs, savoir-faire, savoir-être », chapitres 1 « Répondre aux besoins » et 6 « Travailler en équipe »)**

29. organisation – fonctions – changement – insécurité – tension – friction – divergence – malentendu – prise de recul – objectivité – expression – empathie – reformulation – gestion des émotions – anticipation – risque – pédagogie – écoute active – formation **(« Au cœur du métier : savoirs, savoir-faire, savoir-être », chapitres 6 « Travailler en équipe ») et 7 « Politique publique au service des usagers »)**

30. réserve – accueil – accessibilité – multi-accueil – réglementation – projet d'établissement – parentalité – représentation – équipe – besoins **(« Au cœur du métier : savoirs, savoir-faire, savoir-être », chapitres 6 « Travailler en équipe ») et 7 « Politique publique au service des usagers »)**

31. difficulté – santé/social – situation – temps – durée – besoin – expérience – risques – éthique – protection – prévention – soin – partenariat – soutien parentalité – lien – équipe **(« Au cœur du métier : savoirs, savoir-faire, savoir-être », chapitres 6 « Travailler en équipe ») et 7 « Politique publique au service des usagers »)**

32. attention – soin – continuité – travail d'équipe – réponse – bienveillance – écoute – message – besoins – relation – attitude – comprendre – questionner – partager – démarche **(« Au cœur du métier : savoirs, savoir-faire, savoir-être », chapitre 6 « Travailler en équipe »)**

Les questions **33** à **36** représentent des questions en lien avec l'expérience personnelle du métier d'auxiliaire de puériculture.

79414 - (I) - OSB 80° - BPA - API
Dépôt légal : août 2019
Imprimerie Chirat – 42540 Saint-Just-la-Pendue

Imprimé en France